媒介幸福论：
幸福心灵的媒介引导与构建

MEIJIE XINGFU LUN：
XINGFU XINLING DE MEIJIE YINDAO
YU GOUJIAN

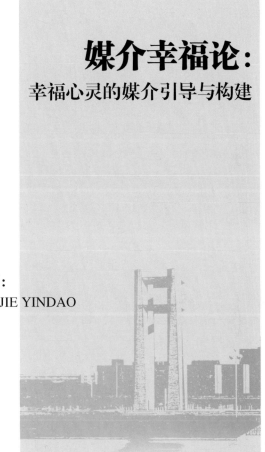

袁爱清 著

中国社会科学出版社

图书在版编目（CIP）数据

媒介幸福论：幸福心灵的媒介引导与构建/袁爱清著.—北京：
中国社会科学出版社，2017.8
（江西师范大学博士文库）
ISBN 978-7-5203-0140-4

Ⅰ.①媒…　Ⅱ.①袁…　Ⅲ.①传播媒介—作用—幸福—研究
Ⅳ.①B82

中国版本图书馆 CIP 数据核字（2017）第 074552 号

出 版 人	赵剑英
责任编辑	郭晓鸿
特约编辑	席建海
责任校对	王佳玉
责任印制	戴　宽

出　　版	中国社会科学出版社
社　　址	北京鼓楼西大街甲 158 号
邮　　编	100720
网　　址	http://www.csspw.cn
发 行 部	010-84083685
门 市 部	010-84029450
经　　销	新华书店及其他书店

印刷装订	北京君升印刷有限公司
版　　次	2017 年 8 月第 1 版
印　　次	2017 年 8 月第 1 次印刷

开　　本	710×1000　1/16
印　　张	19.75
插　　页	2
字　　数	272 千字
定　　价	86.00 元

凡购买中国社会科学出版社图书，如有质量问题请与本社营销中心联系调换
电话：010-84083683

目　　录

图表目录

第一章 命题：传播如何守住
人类的幸福

第一节 本选题的意义、由来及结构

人类发展史，就是一部人类追求幸福的历史。可人类的发展却始终与心理困扰相伴。人类创造了媒介，创造了文化，文化反过来又把动物性的自然人塑造成现代人。现代人与原始人最大的不同是要遵循相应的社会法则，并表现出符合社会伦理道德的行为。因此，我们在现实生活中表现出来的行为并不代表真实的内心欲望，而是在一种文化下的角色面具。心理学家荣格认为，我们在现实中表现得越完美，掩藏的阴影越大，内心的冲突和痛苦就越多。从这个角度来说，人类文明与心理幸福是我们这个时代的悖论。

可幸福与痛苦似乎是感觉的两极，是不能同时存在的，正如白昼与黑夜。但当我们站在星球上看，白昼与黑夜是可以同时并存的。我们追求幸福，不是去消除痛苦，而是学会接纳痛苦，享受幸福。站在更远的星球是一种隐喻，是媒介文化给了我们更深更广博的知识。

本选题研究的起点是幸福，研究的终点依然是幸福，研究的逻辑是媒

介何以能带给我们幸福。本选题研究，前承传播学与心理学交叉理论构建，后接社会需求，具有一定的现实意义。下面对本选题的意义、现实基础及选题内容进行简要介绍。

梁漱溟先生在《这个世界会好吗?》一书中，提出人类要面临"人与物""人与人""人与内心"三大问题，并提出这三大关系必须遵循相应的顺序，才能使人类抵达幸福的终点。这些年来，我们一直致力于解决人与物之间的问题，而且发展的目标是物化的，"温饱""翻两番""小康"……可随着这些目标的陆续实现，我们也逐渐发现，一部人类发展史，同时也是一部代价史。经济的发展并没有带来相应的幸福感的持续增加，整个人群充满了抱怨和怀疑。人们可以接受天灾、人祸和意外，却似乎越来越怀疑现实，无数的网友面对现实的处境发出无奈的调侃："早上买根地沟油油条，冲杯蒙牛眉山奶，切个苏丹红咸蛋，中午……晚上钻进黑心棉被窝，醒后我们要坚强活下去，因为墓地又涨价了。"于是，焦虑、不安、迷茫……接踵而至。

2012 年国庆期间，中央电视台向国人发问"你幸福吗?"招致不少神回复，并引发人们对内心的关注。最后还是回到那个老问题，我们该如何安顿焦灼的心灵? 这在这个物质相对充裕、精神越发迷茫的今天，变得更难，也更迫切。从温家宝总理提出"要让人民生活得更加幸福、更有尊严"到习近平主席提出"中国梦"，当代领导人提出的奋斗目标显示出眼下最紧要的事是如何创造人类共同的幸福。

随着互联网的发展，广播、电视、报纸三分天下的时代已经结束，门户网站、博客、播客、微博、微信……社交媒体令人眼花缭乱、目不暇接，给人们带来太多的选择。选择太多，意味着无法选择，于是，人们遭受了信息饥渴症、信息疲劳症、心理焦虑症和各种生理疾病，以及由此引发的诸多社会问题的困扰——我们正面对的是一个时代的困扰。

传播学不仅是一门理论学科，更应与各个社会生活领域相融合。

传播学的研究应该来源于生活，应用于人类实践，多一些生活气息；传播学的研究应该正视社会现实，面向中国的社会现实需求和各种现实问题的解决。这不仅是传播学学科的使命，更是一个传播学研究者的责任。尽管研究尚浅薄，但毕竟我们上路了。

关注人类情感、关心内心需要，这是传播学和心理学共同的旨趣。几年前，笔者在讲授传播学课程时，运用团体游戏、户外拓展等形式建立互助学习小组，受到学生的热烈追捧，笔者也多次被评为江西师范大学优秀教师。尽管基于情感及资源共享的互助小组并不是一个新的概念，一些奖项也微不足道，而且已成为过往，但追逐前进的步伐永不停息。2010 年，又有幸跟随邵培仁老师做访问学者，被"媒介生态""媒介地理"等宏大命题及富有生机而极具人文气息的研究所吸引，进一步坚定媒介学与心理学相结合的研究方向。最初写过一篇《媒介知觉论》，尽管不成熟，但也是一个开端；读博期间，系统地阅读了媒介生态学、媒介地理学等媒介学及心理学方面书籍，国家社科课题"网络传播语境下弱势群体的信息表达及引导机制研究"成功立项；随后撰写《媒介视野下弱势群体怨恨情结及疏导策略》等十余篇相关论文，并相继发表在《现代传播》等期刊。笔者逐渐发现有关传播学对现实问题的研究是有意义的，这对我是一个启发和鼓励。

基于前期的社会现实需要、学科发展及本人研究兴趣及专业基础，尽管研究方向是确定了，但"幸福"是一个较大的课题，到底选择什么样的题目做博士论文？似乎很多主题可写，却无从下笔，这就是《道德经》里所说的"少则得，多则惑"吧。在邵老师的指导下，笔者将美国传播学博士论文题目拿来研究，笔者当时的心境和现代大多数人心境有着共同之处：在后现代社会信息的海洋中，人常常迷失自己。最初设想的题目是"媒介传播心理过程的研究"，但该题目有研究媒介心理学的嫌疑和倾向，不久就放弃了。后来想到"媒介、知觉及人文转向：后现代进程"，因为我们处在一个去中心化、多元化的时代；但论文的篇章结构如何安排，一时找不到方向，该题目也很快就被自己否定了。

于是，再次请教邵老师，并征询师兄建议，他们提出一个共同的意见：逻辑要清楚，研究的问题也要有侧重点。因此，本研究将围绕"媒介何以影响人类的幸福"这一问题进行，研究媒介如何影响人类的幸福感，并在此基础上构建媒介幸福感的相关模型。在阅读有关心理学及传播学相关的著作之后，受到了积极心理学思想的影响，提出以下问题：媒介与幸福感是否存在一定的关联？媒介是否能从积极的角度来影响人类的认知？媒介通过何种途径满足人类的各种精神需要，并最终影响到人类的幸福感？在以信息技术为特征的社会转型期，媒介的及时互动性、虚拟性等从多角度影响人类精神世界的构建。这对于当前快速发展的中国，对于不断寻找人生意义的人们来说，具有理论价值和启发性的现实意义。

本研究从媒介对人类幸福感的研究意义出发，提出了媒介对幸福感的建构想象，并就媒介幸福感的内涵与外延进行了多角度分析。特别需要说明的是，尽管本研究的中心问题是"媒介对人类幸福感的建构与影响"，但为了表述方便，本书常用"媒介幸福感"一词进行简述。但这两者还是略有差别：第一，媒介幸福感的范围更广，不仅研究媒介对受众幸福感的影响，同时还包括媒介的一种和谐平衡的状态，也就是说，所指的对象不仅是受众的幸福感，还包括媒介。第二，媒介幸福感的理论基础更为广泛，不仅包括从媒介学、心理学、社会学视野来研究受众的幸福感，同时还包括系统论思想。本书通常交替使用这两个概念，尽管两者有略微差别，但在具体运用时，亦可完全等同。

遵循这一思路，本书包括以下五个部分。1. 选题的由来。在研究相关文献的基础上提出媒介对受众幸福感的研究逻辑起点。2. 媒介幸福感的理论架构。是基于中国梦实现的宏观视野、中国社会现实及媒介现状的研究，根据传播学学科发展的背景以及中国梦实现的社会现实需求出发，我们提出媒介幸福感的研究路径及方向。3. 媒介幸福感的机制与寻求。形成机制的探索既从认知心理学和传播学层面探讨，也从动态、系统的视野来分析，并从受众角度研究如何寻求幸福。4. 媒介幸福感的促进与干预。针对媒介引起不幸福感的因素建立前期预测因素，建立媒介幸福感干预机制。5. 媒介幸福感的研究应用。媒介对各类群体的幸福感的影响研究，尤其是对弱势群体，选取几个有代表性的弱势群体进行质化及量化研究，如对流动儿童、新生代农民工群体深入分析，这为论述媒介幸福感提供了丰富的证据。

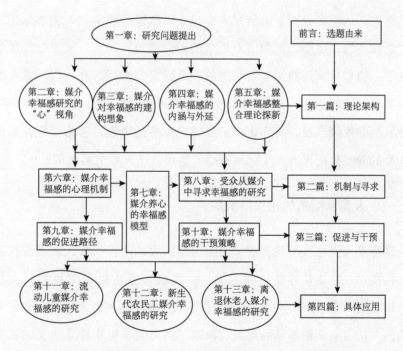

图 1-1 研究框架：论文整体章节安排与内在结构安排

第二节　国内外相关研究现状述评

本课题专注于考察影响人类幸福感的传播机制问题，研究传播究竟如何作用并影响人类的心理过程，以及从而给人类的幸福带来哪些影响。关于此类话题的研究在不同国家存在普世性，并已成为一个全球性的议题，相关研究总体来说是从三种不同的视野进行探讨。

首先，从积极心理学的研究入手，考察积极心理学对人类幸福感的影响机制和现状，运用的是积极心理学的研究视角；其次，从媒介传播的角度入手，梳理早期传播学与幸福感的相关研究，考察媒介内容、媒介形式对人类幸福感的作用，运用的是传播学的研究视角；再次，从生态平衡、和谐发展的视野出发，研究媒介对人类幸福感的影响，考察了媒介如何满足人类的需要从而提升人类的幸福感，运用的是人本主义视角。

一　人类幸福感的相关研究综述

幸福是人类亘古的现实和梦想的追求，无论是古代哲人还是现代心理学、传播学、社会学等学科研究者，一刻也未停止过对幸福的思考和探索。18 世纪以来，不同学科的研究者开始从实证的视野来研究幸福。边沁作为西方功利主义伦理学的代表，汲取了西方哲学史中快乐主义的精神内涵，提出"最大多数人的最大幸福"（the greatest happiness of the greatest number）原则，解释个体与社会行为的协调一致性以及个体行为与社会规则的选择问题。从心理学角度来看，人类的幸福感体现为最佳心理健康状态。20 世纪早期，Karl Mennniger（1930）把心理健康定义为："人类对世界的适应以及人与人之间最高的效率和最大限度的幸福。"Jones（1942）

和 Boemh（1955）也认为心理健康是幸福感的重要条件。心理学关于幸福心理的研究始于 20 世纪五六十年代，只有短短的五六十年历史，早在1958 年，积极心理学的先锋者 Marei Jhadoa，挑战了传统的心理健康观点，认为没有疾病作为心理健康的前提条件还不够。①

（一）幸福感的研究

综观幸福感的研究历史，走过了三个时代。第一个时代的代表人物是 Diener，他是主观幸福感理论的提出者，他的主要贡献是将相关理论模型进行整合，将积极情绪及认知体验作为主观幸福感的基本要素，开创了主观幸福感研究的新时代；第二个时代的代表人物是 Ryff，他以实现论为基础，提出心理幸福感理论，指出自我接受、生活目的等心理健康层面的统一，形成了积极心理机能模型，开创了心理幸福感时代；第三个时代的代表人物是 Keyes，他开创了社会幸福感时代。Keyes 曾发表很多有关社会幸福感方面的文章，代表作有《婚姻状况与社会幸福感的影响》（*Marital Status and Social Well - Being：Are the Married Always Better Off*），从社会学角度对人类的幸福感进行宏观考察，如 *Social Well - Being* 等论文。他认为社会幸福感是源于经典的社会混乱与疏远的主题，并提出社会幸福感的五个维度，分别是：一是从社会接受角度出发，提出人们拥有积极的生活态度能更好地接受各种社会现实；二是从社会实现角度出发，提出人们具有主观能动性，并相信社会的潜能可以获得积极的发展；三是从社会有用性出发，提出我们在日常生活中都有相应的价值而且可以被其他人认同；四是从社会幸福和谐角度出发，提出社会生活能使我们生活得更加富有意义且幸福和谐；五是从社会支持系统出发，提出社会能提供相应的归属感，具有一定的社会整合作用，人们可从中获得安慰和支持。在此基础上，

---

① 参见徐维东《内隐幸福感研究》，博士学位论文，华东师范大学，2006 年，第 3—4 页。

Keyes 构建了积极心理健康模型，将积极情绪、积极心理功能和积极社会功能整合在一起，所对应的正好是主观幸福感、心理幸福感和社会幸福感。① Ryff, Singer 和 Love（2004）通过综述得出，心理学中的幸福感研究主要存在快乐论和实现论两大派别。② Diener 等（1999）认为快乐的人具有积极的情感品质，持快乐论的个体会从积极的角度对自己的生活进行整体性评估，而且这种评估往往是积极的，并由此而产生积极性情感占优势的心理状态。③ 而实现论体现的是心理幸福感和社会幸福感，心理幸福感指的是个体的心理机能的良好状态，指的是一种自我完善的潜能，也是弗洛伊德所说的"生的本能"中的"完美欲"，这是自我价值实现的一部分。此外，社会幸福感是一种社会关系的质量评估，个体在各种社会关系中进行的自我评估，主要包括社会贡献、社会整合、社会和谐、社会认同以及社会实现等五个方面。④

综观先前的研究，人们对幸福感的探讨有很多是从积极心理学的角度进行论述。美国学者克里斯托弗·彼得森，是积极心理学的创始人之一，他撰写的《积极心理学——构建快乐幸福的人生》从什么是积极心理学、愉悦与积极体验、幸福、积极的思想、个性的力量、价值、兴趣、能力和成就、健康和积极的人际关系等方面来介绍积极心理学领域。彼得森认为在我们拥有愉悦的情绪体验时我们能感受到幸福。作者在此引用了伯克利的心理学家对一所私立女子学校米勒学院的年鉴相册的研究结果。伯克利的心理学家曾在 1958—1960 年对 114 张照片进行分析研究发现，如果照片

---

① 参见苗元江、赵姗《从社会幸福感到积极心理健康模型——Keyes 介评》，《心理研究》2009 年第 2 期，第 13—16 页。

② 参见 Ryff, C. D. , Singer, B. H. , & Love, G. D. ,（2004）, *Positive Health*: *Connecting Well - being with Biology*, *Philosophical Transactions of the Royal Society Biological Sciences*, 359 (1449), pp. 1383 - 1394。

③ 参见 Diener, E. , Suh, E. M. , Lucas, R. E. , et al. ,（1999）, "Subjective Well - being: Three Decades of Progress", *Psychological Bulletin*, 125（2）, pp. 276 - 302。

④ 参见 Keyes, C. L. M. （1998）, "Social Well - being", *Social Psychology Quarterly*, 61（2）, pp. 121 - 140。

中女士们流露出积极情绪，那么她们婚姻生活将会更美好。从某种意义上来说，该研究说明积极的情绪更能让人感到幸福。此外，作者在书中还列出了幸福感和生活满意度存在正相关的各种变量，并将相关程度分为低相关、中等程度相关和高度相关。低相关变量主要是一些人口统计学方面的变量，如年龄、性别、种族、受教育程度和收入等；中等程度相关的变量主要是社会或者人际因素，包括朋友的个数、婚姻、外倾性等；而高度相关的变量主要指一些人格特质因素，如乐观、知觉、自尊等。①

（二）幸福对人生意义的影响

美国作者乔纳森·海特著的《象与骑象人》（又名《幸福的假设》）是积极心理学的重要著作之一。心理具有原始的天性，正如一头桀骜不驯的大象，而理智就像骑象人，可以训练这头大象。乔纳森把这两者的关系，比作象与骑象人，情感是大象，理智是骑象人。他为了让自己的这一观点更容易被人接受，引用佛陀、柏拉图和弗洛伊德的话，如对于佛陀来说，心理依恋就像在赌轮盘一样，是别人在转轮盘操纵这场赌局，越沉迷其中，就输得越惨，唯一的制胜之道就是离开赌桌。佛陀及斯多葛学派教诲我们：追求身外之物，或者强求世事如己所愿，最后只能是一场空。快乐只能内求诸心，断除对身外之物的执着，对一切采取接受的态度。而乔纳森在此基础上提出，有些身外之物仍然值得我们追求，而且快乐有一部分是可外求的，只要你知道来自何处。书的最后一章得出结论：当人们肉体、心理和社会文化三个层次的生活连贯一致时，人就会找到人生的意义。所以人生不单单是选定目的地，然后一直走过去——骑象人没有这么大的能耐。但是只要善用人类的智慧和科学知识，我们就能驾驭大象，掌握自己的潜能与限度，拥有一个充满智慧的人生。从这本书中，可以体会

---

① 参见［美］克里斯托弗·彼得森《积极心理学——构建快乐幸福的人生》，徐红译，群言出版社 2010 年版。

到作者在探索心理机制是如何在主观幸福感的提升中发挥作用的，同时还分析道德美感对幸福的积极意义。①

二 媒介对人类幸福感的研究

在当今社会，媒介与人类相互纠缠在一起，人类的生活、工作、学习越来越依赖于媒介，而媒介也以各种潜隐或显性的方式影响着我们精神世界。曾经在很长一段时间，我们一直认为媒介的主要作用是说服受众，媒介主动建构受众的认知世界，受众是被动的。而"使用与满足"理论提出之后，人们认为受众在与媒介的互动过程中，是有着特定的需求的个体，为此，受众与媒介的互动是以受众的特定需求和动机是否得到满足为前提的。

传播媒介作为人们获取信息、交流及日常交往的工具，人们接触媒介的类型、频率以及人们具体接触媒介的内容及目的不同，都会影响受众的精神层面的认知与感受，从而影响他们的幸福感。对近些年的文献分析，发现媒介传播与幸福感的研究主要体现在媒体形式和媒介内容对人类幸福感的影响方面。

（一）早期的媒介传播与幸福感的相关研究

传播学研究者卡茨（Elihu Katz，1959）首次在他的文章中提出"使用与满足"的概念。与"媒介对人们做了些什么？"不同，"使用与满足"理论旨在回答"人们用媒介做了什么？"的问题。受众使用媒介是基于个人的需求和满足感。② 施拉姆（1958—1960）在一项研究中，针对北美地区近六千名学生、近两千名家长及数百名教师进行实验研究，指出娱乐、

---

① 参见［美］海特《象与骑象人》，李静瑶译，中国人民大学出版社 2008 年版。
② 参见［美］沃纳·赛佛林、小詹姆斯·坦卡德《传播理论、起源、方法与应用》，郭镇之等译，华夏出版社 2000 年版，第 320—321 页。

信息、实用三种需要是儿童看电视的基本目的，并提出，电视不仅能满足娱乐、放松和逃避现实等情感方面的需要，还能满足其社会学习等认知需要。为此，施拉姆提出了儿童是电视的"使用者"（users），而不是被动接受者的思想。[①] 卡茨、格里维奇和赫斯（1973）将大众传播媒介的社会心理功能总结出35种需求，将其分成五大类：一是获得信息、知识及理解的认知需要；二是带来情绪愉悦及美感体验的情感的需要；三是稳固身份地位的个人整合的需要；四是加强与家人、朋友等接触的社会整合的需要；五是逃避和转移注意力以舒解压力的需要。[②] 在总结前人研究的基础上，格林伯格（Greenberg）（1973）发现了儿童观看电视是基于以下8种需要：消磨时间（to pass time）、忘记（to forget）、社会学习（to learn about things）、了解自我（to learn about myself）、寻求刺激（for arousal）、放松（for relaxation）、寻求伙伴（for companionship）和习惯（as a habit）等。[③] 80年代，Gary W.，Selnow研究儿童对电子游戏机的需要。结果发现儿童接触电子游戏机基于以下五种需要[④]：交往（Companionship）、了解他人（Learn about people）、朋友替代（preferred to friends）、消磨时间[⑤]（Action）和逃避现实（Solitude/escape）。而交往需要和逃避现实需要是最为重要的。而Se - Wen Sun和James Lull（1986）通过研究认为青少年对MTV（Music Television）接触的需要与动机主要有四类：信息/社会学习需

---

① 参见 W. , Shramm, J. , Lyle & W. B. Parker(1961) , "What a Child Uses Television For", *Television in the Lives of Our Children*, *Stanford, California*，转引自卜卫《关于儿童媒介需要的研究——以电视、书籍、电子游戏机为例》，《新闻与传播研究》1996年第3期，第13—14页。

② 参见［美］沃纳·赛佛林、小詹姆斯·坦卡德《传播理论、起源、方法与应用》，郭镇之等译，华夏出版社2000年版，第324页。

③ 参见 Greenberg, Bradley S. , (1973) , *Gratifications and Motivations of Television Viewing for British Children*, This paper presented at the International Communication Association Annual Conference in Montreal, Canada.

④ 参见 Gary W. , Selnow, (1984) , "Playing Videogames : The Electronic Friend", Journal of Communication, 34 (2) , pp. 148 - 156。

⑤ 原文对 action 的解释为 When I play video arcade games it lets me do things rather than just watch others do things, Playing videogames gives me something to do when I haven't anything else to do, 此处理解为消磨时间。

要（Information/social learning）、消磨时间需要（Passing time）、逃避现实/情绪需要（Escape/mood）和社会交往需要（Social interaction）。其中，MTV 最能满足儿童信息/社会学习需要（62%），其次是消磨时间的需要（15%）。[①] 虽然在 20 世纪 70—80 年代，"使用与满足"理论改变了以往的机械角度，转向从心理角度研究受众使用媒介的动机。然而，"使用与满足"理论模式由于过分个性化而受到了理论界的批评。[②] 但它终究从一个新的角度，发现并论证了许多关于受众需要与其媒介行为的结论，使人们认识到：不同的媒介行为可能导致不同的效果，而受众的媒介行为在很大程度上可以由个人的需求来解释。（卜卫，1996）[③]

（二）媒介形式对人类幸福感的重要作用

交往需要是媒介传播极其重要的功能，也是影响人类幸福感的核心要素。社交媒体（Social Media）为受众提供了一个分享和交流意见、观点的平台。Suphan，A. 等（2012）通过电话调查了 2400 名失业者社交媒体使用情况和幸福感之间的关系，发现，如果他们能将在线的联系转移到实际的社交生活中，那么社交媒体的使用确实可以增加他们的幸福感。[④] Hsiu - Chia Ko 等（2009）研究者基于自我表露理论和社会资本理论，调查博主的自我表露是否可以提高他们的社会资本，进而提高他们的主观幸

① 参见 Se - Wen Sun and James Lull(1986)，"The Adolescent Audience for Music Videos and Why They Watch"，*Journal of Communication*，36（1），pp. 115 - 125。

② 参见 Alan M. Rubin，(1994)，*Media Uses and Effects：A Uses - and - Gratifications Perspective*，Bryant，Jennings（Ed.），Zillmann，Dolf（Ed.），(1994)，*Media Effects：Advances in Theory and Research*，*LEA's Communication Series*，(pp. 417 -436)，Hillsdale，N. J.，England：Lawrence Erlbaum Associates，Inc。

③ 参见卜卫《关于儿童媒介需要的研究——以电视、书籍、电子游戏机为例》，《新闻与传播研究》1996 年第 3 期，第 13—24 页。

④ 参见 Suphan，A.，Feuls，M.，Fieseler，C. (2012)，*Social Media's Potential in Improving the Mental Well - Being of the Unemployed*，This paper presented at the 4th International Conference on Well - Being in the Information Society，In Turku，Finland，Communications in Computer and Information Science，Vol. 313，pp. 10 - 28。

福感。结果表明博主的自我表露显著并直接地影响他们对社会资本的整合和桥接，进而影响他们的主观幸福感。博主将他们内心的想法、感受写出来与其他人分享，获得了更多社会支持，并增进了与社会的融合。因此，博主的自我表露是建立亲密关系的核心。此外，博主通过撰写博客获取的社会资本可以改善自己的社会交往、人际交往的满意度和整体的生活质量。① 2011 年国际传播协会召开的年会有一篇论文《美国东亚大学大学生的社交网站使用、文化适应压力与心理健康》，研究者研究了带有种族性的社交网站和 Facebook 的使用、人际和大众传媒的使用对具有个体差异的国际学生的异文化压力和心理幸福感的影响。研究结果表明，东道国的社交网站的使用，可以减少异文化压力，促进文化适应，而使用带有种族性的社交网站则会增加异文化压力。此外，与使用社交网站、人际关系和大众传媒相比，在解释国际学生的异文化压力和心理幸福感的时候，个体差异更具有解释力。② Mcdanie（2012）借鉴了 Bronfenbrenner 的生态学理论和早期的实证研究，对 157 个准妈妈或刚做妈妈的母亲媒体使用和各种幸福变量之间的关系进行研究，考察到博客和社交网络都有可能影响感情的连接和社会支持，从而影响孕产妇的幸福感（如婚姻状况、育儿压力、抑郁）。结果表明，她们撰写博客的频率可以预测感情延伸的范围，从而预测感知的社会支持。这反过来可以预测产妇的幸福，作为衡量婚姻满意度、夫妻冲突、育儿压力和抑郁的因素。总之，博客可以提高这些孕产妇的幸福感，因为通过网络她们感觉她们与外面的世界是联系着的。③

① 参见 Hsiu - Chia Ko，Feng - Yang Kuo（2009），"Can Blogging Enhance Subjective Well - Being Through Self - Disclosure?"，*Cyberpsychology & Behavior*，12（1），pp. 75 - 79。

② 参见 Conference Papers，*Use of Social Networking Sites*，*Acculturation Stress*，*and Psychological Well - Being among East Asian College Students in the United States*，*International Communication Association*，2011 Annual Meeting，pp. 1 - 32。

③ 参见 Mcdanie，Brandon（2012），"New Mothers and Media Use：Associations Between Blogging，Social Networking，and Maternal Well - Being"，*Maternal & Child Health Journal*，16（7），pp. 1509 - 1517。

H. Schiffrin（2010）等对 99 名大学生的网络使用模式、传播模式、自我披露、外向性和主观幸福感进行调查，结果发现以计算机媒介的通信很常见，但受访者认为其比面对面传播效果更差，而且，互联网的使用频率的增加会降低人们的主观幸福感。但尽管如此，人们还是倾向于选择以计算机为媒体的通信方式。[1] M. Patti（2007）等发现在线传播对青少年的健康具有调节作用，当然这种传播更多的是跟现有的老朋友交流，文章发现在一个公共聊天室聊天，即跟陌生人交谈，对青少年的幸福感有调节作用。[2] Jane D.（2011）等对过去十年有关传统媒体和新媒体对青少年的健康和幸福感的效果的研究进行了回顾，并就接触特定的信息内容，对青少年攻击行为、性别角色、两性关系、自我形象障碍、肥胖等的影响进行了研究，从而提出在将来的研究中，媒介素养是提高青少年媒介使用的有效策略。[3] Peter，Jochen（2007）在《互联网传播与幸福的关系研究：识别潜在的机制、图像》中，通过调查 816 名青少年，发现在网络上，如果与亲近的朋友聊天，网络传播对幸福感具有积极的影响；而如果与陌生人交流，网络传播对幸福感具有消极的影响。此外网络传播及在网络上与陌生人交流，对于孤独的青少年来说都是不利的。Meadows（2011）等试图探寻社区广播在增强其多样化的观众的情感和社会幸福感方面的作用。研究者通过分析澳大利亚社区广播部门 2004 年到 2007 年之间的受众研究数据，发现社区广播和本土电视对于社区的心理健康都做出了巨大的贡献。这为医疗保健机构提供了通过发展社区广播来促进心理健康活动的启发。该研究进一

---

① 参见 Schiffrin, H. , Edelman, A. , Falkenstern, M. , Stewart, C. (2010), The Associations among Computer – Mediated Communication, Relationships, and Well – being, Cyberpsychology Behavior and Social Networking, 13 (3), pp. 299 – 306。

② 参见 Patti, M. , Valkenburg, Jochen Peter (2007), "Online Communication and Adolescent Well – being: Testing the Stimulation Versus the Displacement Hypothesis", *Journal of Computer – Mediated Communication*, 12 (4), pp. 1169 – 1182。

③ 参见 Jane D. , Brown, Piotr S. (2011), "Bobkowsk, Older and Newer Media: Patterns of Use and Effects on Adolescents' Health and Well – being", *Journal of Research on Adolescence*, 21(1), pp. 95 – 113。

步说明，主流媒体更加意识到，他们在处理各种各样的问题上越来越不能满足多样化的受众的需要。①

国内的学者也试图探讨媒介形式对人类幸福感的影响，金兼斌等（2005）学者对北京市城市居民进行了媒体使用状况抽样调查，调查的媒体包括互联网计算机、手机、电视机、有线电视、电话等。通过调查人们的媒介拥有情况、新媒介（主要是互联网和手机）接触情况、媒介的使用时间与其生活满意度之间具有怎样的关系，从而试图找出媒体对北京市居民的生活质量的影响。结果发现，拥有和使用互联网对人们的生活满意度具有负面影响，而拥有电话则有助于人们的生活满意度的提高；使用计算机和上网时间越长，人们的生活满意度越低。② 2002 年 10 月至 11 月，"中国发展传播学"课题组在全国范围内选取东部、中部和西部 9 个省共 2835 名居民为调查样本，调查中国公众的媒介（报纸、电视、广播）接触行为（时间、频数）与幸福感的形成和建构之间的关系。研究发现报纸对公众幸福感的认知评价有明显的建构和影响作用，而且不同的媒体，接触时间与接触频率的变化也会导致公众的幸福感发生变化（姚君喜，2006）。③ 从历史来看，人类对媒介的拥有及使用不仅会影响他们的社会地位，更会影响到他们的生活质量。早在 20 世纪 80 年代，电话、电视机都是身份及地位的象征。媒介作为一种文化工业也会直接塑造人们的认知和情感等主观因素，从而影响人们的主观幸福感（韦路，2010）。④ 此外，郑恩和龚瑶（2012）选取北京市海淀区高校大学生这一特定群体，通过传播学质化研

① 参见 Meadows, et, al. (2011), "Community Broadcasting and Mental Health: The Role of local Radio and Television in Enhancing Emotional and Social Well‑being", *Radio Journal: International Studies in Broadcast & Audio Media*, 9 (2), pp. 89‑106。

② 参见金兼斌、谭晓、熊澄宇《媒介使用与生活质量之间的关系》，《新闻与传播评论》2005 年，第 90—96 页。

③ 参见姚君喜《大众传媒与社会公众的幸福感》，《当代传播》2006 年第 4 期，第 10—13 页。

④ 参见韦路《媒介能使我们感到更幸福吗——媒介与主观幸福感研究述评》，《当代传播》2010 年第 4 期，第 16—18 页。

究中的深度访谈法和焦点小组讨论的形式，探索关于媒介使用与主观幸福感之间的联系路径，发现大学生媒介使用对其主观幸福感的影响主要体现在三个路径上：使用与满足、社会比较与阶层想象、社会整合与认同调适。①

（三）媒介内容对人类幸福感的重要作用

媒介作为人们主要的认知来源，如何影响人们对现实世界的认知，继而影响人们对现实世界的行为？哈里斯在《媒介心理学》中，讨论的一个关键词就是"认知真实"（Perceived reality），媒介帮助人类构建一个主观的认知世界，而这个世界对个体而言是"真实"的。为此，我们无须改变客观世界，只需改变主观的认知。这里涉及除认知外的情感、行为、态度等心理活动问题。因而，反映论和建构论是媒介心理学的基础理论。媒介对受众存在一个双重构建过程，既反映世界，同时又帮助受众建构一个新的现实世界。我们通过媒介解释接受了媒介所构建的世界，并使之成为我们经验及记忆的一部分。受众对媒介世界有不同的解读，"我眼中的红色并不是你眼中的那一种红色"。此外，不同文化、不同民族对同一媒介事件有不同认识。例如中东国家认为美国前总统克林顿的性丑闻事件中他是个小丑，而西欧国家则认为克林顿是一个成功的总统，不应当因私生活毁灭了一个总统的形象。②

除了媒介形式对人类幸福感产生重要的作用，媒介所承载的内容也会对受众的幸福感产生重要影响。在媒介化的信息社会中，媒介成为人们主要的甚至是唯一的信息来源，媒介内容对社会真实的再现将会影响人们对现实的认知，还会培养某些态度和观念。人们看电视越多，越容易产生拜

---

　　① 参见郑恩、龚瑶《新媒体使用对主观幸福感的影响——基于深度访谈的质化研究》，《西南交通大学学报》（社会科学版）2012 年第 1 期，第 56—64 页。

　　② 参见［美］Richard Jackson Harris《媒介心理学》，相德宝译，中国轻工业出版社 2007年版。

金倾向，就越羡慕电视中所呈现的生活，就会越不满足自己的生活现状，最后就越发感到不幸福（韦路，2010）。[①] 廖卫民等（2012）通过对浙江省媒体语料库的实证分析，得出对社会民生的新闻报道往往能反映社会幸福感的构建水平。[②] 金兼斌（2005）通过调查网络行为发现，休闲娱乐及获取信息并不能显著地提高生活满意度，而将网络作为工具的受众，如通过网络进行学习、工作则可以提高生活满意度。由此可见，网络是一把双刃剑，既可提高人类的幸福感，如果使用不当，也可降低人类的幸福感。[③]

（四）媒介与人类幸福感其他相关研究

Smedema，S. M. 等（2010）发现对有视觉障碍的个体，互联网使用的频率和类型与社会支持并没有显著的关系，而互联网的使用与整体的幸福感有轻微的正相关，具体而言，在线聊天、社会支持与幸福感呈正相关。有关残疾方面的信息寻求、在线支持与幸福感呈负相关。互联网对视觉障碍的个体具有潜在的增加他们独立性和社会联系的作用。[④] 参见 Luigino Bruni 等（2006）通过调查发现对于重度电视观看者来说，收入的多少对个体的生命和财产的满意度明显低于偶尔观看电视者。这个结论为收入幸福悖论提供了解释：在当今社会，通过提高物质欲望，普及电视和提高电视的作用会抵消高收入的个体的幸福感。[⑤] 这与 Kraut，R. 等学者的观点不谋而合，Kraut，R.（1998）等认为过度使用互联网使人感到压力增强、

[①] 参见韦路《媒介能使我们感到更幸福吗——媒介与主观幸福感研究述评》，《当代传播》2010 年第 4 期，第 16—18 页。

[②] 参见廖卫民、钱毓英《民生新闻传播与社会幸福感评估——基于浙江省媒体语料库的实证分析》，《当代传播》2012 年第 3 期，第 21—25 页。

[③] 参见金兼斌、谭晓、熊澄宇《媒介使用与生活质量之间的关系》，《新闻与传播评论》2005 年，第 90—96 页。

[④] 参见 Smedema, S. M., McKenzie, A. R. (2010), The Relationship among Frequency and Type of Internet Use, Perceived Social Support, and Sense of Well - being in Individuals with Visual Impairments, *Disability and Rehabilitation*, 32, (4), pp. 317 - 325。

[⑤] Luigino Bruni, Luca Stanca (2006), "Income Aspirations, Television and Happiness: Evidence from the World Values Survey", *Kyklos*, 59 (2), pp. 209 - 225。

情绪沮丧。因为，重度网络使用了减少使用者与家庭成员的沟通，并缩窄了他们的社交圈，增加了他们的沮丧感和孤独感，从而给他们的心理感受带来负面影响，导致其生活满意度下降。[①] Maurice Vergeer（2009）等旨在找出人们使用媒介与网络资本及孤独感的关系。研究发现传统媒体和新媒体的使用会增加社会资本，尤其是新媒体的使用会增加网络资本，而且在线网络资本会增加离线网络资本，上网更多体现在线交往。然而，从产生的社会支持和孤独感来说，增加的资本并没有产生益处。孤独感和媒介使用的反向因果关系还无法确定。[②] 张平湖（2004）认为互联网剥夺了人们在现实中与人交往的时间和精力，从而减少了人们从事建设性事业的时间，这会降低受众的自尊感。[③] R. Pea（2012）等通过在线调查北美 8 —12 岁的 3461 名女孩，研究社会幸福感与年轻女孩的媒体使用之间的关系，媒体包括视频、视频游戏、听音乐、阅读/作业、发邮件/在社交媒体网站发帖、短信、即时消息和打电话/视频聊天和面对面的交流。结论表明：不管是注重人际互动的媒介还是单向传递的媒介，对社会幸福感都有消极的影响；视频使用与消极的社会幸福感关系特别显著；媒体多任务也和负面的社会指标联系在一起。相反，面对面的交流与积极的社会幸福感密切相关。[④] 詹伟雄在《五感的时代》一书的序言里写道，运用感官对商品符号进行解码与组码的情感体验的创造，也成为一种必要艺术。五感可以创造更大的消费经济，和现代人的一种特殊存在的命运有关，也就是

---

① 参见 Kraut, R., Lundmark, V., Patterson, M., et al.（1998），"Internet Paradox: A Social Technology that Reduces Social Involvement and Psychological Well - being?" *American Psychologist*, 53（9），pp. 1017 -1031。

② 参见 Maurice Vergeer, Ben Pelzer（2009），"Consequences of Media and Internet Use for Offline and Online Network Capital and Well - being, A Causal Model Approach", *Journal of Computer - Mediated Communication*, 159（1），pp. 189 -210。

③ 参见张平湖《互联网对大学生心理健康的影响》，《中国学校卫生》2004 年第 1 期，第 121—122 页。

④ 参见 R. Pea, C. Nass, et al.（2012），"Media Use, Face - to - Face Communication, Media Multitasking, and Social Well - being Among 8 - to 12 - Year - Old Girls", *Developmental Psychology*, 48（2），pp. 327 -336。

竭尽全力地创造一种自我满意的生活风格，而唯有透过自己感官的情感体验，我们才觉得那是真正的我创造了理想的我（詹伟雄，2007）。① 刘维公也认为媒介引导受众的情感体验像是一块大磁铁，吸引人们从四面八方簇拥而来（刘维公，2007）。② 孙五三（1994）在考察受众生活质量与互联网的关系时，主要从人际交往、观念的现代化、互联网的使用、受众的主观感受等方面进行研究，认为媒介影响受众的精神世界及具体行为，同时也间接影响生活质量。③ 辛路（2011）从当下社会人们收入增加、幸福感缺失的现实出发，从媒介的各种功能及媒介影响力出发，分析了媒介对受众幸福感的影响、中国大众媒介的社会责任，具体到幸福哲学的塑造，就是要传播"自爱和他爱"的思想观念。④

（五）媒介心理机制对受众幸福感的研究

林之达在《传播心理学新探》中探讨媒介认知、媒介传播与媒介情境因素及其交互作用对人类心理行为的影响，提出了传播的二级效果论，并从信息接收及能量转换角度指出，心理系统是信息接收器，同时也是信息转换器。为此，传播与心理系统是相互影响、相互作用的，既进行信息的接受又进行信息的转换。林之达的这本著作更重要的意义在于提出了要改造传播心理学旧的建构基石、旧的建构思路、旧的建构方式、旧的理论框架。这一宏观构思主要是基于效果研究的受众心理视野来谈的。⑤ 此外，还有"媒介使用与满足、第三人效果理论、议程设置理论、培养理论及有限容量理论"等大众传播学理论；而心理学理论主要是以认知理论为框架。

媒介作为人类认知的主要来源，相关研究及实践历来受到重视。综观

---

① 参见钟霓译《五感的时代》，台北博报堂生活综合研究所 2007 年编，第Ⅲ—Ⅵ页。
② 同上书，第Ⅶ—Ⅸ页。
③ 参见孙五三《交往行为与观念现代化》，《新闻与传播研究》1994 年第 2 期，第 16—24 页。
④ 参见辛路《当代国人幸福感塑造与大众媒介》，《理论界》2011 年第 6 期，第 154—155 页。
⑤ 参见林之达《传播心理学新探》，北京大学出版社 2004 年版。

目前我国学者对媒介向人本主义转向的研究，其研究主题及方法各不相同，如媒介生态学、媒介人种论、媒介暴力论等，但缺乏专门系统的研究。人文转向的研究，主要是受人本主义思潮的影响。人本主义提出受众价值论，指出受众并不是被动的被影响和改变，媒介营造了一个体现人文关怀和情感交流的平台，可以满足受众的精神需求，使受众在与媒介互动中获得心理上的满足及精神上的愉悦。

20世纪60年代，心理学家及传播学家开始关注受众相关心理需求、动机、期望与媒介互动的行为，并着重研究媒介可以给受众带来什么样的满足；20世纪70年代初，随着现代心理学的发展，从媒介的视野对"需要与满足"的研究进入一个新的阶段，过去人们试图研究媒介内容对受众的影响，现在研究者提出受众对媒介的积极影响，这是一个双向构建过程。① 温达尔在20世纪80年代初提出媒介效果和媒介使用与满足交互影响的"使用与效果"模式，人们开始积极关注媒介依赖对人类的影响。这与我们现实是一致的，我们的期望和依赖呈现一种正双关，即若受众期待从媒介中获得满足，受众就会对媒介产生依赖，例如网络依赖便是如此。随着以互联网为特征的新媒体的发展，媒介给我们的生活带来更多的选择，相关的研究者应从"使用与满足"的视野重新思考理论框架，以研究新媒体如何带给受众新的满足，从而使受众产生幸福感的体验。

三　本选题其他相关国外杂志研究综述

近年来相关研究较多，且许多交叉研究成果在心理学和传播学众多期刊上发表，极其分散，一时难于统计，为较好地反映本选题相关研究现状及趋势，本书选取了SSCI杂志《媒介心理学》进行分析，有以下理由。

首先，《媒介心理学》杂志编委会成员来自世界许多国家如美国、德

---

① 参见庚月娥、杨元龙《使用与满足理论在网上聊天的体现》，《当代传播》2007年第3期，第94—96页。

国、比利时、韩国等的大学研究机构。其次，《媒介心理学》主要发表心理学和媒介传播交叉研究理论导向的实证研究方面的文章。包括从心理学的角度分析媒体的使用、过程和效果，主要涉及的领域有应用社会心理学、行为科学、传播学、人文科学、媒体和电影研究、心理科学、社会心理学等，这些学科与幸福感关系较为密切。

对该杂志 2000—2013 年刊载的所有论文进行分析，有助于人们看清在社会发展的特定阶段，人们所关注的媒介研究热点问题；相关热点研究的分析，可以折射出该时期人们的心态、价值取向，从而了解媒介心理学发展的脉络。对美国 SSCI 杂志《媒介心理学》分析可见，媒介学的人本主义转向主要表现在媒介对情绪的影响研究、媒介偏见、媒介暴力、媒介与弱势群体几方面。具体分析如下：

从发表的数量来看，2007 年、2008 年为高产年，其中 2007 年创下了历史最高，翻了其他年限的两番，原因为 2007 年有两卷。媒介心理的研究有了长足进步，研究领域进一步拓宽，研究成果颇丰。

（一）与选题相关的研究热点

关键词是论文思想的提炼和浓缩，因此选择分析关键词出现的频次有助于反映学术研究成果的数量，关键词出现的频次越高说明相关的研究成果越多，研究内容越集中。这些高频的关键词往往就体现了当时的研究热点和焦点。

表 1 - 1　　　　　　　　　　　　高频关键词

	1	2	3	4	5	6	7	8	9	10
英文	TELEV-ISION	BEHA-VIOR	VIOL-ENT	MEDIA	MEM-ORY	INFOR-MATION	PERSP-ECTIVE	ATTIT-UDES	ATTEN-TION	NEWS
中文	电视	行为	暴力	媒体	记忆	信息	观点	态度	注意	新闻
次数	117	93	55	53	44	39	36	34	32	31

　　对出现频率排名前十的关键词进行分析，本书发现以"电视"为关键词位居榜首，同时以"媒体"为关键词的排名也比较靠前。在对文章进行具体分析时，发现以"媒体"为关键词的文章研究的对象也主要是以"电视"和"网络"为主，这说明电子媒体是媒介心理研究者主要关注的领域。此外，"行为"和"暴力"也是媒介心理研究者主要关注的领域。

　　在对《媒介心理学》杂志的关键词进行分析时，发现相近意思的关键词在不同的文章中有不同的表述方法，所以必须对关键词进行规范。对关键词进行规范的方法有两种①：一是统一，即将不同表达方式的相近意思的关键词进行统一。例如"情绪""心情调整""情感"统一为"情绪管理"；"恐惧""恐怖""焦虑""担心"统一为"恐惧"；"看法""观点"统一为"观点"；"沟通""说服"统一为"说服"；"互联网""网络""虚拟环境""以计算机为媒介"统一为"互联网"等。二是归类，即将同一类别下的关键词统一归到该大类下。例如将"社会认知""自我认知"统一归到"认知"下；将"性别差异""个体差异""发育差异""年龄差异"统一归到"差异"下；将"大众媒体感知能力""自我感知""感知现实主义""感知公众意见"统一归到"感知"下等。

　　根据普通心理学对心理现象的基本划分，心理现象可分为心理过程、心理状态与个性心理特征三种基本形态。心理过程是人脑对现实的反映过程，也是心理活动发生、发展的过程，包括认知过程、情感过程和意志过程；心理状态是指个体在某一时刻的心理活动状态；而个性心理特征主要包括能力、气质和性格等个体在社会活动中表现出来的比较稳定的成分。②

---

①　参见倪丽娟、于淑丽《档案学研究热点分析——基于 2004—2008 年〈档案学研究〉〈档案学通讯〉论文关键词的词频分析》，《档案学通讯》2010 年第 1 期，第 19—22 页。

②　参见彭聃龄《普通心理学》，北京师范大学出版社 2004 年版，第 7—9 页。

表 1 – 2   **与心理学有关的关键词出现的频次**

	心理过程			心理状态				个性心理特征		
	知	情	意	恐惧	满足	厌恶	寂寞	能力	动机	需要
文中相关的关键词	认知、知觉、感知、印象、注意、记忆、理解、态度、观点、感受、觉醒、激活	情绪、心情调整、情感	行为、评价、决策、干预、判断、模仿、参与、侵略、预测、信念	恐怖、焦虑、担心	满足、满意	厌恶、歧视	寂寞、孤独	能力	动机	需要
频次	261	39	170	31	8	5	2	16	13	8

对心理学有关的关键词进行分析发现，心理过程的研究是媒介心理研究者最感兴趣的主题，其中有 8 篇论文直接以"心理过程"为关键词。心理过程中的三个过程知、情、意又以认知过程和意志过程为研究重点。在认知过程研究中，"注意""记忆""态度"和"观点"为高频关键词。因为信息的传递首先要引起受众的注意，记忆并最终达到改变受众态度和观点的目的。在意志过程中以"行为"和"参与"为主要研究的主题。这也是凸显了新媒体的互动性和参与性的特点。此外，相关研究中，"差异性研究"也是非常重要的关键词，包括性别差异、个体差异、发育差异和年龄差异。在相关的研究中，还涉及精神病患者和犯罪心理学方面的研究，以及专业的心理治疗法如系统脱敏法在信息传播中的运用与研究。

表 1 – 3   **与媒介研究有关的关键词出现的频次**

关键词	电视	媒体	互联网	游戏	电影	语言	广告	音乐	图片	罪案剧	肥皂剧
频次	117	53	25	21	16	11	10	7	6	4	3

从跟媒介研究有关的关键词来看，电子媒体仍然是媒介心理研究者关注的领域，此外游戏和电影也是他们主要关注的对象。

表 1 – 4　　　　　　　　　与研究对象相关的关键词出现的频次

关键词	青少年	儿童	妇女	婴幼儿	老年
频次	31	19	9	5	2

从以研究对象为关键词出现的频次可以看出青少年是媒介心理研究者主要关注的对象，这是因为青少年所处的特殊的年龄阶段所具有的心理特点。青少年时期是个体从不成熟走向成熟的过渡时期，处于这个时期的个体，其生理成熟水平和心理发展的特点都在不断提高与发展，同时这个时期的个体较其他年龄段更叛逆，追求刺激，容易出现各种各样的心理问题。媒介是他们主要的信息来源，尤其是新媒体以海量性、即时性和互动性等优势更成为他们青睐的对象。在媒介环境相对宽松的网络中，他们往往不能自控，从而引发媒介暴力问题。此外，以"儿童""妇女""婴幼儿"和"老年人"为关键词也在文中占有一定的比例，这说明媒介心理研究者对弱势群体的关注。除此以外，对关键词分析时，发现种族也引起了部分媒介心理研究者的兴趣。

（二）从《媒介心理学》杂志来看相关领域的基本研究趋势

首先，从作者所属国别及高频关键词统计可以看出，在全球化浪潮的冲击下，传播心理学的跨文化研究日益增强。论文作者跨国或跨地区合作较多，表明传播学的相关研究者能实现国际化合作。同时论文以传播学和心理学相关理论为基础，并融会了教育学、社会学、生态学、生理学等领域的多学科，媒介学的人文转向是当今学术研究必须面对的重大主题。显然，许多有识之士正关注到这一点，我国邵培仁教授所研究的媒介生态学在传播学领域产生很大影响，说明学术界对跨学科研究有一个乐观的需求。从词频统计来看，"黑人""白人"等较为常见，其中相关论文探索了媒介偏见、跨文化语境传播合作，这从侧面说明跨文化研究成为一个新的趋势。

其次，心理学实证研究广泛应用于媒介学。通过对《媒介心理学》所刊载的论文进行分析，我们发现研究者们重视实证研究，主要表现在研究论文中出现很多"反应假设""对照研究""实验方法"等高频词。借用实验方法进行相关研究，如通过实验法来研究儿童在玩暴力与非暴力视频游戏时，通过磁共振成像技术得出，儿童在玩暴力游戏时的右侧前额叶皮层（DLPFC）表现出的低血氧反应是适当的抑制，DLPFC涉及执行功能，包括抑制不必要的想法和行为，此类研究论文在媒介心理学论文中具有一定的代表性。如"面部肌电图索引""开发和测试'互联网属性感知'模型"等也多次出现；而且这几个词语呈现出逐年增多的现象，表明研究者更重视实证研究。

再次，传播学研究充满人文关怀及心理和谐。从高频关键词分析，无论是从研究对象还是研究内容都可以看出人文转向。从"青少年""儿童""妇女""婴幼儿""老年"等论文的高频词汇可以看出，媒介心理学关注社会特殊群体。以往的研究比较重视一般群体的研究而忽视特殊群体的分析，而一个社会的正常发展不仅取决于一般群体，还有赖于特殊群体的健康发展。关注特殊群体，这是媒介学和心理学构建和谐、促进人类健康发展的基本前提。此外，从研究内容来看，"媒介暴力""媒介偏见"等关键词在2006年以来出现的频次有所提高，表明研究者们关注到不良的媒介传播对受众造成显性的或者是隐性的伤害，并提出相应干预对策，力争促进和谐。这反映出媒介学的人本主义的转向：媒介对情绪的影响研究、媒介与弱势群体等，最终指向人类的幸福感研究。

最后，研究范畴逐步进行现实转向。长期以来问题决定着研究的方向，同时也推动着科学研究的发展，媒介心理学研究者们也表现有类似的新趋势。我们在分析高频引用论文及高频词汇时发现：首先"情绪""心理健康"等高频词的出现表明社会的强烈需求，表明人们比以往更关注心理健康，关心内心情感。社会生活节奏的加快、竞争压力的加剧，人们比以往任何时候都面临更多的困扰，这也提示我们作为传播学研究人员应做一个社会的担当者，必须勇于针对社会的各种现实问题提出解决方案，而不能完全局限于理论的研究工作。从词频统计来看，"网络传播""媒介素养"等相关词汇呈上升趋势，其中的原因不言而喻，说明媒介研究者们能紧跟时代步伐，与时俱进。以计算机通信网络为基础的网络传播正日益成为我们生活的主题，这种多对多、交互性的网状传播模式给我们带来更大的挑战，显然，《媒介心理学》杂志注意到这一点。长期以来，许多研究者两极化现象比较明显：有一些心理学研究者比较强调基础研究，而相对忽视应用研究；而另一些传播学研究者比较重视社会现实探讨，而相对忽视重大理论的研究。而《媒介心理学》所刊载的论文提示我们，将心理学相关理论作为解决现实问题的基础，以媒介学相关的现实问题作为导向，对于探索媒介对人类的幸福感具有重要意义。

四　本选题研究现状小结及趋势

综观国内外相关研究，得出以下几点基本判断：第一，在现有研究中，媒介对幸福感的研究较多体现在媒介对认知维度的影响研究，而且研究更多集中在新媒体上，对传统媒体关注不够；第二，在现有研究中，国外基于媒介人文转向的现象开展了广泛的研究，国内研究相对零散，且缺乏充分的调研和实证基础，研究方法较单一；第三，国外研究可直接借鉴的成果不多，国内研究在理论和实践上尚待加强，且在已有研究中，缺乏媒介对人类的幸福感影响的系统研究；第四，相关的研究有从正面论述媒介对人类幸福感的积极影响，也有从消极的角度论述媒介的使用并不一定会增加受众的幸福感，甚至会降低受众的幸福感，但如何通过媒介干预受众的幸福感的研究则相对较为缺乏。

从媒介学角度来研究人类的幸福感，提供了一个很好的视角。综观众多研究者的旨趣，许多研究者都从不同角度进行相关的研究，并涌现出一些经典的理论，例如媒介依赖理论、媒介生态理论，对研究媒介幸福有很重要的启发及实践意义。近些年，研究者进一步探索了媒介与幸福感相互影响，媒介学的知识沟、信息流与心理学的认知、动机和情感相互作用构成了复杂的影响机理，这些研究成果进一步丰富了媒介对受众幸福感影响的相关理论。未来的研究可以从下面几个方面进行。

第一，媒介对人类幸福感的影响的研究可以更深入探索人类经验层面的影响。媒介对人类幸福感影响的研究揭示了媒介对认知和行为的影响机理，并在情感转化过程上进行了较多研究。但是，它似乎忽视了人类过去经验的作用。从幸福感的纵向影响因素来看，受众的个性差异，如不同的文化背景、宗教信仰及教育程度等都会成为影响媒介对受众幸福感的影响的因素。人类过去经历中体会到由各种情绪组成的烦恼或快乐，会影响其对幸福感的体验。例如，积极愉快的情感经验不仅会影响人们对媒介的选择和利用，甚至对幸福感的体验都有一定的基础作用。相关问题，需要研究者以更为人本的视野进行探寻。

第二，研究者需要更多努力去研究媒介与文化情境对人类幸福感的影响。根据系统理论，人类幸福感的转化过程中有一定内隐的心理倾向。已有心理学研究者提出相应的内隐转化的程序规则，但是其中某些规则还需要进一步在具体的文化情境下验证。例如，它是否可以解释媒介影响人类幸福感的一般性规律？还有哪些其他的规律在特定的文化情境中发挥作用？也许需要我们从具体的文化情境来探讨这些问题。目前媒介与幸福感的研究多集中在受众的主观幸福感上，即主要是对个体的研究，这点正好契合道家的幸福观，因为道家的幸福观关注的始终是主体自身的适应性[①]；而对个体的研究又多集中在媒介对个人需要的满足之上。但事实上，对于个体而言的幸福感，包含三个元素：一是快乐的心理体验；二是人生重大需要、欲望、目的之实现；三是生存之完满。[②] 所以在分析媒介对受众幸福感的研究时，应该包括以上几个方面的研究。

与道家关注个体自身的幸福不同，儒家关注的是社会群体，孔子的幸福观就是指向大群体的整体和睦状态。[③] 媒介在研究幸福感的时候，不仅要关注个体的幸福感，更要关注群体的幸福感，尤其是弱势群体的幸福感。所以相关的媒介与幸福感的研究应该多关注弱势群体的幸福感。因为社会是由所有群体共同组成的，而社会是否和谐，国民是否具有幸福感，从某种程度来说与弱势群体息息相关。

第三，今后的媒介与幸福感的研究主要以实证调查研究为主，并且后续的研究应该着重研究媒介影响受众幸福感的内在机制，只有这样，才能探明在不同时代下，媒介对受众幸福感的构建及影响因素。

综上所述，从媒介的角度来研究人类的幸福感，可以拓宽研究者的视野，同时给予媒介学的研究及管理更多启发，为人类生活中许多现象找到更好的理论解释。媒介对受众幸福感的研究无论是在理论上还是在实践上都有深远意义。

---

① 参见王世朝《幸福论：关于人·人生·人性的哲学笔记》，安徽人民出版社 1998 年版，第35 页。

② 参见孙英《幸福论》，人民出版社 2004 年版，第 24 页。

③ 参见王世朝《幸福论：关于人·人生·人性的哲学笔记》，安徽人民出版社 1998 年版，第 37—38 页。

第三节 本研究的基本思路、研究的主要视角、研究方法及创新点

一 本研究的基本视角

综前所述，本研究主要是围绕"媒介何以改变人类认知，并如何影响人类的幸福？"这一问题进行。在社会转型期，以互联网为主要媒介的传播环境中，研究人们在信息的海洋中如何积极地选择、利用、整合和抛弃信息，媒介如何满足人类的需要，提升积极情绪，降低消极情绪，从而从根本上提升人类幸福感，这既具有重要的学术意义，又具有启发当下的现实意义。

本书从研究思路上来说，主要是以"媒介如何影响人类幸福感？"这一研究核心为主线推动研究的进展，并以此来统摄传播学、心理学等学科相关的研究素材，解决本研究所关注的问题。本研究的核心问题包括如下两个：一、"为什么"（Why），即研究媒介为什么会影响人类幸福感，即媒介幸福感的影响研究；二、"如何"（How），即媒介如何建构人类幸福感、媒介幸福感的建构研究。这是一个理论架构的研究，运用了需要理论、使用与满足理论、认知理论。同时，研究媒介对不同的群体会产生不同的影响，既有对微观层面问题（对个人的需要、幸福及价值观的影响）的研究，也有对中观层面问题（对不同群体的幸福感的影响）的研究，更有对宏观层面问题（社会和谐、中国梦的实现）的研究。

研究的中心问题就是探讨媒介如何影响认知获得满足继而影响人们的幸福感。从传播学的学理思想发展来看，众多研究者都研究媒介如何使信息流动，注意到个体对接受的信息具有不同的理解。在多元化的信息环境中，大

部分人正在应付技术的变化，寻找有意义的生存状态，对社会秩序形成方式进行研究。同时，传播学研究人类思想及情感的构建是如何起作用的，公众乃至群体是如何被媒介影响的。幸福感是主观的，因此，媒介对幸福感的影响机制极为复杂。但本书依然具有清晰的逻辑线索，其基本思路如下。

第一，揭示本研究的理论基础是认知理论、需要理论及使用与满足理论，并根据系统评价的研究范式构建分析路径提出理论框架。

第二，从宏观入手，遵照人类认知规律及心理过程，结合媒介对知、情、意的影响机理，分析媒介与人类认知、媒介与人类情感、媒介与人类需要的中介作用，希望这一研究视野对下一步的研究具有重要的启发意义。

第三，基于基本理论梳理，以复杂性科学的系统思维模式构建研究思路，重点从心理学的角度考察阐述媒介如何影响人类的认知，影响人类获得精神上的满足，并将心理学的理论应用到传播学的研究中。

第四，针对流动儿童进行抽样调查，对新生代农民工进行焦点小组访谈，并在此基础上，全面考察现行媒介与人类幸福的基本现状和两者的相关性，并阐释影响人类幸福感的必要性与可行性。

第五，基于调研数据，考察媒介学的各种因素与幸福的相关性、权重和隶属度，以媒介与幸福相关的理论模型为基础，提出通过媒介提升人类幸福感的相关建议。

二　本选题研究主要方法

根据课题总体结构和论证，本书采取系统分析评价方法建立起整体的理论逻辑架构。在涉及具体问题时，本书采用传播学的常用研究方法，有一般性的观察法等，因媒介幸福感的研究具有强烈的生活气息，对现实状况的观察可以佐证本研究的相关观点，以此来丰富本研究；重点是以下三种。

1. 文献研究法。本研究首先通过梳理相关学科的研究进展确立研究的主要方向及相关趋势，得出幸福感是人类关注的重要议题；以此为出发点，通过对已有文献进行研读，总结出媒介对幸福感影响研究的当下现状；并对相关文献进行比较分析，总结出媒介幸福感的内在逻辑，以推动本研究的基本进展。由此可见，本研究主要是通过文献分析法来考证分析媒介对人类幸福感的影响机制，这是一种事实探究和归因分析的研究进路。分析现有有关人类幸福感的研究、媒介对人类幸福感的影响，针对这一主题，目前既有的研究成果的不足是什么，在此基础上，进行相应的理论阐述、补充完善，建构媒介幸福感的理论框架，提出媒介影响人类幸福感的一般路径。

2. 调查研究法。采用问卷进行调查，按照既有代表性又有可行性的调查思路，重点调查研究以下问题：一是对特殊群体流动儿童群体媒介接触现状（媒介类型、媒介频率以及媒介接触动机等）进行调查，以了解基本情况；二是调查了解不同特征（如性别等）群体幸福感的基本状况；三是调查了解媒介接触时间、媒介接触动机等相关差异对幸福感的影响。

3. 焦点小组访谈法：在本研究中，主要体现在对新生代农民工进行的一种无结构的访问。访问通过设置一定的情境，如"手机/电视机对你来说像什么？为什么？"以了解被访问者的深层动机，"如果有手机、电视、电脑、报纸、杂志等，让你进行选择，你最先选择什么？其次呢？"以了解被访问者潜在的价值位序，了解受众对媒介的情感需求。在本研究中，为了消除大家的防御心理，我们先采用了一些小小的互动，以营造一个轻松的氛围，便于了解被访问者真实的想法。大家围绕一些问题，如"假如我们生活中没有手机，会怎么样？"这样一个开放性的问题，各自发表不同见解，通过这一探索性的问题可以获取大家对媒介幸福感的深层理解。

三　本选题基本观点

首先，提出媒介幸福感是一种心理能量的理论想象。正性的媒介内容、恰当的媒介形式、合理的媒介接触能满足受众的需求，增加心理能量，从而提升受众的幸福感。

其次，媒介对受众认知的影响、需要的满足起到一种中介作用，这个中介作用是媒介影响和促进受众幸福感的关键要素。

再次，媒介对受众具有工具性、利益性、自我保护性等寻求的意义。据此路径，可对媒介幸福感进行相应的干预。

四　本研究的创新点

首先，在选题上能将相关理论与人类追求幸福的基本需要结合起来，从媒介学角度研究受众的幸福感。在学术研究的定位上，梳理了相关学科的学术前沿，同时面向社会现实，解决实际问题，探索媒介与人类幸福的关系，具有启发当下的现实战略意义。

其次，在研究旨趣上，将媒介幸福感作为一种心理能量的理论想象，以后现代哲学视野回答了增强媒介幸福感的存在主义，将研究注入时代生命感受。

再次，在研究方法上，媒介幸福感的研究突出强调学科交叉性，将现代心理学的团体辅导的方法融入焦点小组访谈法，使研究具有生命气息，突破了研究本身，为研究注入了新鲜的活力。

五　本选题的意义

理论价值：从理论上看，不仅有助于完善媒介学和心理学所共同关注的主观幸福感理论，还有助于完善和谐视野下媒介生态学理论。

实践意义：一方面，本研究的结果有助于从起点上合理使用媒介，提高人类对媒介使用效率；另一方面，本研究解决了如何判别媒介与人类需要满足的现实问题，为促进人类幸福感及实施媒介管理，提供了一定的启发。

第二章　出发与归宿：媒介幸福感研究的"心"视角

　　幸福，一直是生命存在的精神动力和追求的目标。心理分析大师弗洛伊德认为，人类行为的基本动力是对快乐的追求及对不良情绪的宣泄。这种"趋乐避苦"的精神能量是生命生生不息的动力。现实主义将快乐分解为物质及精神的两大要素，物质代表物欲的追求，精神代表心灵欲望的满足。

　　当前，中国的经济发展取得举世瞩目的成就，而幸福生活是人类发展的终极目标。相关研究表明，主观幸福感是一个极为复杂的概念，不仅影响因素复杂，而且主观幸福感有多种维度。经济的增长与人类的主观幸福感有一定的关系，但并不是唯一的影响因素。经济的发展会促使人类产生更多的幸福，但大多数人体会到，经济发展到一定程度后幸福感反而会降低。由此可见，经济的发展与幸福感呈现倒"U"形关系。在经济高度发达的今天，如何在将经济的发展与人类幸福感的提升同时加以推动，是当前迫切需要解决的理论问题和现实问题。

　　经济可以发展，技术可以引进，文化却无法拷贝。媒介无处不在地深刻地影响着人们关于外在世界的概念化的认知，以及对主观世界的外化显现，人类需要、情感满足、意识活动乃至幸福体验，无一例外地浸淫着媒介的基因，充盈着媒介幸福感的浪漫主义色彩。媒介文化对社会的影响无处不在。幸福感为什么会影响中国梦的实现？在社会转型期，媒介通过何种途径提升幸福感？研究者从不同角度对此做出了解释。从心理学角度探讨媒介何以提升人们的幸福感，其基本假设是媒介对受众的需要满足及心理功能产生重要影响，既可提升自尊，增强社会认同，又使个体的社会地位合理化，缓解焦虑等。

本书基于中国梦实现的宏观视野、中国社会现实及媒介现状的研究，从传播学学科发展的背景和中国梦实现的社会现实需求出发，提出媒介幸福感的研究路径及方向。媒介学的研究也应满足人类精神需要，正如媒体人李大同（2005）所言，新闻的最高使命不是记录历史，而是感动今天，影响未来。[①] 因此，媒介学的研究不仅实现人类普世发展的梦想，更应关注特殊群体，并面向各种实际问题的解决。

第一节　媒介幸福感研究的时代意义

"十大热词与年度汉字"由互动百科联合中华文化促进会、《中国新闻周刊》等权威机构共同发布，这些热词既能准确表达公众对事件和生活的态度，又反映了当代民众的民意和情绪。"中国梦"作为 2013 年最具"正能量"的十大热词之一，意义深远，并业已成为社会学、传播学、心理学等交叉学科的热点研究课题。习总书记所说的"中国梦"具有国家、民族和个人命运共同体的现实隐喻及想象，这与人本主义马斯洛所提出的需要层次理论如出一辙。从个体层面来看，经济发展使人们基本的物质需要得到满足，个体就会追求更高层次的精神上的满足；从另一个角度来说，从最初个体对物质需要的满足，再到集体的生存需要，最终逐步发展到自我实现，然后到全民的幸福感。

[①]　参见李大同《冰点故事》，广西师范大学出版社 2005 年版，第 12 页。

一　研究媒介幸福感：超越惯性构建媒介新内涵

从科学发展来看，对科学研究的推动基本来源于社会现实，在美国等某些西方发达国家，所有学科的发展都是现实需求推动的结果，本书也按照这样的脉络来分析媒介幸福感发展的条件。

"中国梦"长卷舒展，为人们描绘了一幅美好的蓝图，展示出美好的希望，令人振奋。媒介应是实现中国梦的积极推手，媒介应发挥自身价值，团结和引领广泛的受众，落实行动，为实现个人价值、社会幸福而努力。在现实中，媒介通过不同路径影响受众的主观幸福感。

首先，媒介作为人类物质世界的存在，与衣食住行一样，对媒介的使用能满足人们的物质和情感需求。在信息化的社会里，受众是否拥有媒介，拥有什么样的媒介以及对媒介的使用程度都会影响人们对其所处的信息社会的生活质量的整体性评估（韦路，2010）。[①] 在社会转型期，人们对新媒介技术拥有与否成为贫富划分的新标准。为此，促进社会公平及和谐发展成为国家建设的基本目标。

其次，媒介作为一种文化信息资源，通过影响受众的认知、情感等对主观幸福感产生影响。在当今世界，人们的工作、生活、娱乐越来越依赖媒介，媒介对人类的主观幸福感的作用愈加明显（韦路，2010）。[②]

再次，媒体作为社会公器，具有社会晴雨表、传感器、扬声器的作用，通过传播"正能量"，通过"地方认同""集体想象""国家认同"等象征性精神力量，赢得人们的心理归属感。例如在汶川强地震的灾难中，媒介犹如强大的磁场，把世界各地的华人卷入其中，起到了强大的组织及动员作用，凝聚成万众一心、众志成城的精神力量。

---

① 参见韦路《媒介能使我们感到更幸福吗——媒介与主观幸福感研究述评》，《当代传播》2010 年第 4 期，第 16—18 页。

② 同上书，第 16 页。

最后，社会向前发展了，我们乐观地预期每个人的物质生活需要都相应得到基本满足，这给各个学科提出新的命题，尤其是构建人类精神世界的传播学，应发挥应有的作用，研究者应该研究媒介学如何发挥大众传媒的社会责任，隐性地影响人们的主观幸福感。

二　研究媒介幸福感：寻找中国梦实现途径的探路者

媒介幸福感与中国梦的研究不仅具有生态比拟关系，而且更具有共生（symbiosis）状态，研究幸福感，对中国梦更具有适用价值。"共生"在此指的是一种互利互惠的关系。

心理分析学说认为，梦的运作有"凝缩"和"移置"两种机制相互交织在一起。凝缩的作用是以删略的手法来构建梦，只有经过具体形象和相同意象发生作用才会具体呈现出来；而移置是一种转移或转化。[①]

首先，从心理能量的视野研究媒介幸福感。就是对传播学各种内部和外部因素进行考察，探讨媒介何以能提供一种心理能量，或者更准确地说，媒介所提供的心理能量不是客观现实，而是对某种心理经验进行符号化的产物。梦想是一种能量，能量不能独立存在，它必须依附于相关媒介。梦想的能量和物理能量一样，可以转化。"希望越大，失望就越人"，这就是能量的性质的转化，希望的能量可以转化为失望的能量。例如媒介所宣传的"实现伟大复兴的中国梦，从实干开始""全民同心携手共筑伟大中国梦"等口号让我们感到有活力，有生命力，这种生命力表现为激情和欢乐，在困难时则表现为一种顽强的精神，一种想要有生命活力的意愿。

其次，从循环平衡论视野研究媒介幸福感。媒介幸福感是在媒介刺激的诱导下，将生命中生生不息的能量从本能力量激发出来，类似于赫拉胡

[①]　参见［奥地利］弗洛伊德《梦的解析》，青闰译，中国三峡出版社 2010 年版，第136—153 页。

里特所说"宇宙是永恒的活火"。作为人的最高境界，就是从传播学角度出发，人类从媒介中汲取到无穷无尽的力量。从心理学来说，这是一种自我实现的高峰体验，在心理上体验到一种光明澄澈、一种极限的欢乐。比如，我们在很美的沙滩、很美的树林中，体验着从体内自发的幸福，它让我们有生机勃勃、浑身有劲的感觉。这与媒介生态学处理"人—媒介—社会—自然系统"之间的相互关系[①]殊途同归。

再次，从意象的视野来研究媒介幸福感，这是对中国梦理论的创新。从原始象征来说，梦的基础是幻象，梦的幻象总是和观念、意义相伴相生的。幸福感作为一种心理能量，我们是无法触及的，但意象我们是可以感知的。例如，我们看过 2008 年北京奥运会精彩绝伦的开幕式，我们就有了"绿色奥运、科技奥运、人文奥运"的具体意象；我们想象获奖的场景，我们会心跳加快，心情激动，而心跳是生理变化，心情激动是情绪感知。所以，习近平总书记在参观国家博物馆"复兴之路"展览时，深情阐述中国梦，他说："中华民族的伟大复兴，是我们中华民族近代以来最伟大的梦想。"[②] 并表示"中国梦一定能实现！"这个美好的意象把全部的情感、需要与愿望强烈融合在一起。从这个意义上来说，中国梦是一种心理能量，于个体而言是由快乐的心理体验所构成，所有个体的需要得到满足、欲望得到实现、目的得以达成所汇聚成的一种巨大的能量流构成宏伟的中国梦景观。

从这个意义上来说，梦者可以在媒介系统找到自己相应的需求。心理学并不随意对梦做分析，而精神分析只是为梦的解析提供了一种精神分析框架，媒介作为社会系统中的资源，梦作为一种愿望的达成与满足，是一种潜意识的语言，存在一定程度的变形。个体在与相关资源互动的同时对

---

① 参见邵培仁《媒介生态学研究的新视野：媒介作为绿色生态的研究》，《徐州师范大学学报》（哲学社会科学版）2008 年第 1 期，第 135—144 页。

② 参见《解读"中国梦"》，《国际人才交流》2013 年第 1 期，第 24—27 页。

信息进行共享，并产生群体认同及文化整合，从而达到整体利益的最大化①，这就是媒介所说的中国梦。

三　研究媒介幸福感：是用媒介守望精神的家园

研究媒介幸福感除了中国梦及社会现实需求的推动外，我们所处的时代也有其自身的逻辑。这个时代将有很多难以逾越的命题，其中之一是"似乎除幸福之外，一切都在增多"或说"现在住进高楼大厦，吃着山珍海味而幸福感却越来越低"，这似乎是一个难以逾越的时代悖论，或业已成为一个世界性的难题。

首先，研究媒介幸福感是这个时代的需要。就媒介幸福感的研究而言，在目前互联网时代背景下，人类幸福感必然会被我们所处的时代所影响，媒介幸福感的研究必然也必须吸收这个时代的基本要义。20 世纪后，人本主义和科学主义两大思潮逐渐从对立转向融合，并孕育出以信息技术为特征的后现代社会，后现代社会以解构主义、文本主义、反一元中心主义、异质多元主义为基本特征，许多人无法在传统的社会依附关系中找到存在感，再加上媒介海量信息使个体更加无所适从，甚至自相矛盾的媒介信息使个体从社会关系中撕裂出来，导致许多人丧失生活的目的感。弗洛姆曾对这种历史转型期人们的普遍心态有生动的描述：一种个人虚无的价值感不时袭来，就像婴儿离开母亲的怀抱，体验到无边无际的焦虑与恐惧。②

其次，幸福感是这个时代人们的追求。一项研究发现，在西方发达国家如法国、英国和美国等患精神抑郁的人数急剧增加，已占总人口的11%

---

① 参见邵培仁《建设平衡和谐、良性循环的中国媒介生态系统》，《今传媒》2010 年第 7 期，第27—29 页。
② 参见王世朝《幸福论：关于人·人生·人性的哲学笔记》，安徽人民出版社 1998 年版，第6 页。

左右，而在经济发展相对迟缓的非洲国家，精神疾患的人数仅占总人口7%左右。① 中科院心理研究所曾组织相关的专家在经济较为发达的珠江三角洲进行了一场有关幸福感的调查，结果同预期的一样，有"南海明珠"之称的珠江三角洲，生活在这里看似幸福的人们，普遍感到不如10年前幸福。② 央视追问国人："你幸福吗？"媒体也在呼吁："幸福比GDP更重要。"这说明研究幸福感是这个时代所必须面对的一个真实命题。

最后，我们正处在社会转型期，迫切需要幸福感。社会转型在宏观上表现为经济发展的现代化及生活的都市化；在文化层面表现在全球化和个体化；在受众层面强调个人是否拥有成就感和创造性。由于对物质的过度追求，人们在追逐幸福的同时，也不免困惑，幸福到底是什么。现代人面临的是精神家园的失守、幸福感的缺失。研究媒介幸福感旨在帮助人们排除内心的孤独，传递正能量，帮助人们化解在竞争激烈的时代下的心理压力，最终促进受众的幸福感。但社会转型所带来的社会失序，不可避免地带来个体的心理或行为的失调。③ 媒介为我们提供"衣食住行"的各种资源，为我们提供基本的物质资料，使我们获得感官的快乐；媒介同时也为我们提供了一种主观的感受，营造了一种情境，人类的快乐也源于对主观世界的感知。这两种快乐都离不开媒介。

因此，媒介作为社会的产物，只有与时代同呼吸、共命运，把握时代脉搏，才有持久的生命力。

---

① 参见 Gregg Easterbrook（2003），*The Progress Paradox*：*How Life Gets Better while People Feel Worse*，New York：Random House。

② 参见肖峰《技术、人文与幸福感》，《中国人民大学学报》2007年第1期，第134页。

③ 参见吕耀怀、刘爱龙《失范、越轨与失序》，《长沙电力学院学报》（社会科学版）1999年第2期，第24页。

第二节　媒介幸福感研究的社会意义

人本主义心理学家罗杰斯（Rogers，1980）认为，每个人都存在于以他自己为中心的不断改变的体验世界中。受此启发，媒介幸福感提出的基本命题是：决定人类幸福感的是心理经验，而心理经验是主观的，并且这种主观的体验世界是指以客观世界为基础，以媒介为加工内容的心理体验。Atkin（1972）认为受众对媒介的使用具有某种积极的目的[①]，这一设想和博加特（1965）媒介效果论是一致的，他认为人们使用媒介是为了表达心理动机和需要，具有一定的目的性。[②]

一　增加正性情绪：引领社会的前进与方向

媒介带给受众的情绪与受众有相应的需求有关，本书认为媒介有两点重要的规律：一是感受（feeling）媒介情境，比如在每年直播的春节联欢晚会喜庆团圆的情绪气氛里，我们都感到很开心，这是媒介情绪在具体的情境中的体现；二是表达（expression）媒介具体情绪，在汶川地震之后，温家宝总理亲临灾区现场，我们感受到希望。受众通过媒介获得幸福体验主要是通过以下几个途径。

首先，媒介内容可增进幸福感。安晓强等（2013）通过实验研究受众阅读报刊标题与主观幸福感的相关性时发现，有积极意义的标题与人们的

---

① 参见 Atkin, C. K., (1972), "Anticipated Communication and Mass Media Information - seeking", *Public opinion Quarterly*, 36 (2), pp. 188 - 199.

② 参见 Bogart, L. (1965), "The Mass Media and the Blue Collar Worker", In Bennet, A., and Gomberg, W. (eds), *Blue - Collar World: Studies of the American Worker*, Prentice - Hall, Englewood Cliffs, NJ.

主观幸福感存在显著的正相关，说明正性标题能使人更加愉快。① 同时，媒介为我们提供各种资源，这些资源使我们的生活更有趣，更快乐。例如媒介游戏，具有运动、娱乐等消遣性质，把人从常规工作中解放出来，消除心灵的紧张与拘束。同时，媒介所创造的想象可以弥补生活中的缺憾，使人在美好的幻念中求得欲望的满足、引发心灵的快乐。《幸福来敲门》用一个怀旧的故事展现了人间真情的大善和大美，于无声处净化人类的心灵。

其次，媒介接触增进幸福感。受众接触和使用媒介，一方面产生工具性满足，如受众使用网络媒介进行联络与沟通，同时利用媒介传播技术来寻找工作，更好地发展自我②；另一方面，媒介接触产生符号化的认同。符号化的认同指的是，我们把一个新的体验到的内容与过去经验到的内容或一个符号联系在一起，并把这两样东西看作同样的东西。如"我是聪明的"，就是把"我"与"聪明的"符号联结在一起；媒介所宣扬的温情友善、古道热肠、重情守义以及温良恭俭使我们产生认同感，这对当今时代的幸福焦虑症和饥渴症无疑是一剂良药。

最后，媒介所传播的肯定性信息会产生良性循环促进幸福感的螺旋升级。例如阅读激动人心的故事或观看令人兴奋的电影所产生的积极情绪能拓展思维行动范畴，即积极的情绪体验会拓展即时思维行动范畴，这种思维行动又将建构持久的个人资源，而这又反过来改变人的幸福感并使幸福感产生螺旋式上升。例如，《正能量》一书被誉为世界级的心理学巨著，它也引发了风靡全球的"正能量"运动。新闻媒体大多将"正能量"一词用在传播乐观、积极向上等正面精神的榜样人物身上。

良好的情绪具有充满活力的特质。积极情绪是人类认知的暖色镜，处

① 参见安晓强、陆运清、崔占玲、田黛、刘静蓉《新闻关注度和新闻偏好与大学生主观幸福感》，《中国健康心理学杂志》2013 年第 21 卷第 6 期，第 913—916 页。
② 参见雷蔚真《信息传播技术采纳在北京外来农民工城市融合过程中的作用探析》，《新闻与传播研究》2010 年第 2 期，第 91—96 页。

在积极情绪下的受众往往表现出更大的宽容性、耐久性和持久性，更倾向于使事物朝向好的方向发展，这容易使个体获得更多成功的体验。

二　增强互动联系：进行资源的协同与整合

大众传媒作为社会生活中的特殊资源，不仅凝聚离散的个体，整合差异性的大众社会，同时还担负着构建和谐社会的重要使命。媒介在复杂的社会网络中，饰演着服务社会、指导生活、传播观念的"中心"和"枢纽"角色。因此，它是联系社会物质文明、精神文明和政治文明的动态系统。

首先，媒介所创设的拟态环境，为受众提供了一种精神动力。在当今大众传媒高度发达的自媒体时代，大众传媒是一股举足轻重的社会力量。约翰·洛克说"人人都欲望幸福"，他还认为一个人在考虑自己的幸福时必须同他人以及整个社会的幸福联系起来。[①] 因此它发挥了追求社会发展的动力、激发人类追求幸福的创造力，这是媒介对社会凝聚力的向心趋势。

其次，媒介犹如一只看不见的手，使个体与社会紧密联系在一起。大众媒介是信息的载体，具有赋予个体社会角色的作用，同时具有某种社会地位的象征。例如电视节目中的主持人拥有话语权，他就是这个时代的代言人。从这个角度来说，媒介是一种中介领域，介于社会控制和广大成员之间的一种信息场域，可以成为公众舆论的晴雨表，能使某种公德和社会规范得到宣传和明朗化，并能通过各种渠道起到培植社会伦理道德和社会凝聚力的作用。一些社会丑恶现象也能通过媒介的聚焦，受到舆论谴责。媒介为规范个体的情绪提供有效的激励，这种情绪规范的内容在现代社会中随处可见，并容易被我们所感知。

---

① 参见［英］格雷《人类幸福论》，张草纫译，商务印书馆 1963 年版。

再次，媒介是一种道德教化，使个体适应社会。媒介不仅为人们提供资讯，还使社会事件和人物关系正当化。弗洛伊德在他的"超我"概念中贴切地描述了这种情况："超我"是道德的社会化媒介，对个体产生潜移默化的影响，犹如个体在一个四面是墙的环境中长大，墙壁是媒介承载的道德规范的象征，所以每个个体都与他所处的环境存在依附关系，也只有靠墙壁的引导，我们才能获得快乐，达到幸福。当然，这种依附是建立在对媒介文化的认知之上，并根深蒂固地植于我们的生活环境之中。

三　促进良性循环：互动传播的坚守与提升

媒介通过与受众的良性互动来实现幸福感的提升。互动理论是建立在两个假设之上：第一，社会互动是人类发展的核心，我们与媒介处于不断互动之中；第二，人们对目标的预期是驱使行为的动力。

首先，媒介与受众产生良性互动。当今，我们正处于社会转型时期，媒介改变了居高临下的姿态，尊重受众的心理需求，反应百姓冷暖，传播本体上更贴近受众。媒介的回归表现为更加遵循传播规律，真诚地面对市场和受众。以电视媒介为例，《正大综艺》有"解闷"功能，《焦点访谈》有"解气"功能，《实话实说》等栏目具有一定的"解惑"功能。在另一个侧面，这说明媒介随着社会的发展自身也在发生着变化。

其次，媒介、受众、社会与自然四者之间产生良性互动。邵培仁教授（2008）认为媒介生态（Media ecology）是"人←→媒介←→社会←→自然系统"四者之间共演共进、彼此依存的生态系统①。媒介既是一种文化载体，同时也以信息传受为基点，把社会结构的各个组成部分联结为有机的整体。这种良性互动体现为媒介的具体使用。信息获取是人们主动使用媒介的基本动机，社会交往和休闲娱乐是其媒介使用的首要目的。这种体

---

① 参见邵培仁等《媒介生态学：媒介作为绿色生态的研究》，中国传媒大学出版社 2008 年版，第5—6页。

验性或情感互动直接产生了幸福感体验，使人的需要得到了满足，并产生快乐、兴奋、喜悦等积极的情绪。而媒介则通过"标签""渲染"产生社会认同作用，如手机是现代人尤其是低阶层社会群体一种重要的且必要的身份性资源，而使用手机又使个体产生高度社会化的行为，对个体的主观幸福感有一定迂回的影响。此外，媒介与幸福感的隐性联系是通过媒介使用促进身份认同，促进对民族国家的认同，从而提升民众的幸福感，提升社会凝聚力，解决社会矛盾。

良性互动呈现出多个系统参与（multilevel system）。当受众在面对（或想象）某一处境时，认知和情绪情感系统被唤醒，若感受到与环境一致的情境氛围，则形成情绪共鸣与互动。这种情绪互动涉及认知、情绪情感和行为等多个系统之间的交互作用；另外，从时间上来看，这种情绪的互动具有基本的规律，有开始、发展和结束。

第三节　研究媒介幸福感的理论意义

一　促进相关理论的发展

首先，从传播学的使用与满足理论的角度来看，研究媒介幸福感就是要以受众为中心，满足受众的相关需要以提升受众的幸福感。换句话来说，就是要尊重受众，理解受众，赋权受众，真正以受众本位的视野满足受众心理及精神需求。

其次，理论的发展又能促进传媒业的发展。同时，传媒业发展有助于推动媒介带给受众更多的幸福感。在现代社会，随着媒介技术的发展，人类已经从以广播、电视为主的传统媒介时代进入以各种先进技术为支撑的媒介化社会，传媒生态发生了前所未有的转变，这种转变表现为中国传媒已经发生的市场化转型、民生化转型。德弗勒与鲍尔－洛基奇（DeFleur & Ball－Rokeach，1976）提出的媒介依赖理论（Media Depelldency），阐述了大众传媒系统在整个社会系统中与其他系统的依赖关系，指出媒介化社会是人类依赖大众传媒而生存的状态，同时社会的媒介化转型，强调的是大众传媒的普及，使传媒在我们生活中占据中心地位。尽管媒介自成一体，但它已深深地渗透到我们的社会经济体制、政治体制等中。①

二　促进媒介全方位发展

媒介幸福感是以受众为本位的研究路径。如今，受众与媒介的关系正在悄然发生着变化，社会个体与群体的生存与发展越来越多地依赖媒介，中国传媒本身也正在发生转型，完成了从组织传播媒介到大众传播媒介的转变。媒介比以往更注重社会公众的知情权的满足、新闻报道的"平民化"倾向，同时也主动促进传媒结构的优化、传媒种类的多元化，② 这是媒介良性互动的必由之路。

《中庸》说："万物并育而不相害，道并行而不相悖。"媒介正在以前所未有的速度发生着一系列的整体性变化，它跨越了国界，冲破体制和语言的藩篱，向着媒介一体化和全球化的方向发展。媒介是把双刃剑，具有提升受众幸福的功能，如人们通过媒介消遣获得情感释放，通过媒介替代友谊和其他社会交往，增强社会联系。但若对媒介过度卷入（involvement）、沉迷虚拟现实（virtual－reality）则往往会导致负罪感、空虚感。

---

① 参见谢新洲《"媒介依赖"理论在互联网环境下的实证研究》，《石家庄经济学院学报》2004 年第 2 期，第 218—219 页。

② 参见罗以澄、吕尚彬《中国社会转型下的传媒环境与传媒发展》，武汉大学出版社 2010 年版，第 55—56 页。

第四节　媒介幸福感研究原则

媒介幸福感的研究有一个漫长的过程，但有一个短暂的现在。这句话的意思是说，众多学者从不同侧面对幸福感的研究颇多，但对媒介幸福感的研究较少。媒介幸福感的研究应遵循哪些原则？至今还没有达成共识，本书认为应遵循一般性原则。

一　学科维度：合作与共享

媒介幸福感的研究应作为以媒介学与心理学为基础的应用研究，从研究范式上强调学科交叉性或跨学界性质。媒介幸福感的研究不仅是传播学这一学科的事情，研究对象不仅是狭义的报纸、广播、电视及网络媒介，研究内容也不仅是心理学所提出的感觉、知觉及情绪等内容，还涉及人类的态度、情感、行为心理活动及相关的生理机制。媒介幸福感就是要研究媒介与社会，媒介与人的互动与人类的感知、信仰、意志等行动的一致性。从这个意义上来说，所有关心人类幸福感的学科都可以对此做出贡献。比如现代心理学、社会学以及与人类相关的生态学、健康学等很多学科都涉及媒介幸福感的问题。因此，媒介幸福感研究必须突破传统的传播学范式，在更广泛的学科交叉背景下进行。

二　意义维度：实践与创新

媒介从业人员与媒介理论工作应遥相呼应，加强合作。邵培仁教授从媒介生态学视野提出媒介工作者与传播学研究者应共同努力。在全媒体时代，信息渠道比以往任何时候都更加多元化，以互联网为特征的新媒体如手机、平板电脑、微博、微信无处不在，使得人人都是自媒体，人人都可更快更无间地分享信息。而传统媒体在现阶段依然占有极为重要的地位，总体来说媒介实践工作数量极为庞大，媒体研究力量也很强大，媒介生态学、媒介地理学等理论研究也推陈出新。本书呼吁媒介从业人员应从媒介理论研究者的研究成果中汲取智慧及营养，而媒介理论研究者应为解决现实问题提供服务。以媒介幸福感研究为例，媒介理论工作者应研究媒介如何带给人们正能量，如何因地制宜、因时制宜、因人制宜解决现实中的知识沟困境，满足受众的心理需求，提高受众的幸福感，共同为建设有中国特色的中国梦的远大理想的媒介梦而努力。理论工作者既要研究社会生活实际中的学术问题，同时也要积极参与相关学科的理论研究。如果理论工作者与实践工作者能够紧密合作，在实践的基础上加强理论研究，将理论研究成果应用于实践领域，将有利于媒介学本土体系的建立，有助于受众幸福感的构建。

三　文化维度：普遍与特殊

如前文所述，媒介幸福感的研究根源于传播学与心理学，我们应该警惕地注意中国现实情况，而不能完全循着学科的国际化倾向加以研究，否则就无法建立有中国特色的媒介幸福感。

首先，媒介幸福感既要研究普世性的问题，更要研究中国现实的问题。媒介幸福感的研究是将心理学的相关理论与媒介理论有机融合，探讨媒介中的新闻、电视剧、真人选秀等节目对人们现实需求及认知情感的影响。既指涉媒介幸福感一般性的问题，如媒介对个体价值观、健康、生活方式等的影响，同时也涉及特殊问题的解决，如研究中国所特有的特殊群体流动儿童、新生代农民工等的幸福感问题。

其次，媒介幸福感的研究要考虑文化的特性。文化既有普世性，也有特殊性。如东方媒介幸福感是以儒道释为基础的幸福观：儒家提倡修身养性、积极进取、奋发有为的人生，注重仁、义、礼、智、信品德的养成；道家主张顺其自然，返归自然；释家认为人生本无幸福可言，达到幸福的彼岸即"涅槃"。而西方感性主义的幸福观更多强调一种感性的快乐而不是理性的快乐，如感性欲望得满足的快乐，并且认为这些满足与快乐本身就是道德的。为此，媒介幸福感的研究应针对不同文化背景下的受众拟定不同的价值取向。

四 问题维度：探索与应对

真正的好的研究应具有强烈的问题意识，提出问题并通过相关研究解决问题。而这种问题，要么是学术问题，要么是现实生活中实际存在的问题。

首先，应关注特殊群体。在当前社会转型期，我国社会分层机制已由原来的财产制转变为身份制，身份是一种文化分层的标志。有一部分群体为社会弱势群体，这些群体以更加隐忍的方式影响着我们的社会稳定，也给经济发展和文化道德建设带来了巨大的威胁。而弱势群体又是社会和谐发展中不可或缺的组成部分，他们的生存境况值得我们关注。媒介作为弱势群体与社会融入的重要中介，应发挥其积极的作用。和谐社会最重要的特征是每个人得到尊重，感受到关注，而如新生代农民工和流动儿童等弱势群体，他们更渴望内心的情感被人关怀，心理的需求得到满足。

其次，要关注特殊时期的社会问题。比如2008年北京奥运会，全世界将目光聚焦中国，媒介当然要对这次盛况空前的体育竞技盛会进行全方位的报道，让全世界人民了解中国，让中国走向世界。而在汶川大地震中，媒介将灾区的惊恐、悲伤和令人感动的人和事呈现在我们的面前，在这个被世人称为国殇的非常时期，媒介霎时成了人们心灵的依靠和思维的依据。难以想象，在家破人亡的强地震面前，没有媒介，我们何以能做到万众一心、众志成城来重建家园？

　　媒介幸福感的研究宗旨是提高所有人的生活幸福度，希望通过本研究为提升特殊群体的主观幸福感提供有价值的启发。

第五节　媒介幸福感应用的领域

一　激发多元主体创新的正能量

　　媒介促进人的社会化，将原始人变为社会人，从这个意义上来说其提升了人类的幸福感。为此，应循着这条路线加强媒介幸福感的研究，媒介在当前社会转型期，如何能提升人类终极的幸福感？这是一个宏观的命题，媒介幸福感的研究应以此为轴心，围绕它进行多方面的研究，如同水面上泛开的涟漪一般，一圈一圈延伸开去，激发更多的正能量，使更多的受众受惠。

　　照此逻辑，媒介幸福感的研究首先应进行相应的媒介学方面的理论研究，媒介幸福感理论源自一个假设，它描述媒介如何影响受众的幸福感，沿这个理论由此延伸出许多新的命题，如议程设置理论、媒介使用与满足理论等如何对受众的幸福感产生影响。还要进行相应的实证研究，媒介以更强大的力量编织了整个社会系统。

二　应用于和谐社会的构建

　　2007年党的十七大报告中指出：党的一切奋斗的目标都是造福人民，并多处使用了"幸福""福祉""造福"等词，说明科学的发展、社会的和谐必须建立在提高人民的普遍幸福的基础之上。但在现实社会中，社会发展的各种矛盾呈现，并不断增加。而媒介作为社会的守望人，要承担向社会释疑并担当促进社会和谐发展的使命。邵培仁（2006）认为在社会转型期，媒介进入了一个巨大角色冲突场：以市场为主体与以政府代言人为导向之间的冲突；公众代表角色与政府喉舌角色之间的冲突；市场经济与公众利益之间的冲突；媒介的全球化与文化的本土化之间的冲突。[①] 这些冲突如果得不到协调，就会影响到社会的和谐发展。陈力丹（2005）提出媒介具有监测社会环境、协调社会关系、传承文化、提供娱乐或表演方面等功能，这对于和谐社会的发展意义不言而喻。[②] 戴元光、赵为学（2005）认为大众传媒在建构和谐社会的过程中具有不容忽视的重要作用，并包含以下 6 个方面：传媒以公共领域为主要依托；构建和谐媒介现实，形成强大的舆论影响；关注弱势群体；应对社会危机；营造人文氛围。[③] 媒介在社会和谐的建设过程中充当了守望者、协调者、引导者和减压器的角色。[④] 郑保卫、朱颖（2005）认为新闻媒介应发挥社会主体作用，而且其更大的意义在于，通过媒介引导公众进行政治参与，尤其是以微博为代表的新媒体可以监督政府行为，全方位地推动社会政治变革，积极倡导社会先进文化，以化解社会阶层利益矛盾，从而为改善信息传播资源，为构建和谐社会创造良好的舆论生态环境。[⑤] 刘保全（2005）认为，媒体在构建社会主义和谐社会中，应发挥以下几方面的作用：搭建沟通的桥梁，加强舆论监督，满足受众的知情权，提供学习榜样，营造和谐氛围。[⑥] 罗以澄等

①　参见邵培仁《重建和谐统一的"媒介身份"》，《青年记者》2006 年第 13 期，第 36—38 页。

②　参见陈力丹《论传媒与构建和谐社会》，《电视研究》2005 年第 6 期，第 4—6 页。

③　参见戴元光、赵为学《大众传媒如何构建和谐社会》，《国际新闻界》2005 年第 6 期，第 33—34 页。

④　参见赵路平、王新杰《和谐社会中的媒体角色的建构》，《传媒观察》2005 年第 4 期，第 30—31 页。

⑤　参见郑保卫、朱颖《新闻媒介在和谐社会构建中的角色定位》，《西南民族大学学报》（人文社科版）2005 年第 8 期，第 237 页。

⑥　参见刘保全《新闻媒体在构建和谐社会中的作用》，《青年记者》2005 年第 9 期，第 10—11 页。

（2006）认为，和谐社会需要和谐发展的新闻传媒。机制的完善有利于对社会问题、社会不公正现象进行监督和制约，从而促进社会的和谐。①

三　提升弱势群体

在社会转型期，弱势群体由于其自身的基本特性，如经济地位的低下、信息资源的缺乏、话语权的缺失，处于边缘化的社会角色。以信息为标准的社会分层体系提示我们，媒介将影响我们的生活质量，甚至拥有和使用新媒介技术是幸福感的重要标志。Mundorf 的研究发现，受众使用越多的媒介技术，生活质量就越高。②

施拉姆（1990）认为欠发达的地区的民众有一些共同点，比如他们生活条件较为恶劣，文化层次也较低，获取信息能力较弱。③ 后现代思想家福柯认为话语意味着一个社会团体依据某些社会规范并进行传播的过程，通过媒介赋权确立其社会意义，并被其他阶层所接受的过程。④ 阿特休尔（1989）将媒介打了一个比喻："新闻媒介好比吹笛手，而给吹笛手定调的是那些付钱给吹笛手的人"。⑤ 在美国社会学家罗斯曼（Rothman，1995）看来，弱势群体主要是指那些由于缺乏生活能力而造成依赖的人群，主要指的是身心残疾的人，包括年迈体弱者及失去双亲照顾的儿童。⑥ 在社会转型期，媒介具有多重属性，既有上层建筑属性又有信息产业属性，同时

---

① 参见罗以澄、詹绪武《新闻传媒发展与和谐社会构建》，《当代传播》2006 年第 1 期，第 4—8 页。

② 参见 Mundorf, N., Meyer, S., Schulze, E. & Zoche, P., (1994), "Families, information technologies, and the quality of life: German research findings", *Telematics and Informatics*, 11 (2): pp. 137 –146，转载自韦路《媒介能使我们感到更幸福吗——媒介与主观幸福感研究述评》，《当代传播》2010 年第 4 期，第 17 页。

③ 参见［美］威尔伯·施拉姆《大众传播媒介与社会发展》，金燕宁等译，华夏出版社 1990 年版，第 13 页。

④ 参见王治河《福柯》，湖南教育出版社 1999 年版，第 159 页。

⑤ 参见［美］阿特休尔《权力的媒介》，黄煜、裘志康译，华夏出版社 1989 年版，第 287 页。

⑥ 参见 Rothman, J., (1995), Practice with Highly Vulnerable Client: Case Management and Community – based Service, New Jersey: Prentice Hall, pp. 3 –4。

媒介角色也应随之发生相应的转变，媒介角色从社会公器的转型向信息传播工具的转变，媒介应为特殊的弱势群体发挥作用。在社会媒介的影响下，当优势群体成员意识到应对弱势群体的不幸负有责任时，内疚感就会进一步上升。显然，内疚感会促使其视角下移，关怀弱势群体。

四　中国梦的实现

中华民族的伟大复兴，是中华儿女宏伟的梦想和共同的愿望。中国梦将国家、民族和个人联结为一个命运的共同体。梦想是一种精神动力，具有强大的感召力，激励人们努力前行。一旦某国家将复兴民族、富强国家作为全民的梦想，这个共同愿景就能凝聚所有人的期盼与追求。① "中国梦"显然不是关于过去的，而是关于现在和未来的幸福，并且成为一种全民的奋斗的动力。众多城市在幸福的感召下，提出自己的幸福目标。如：北京提出"让人民生活得更幸福"，广东提出"幸福广东"，重庆提出"幸福感最强的城市之一"，等等。随着经济的发展和综合国力的提高，人们的物质需求基本得到满足，追求更高层次的需求满足，所以中国梦是在社会和谐发展的大前提下进一步提升全民幸福指数的"幸福梦"。荣誉与责任共存，正如幸福与痛苦同行。我们实现中国梦，就是要承担一份社会责任。我们追求幸福，但也不排除痛苦。②

媒介具有社会控制中介作用和模拟社会环境作用。W. 李普曼（1922）提出，媒介营造的"拟态环境"，是一种心理环境，是人们头脑中的影像，并不是真实的环境，但对人们的生活又起到环境的作用。③ 2001 年，央视一套制作了两会特别节目《我的幸福公式》，引起了社会的强烈反响。节

① 参见朱虹《中国梦，民族梦，每个人的梦》，《世界文化》2013 年第 8 期，第 4—7 页。
② 参见汪辉、郑磊《获得幸福感诀窍：敬、静、净——访北京大学教授张颐武》，《郑州日报》2011 年 4 月 5 日第 003 版。
③ 参见 [美] 李普曼《公众舆论》，阎克文、江红译，上海人民出版社 2006 年版。

目邀请了具有正能量的社会各界人士，有社会名人如航天英雄杨利伟、著名学者于丹、世界冠军邓亚萍等，他们的经历令人神往；也有在平凡生活中追求梦想的普通人，如乐观自信的钢琴盲童刘浩，带着养母上学的"最美女孩"孟佩杰，他们的故事励志感人。媒介充分发现幸福、传递幸福和创造幸福，让观众通过参与和互动成为"幸福达人"，并且借着他们的成长之路让大家"找到幸福的方法，了解幸福的真谛，迈向幸福的人生"。[1]

　　媒介是践行中国梦的推力，是推动中国梦的正能量因子，从这个意义上来说，媒介托起了百姓的中国梦、幸福梦。

---

　　[1]　参见娄艳雪《〈开学第一课〉"幸福"意义的建构》，硕士学位论文，华中科技大学，2012 年，第 25 页。

第三章　追问与回溯：媒介对
幸福感的建构想象

如今，"幸福"早已成为"国家级词汇"，这表明"幸福"一词已超越了新闻文本，并成为一种人类追逐的目标。中央电视台播出《老大的幸福》引起强烈反响，安徽卫视播出《幸福一定强》《老马家的幸福往事》，江苏卫视推出了《幸福晚点名》，东方卫视打造了《幸福魔方》，甚至有电视剧直接取名为《幸福》，各种媒介都搭上了"幸福"的顺风车，与"幸福"相关的影视节目纷纷登场。

幸福感较为主观，是个体对其生活质量进行评价时产生的满意或愉快的感觉。已有对主观幸福感的研究较多，且理论界多是从社会学、心理学等学科视角进行研究，但对媒介与幸福感之关系进行探索的研究尚未引起足够的重视，传播学视域中对主观幸福感与媒介之间的关系研究较少，尚缺乏把媒介与幸福感关系串联起来的阐释框架和理论资源。

但媒介作为社会文化的重要组成部分，对受众的影响一直以来都是许多领域的重要研究课题，尤其是媒介可能是影响受众的一个重要的中介或者调节因素。以各种先进技术为支撑的新媒介技术，使人类步入信息社会，人类与信息传播媒介之间的关系越来越紧密。麦克卢汉说，"媒介即讯息"，目的是为突出媒介技术本身的重要性，同时认为媒介将极大地改变人类的生活方式，甚至重组人类的感官器官，影响人类思维方式。如今，我们的生活、工作及娱乐越来越依赖媒介，与此同时，高度发达的媒介正以新的方式构建人类对世界的认知，影响我们的情感、态度和行为。从这个意义上来说，主观幸福感作为一种人类对自身生活满意程度的主观评价及积极情绪体验，媒介对主观幸福感的影响不言而喻。（韦路，2010）[①]

已有研究也表明，媒介内容、媒介接触、媒介形式对受众的幸福感具有重要的影响。但也有一些共性的问题需要进一步厘清：第一，幸福感是什么？第二，受众的幸福感是一种主观感受，还是一种想象的存在？第三，媒介和受众的幸福感是通过何种途径发生关联的？这是当前迫切需要探讨的问题。

第一节　幸福感

一　东方幸福感

道家的幸福观首先强调的是一种心灵的舒缓，而非感官的刺激与满足，感受持续而非短暂，心态平易而非刺激。《老子·十二章》追怀的"小邦周"时代的那种民风淳朴，和平安宁，老百姓留恋乡土，自给自足，互不干扰的理想生活，正是源于这种幸福观。其次，东方的幸福感强调和睦的人际关系。众生平等思想源于庄子，《齐物论》说"物固有所然，物固有所可；无然不然，无物不可"，这种重视人际关系的和睦的幸福理想在儒家和墨家中论述更为充分。再次，东方的幸福感强调超脱物欲。庄子幸福观的核心是"自由"，主张道德自然论，摆脱一切社会关系，和自然融为一体，以恢复纯朴自由的人性，这才是人生最大的幸福。所以道家的

---

① 参见韦路《媒介能使我们感到更幸福吗——媒介与主观幸福感研究述评》，《当代传播》2010 年第 4 期，第 16 页。

幸福观始终关注着主体自身的自适性，是极端的自我幸福观。

与道家关注个体自身的幸福不同，儒家幸福感是从社会群体出发，认为人类追求幸福的目的不仅是出于自我完善的内在需求，更是为了获得社会赞许，通过扬弃物性获得道德美感，从而获得社会性。孔子幸福观的核心指向社会大群体的整体和睦状态，是以个体人格与社会和谐为基础的主观幸福体验，由此看来，儒家主张理性的快乐，推崇社会的和谐，而反对低级的感官乐趣。将儒家心目中的幸福乐园与理想世界完整地描绘出的是孟子。在孟子看来，理想社会首先是一个丰衣足食的社会，其次是个仁爱礼让的和睦社会，再次是统治者严于律己、不推诿责任、对社会尽职尽责的社会。儒家幸福的重心是社会大群体的幸福。①

二　西方幸福感

古希腊雅典梭伦最早从物质与精神的关系考察幸福，提出"最有钱的人未必是幸福的，幸福的人多半是拥有中等财富的人"。在西方伦理思想史上，他第一个对"幸福"做理论探讨，开创了"幸福伦理学"先河，其基本观点有：1. 最有财富的人并不一定最幸福。2. 荣华富贵是一种暂时的快乐，而不是幸福；只有为他人及社会做出贡献获得赞誉才是持久的幸福。一个既具有一定的财富，同时又具有高尚道德的人，才是最幸福的人。而所有的一切都在变化，幸福也不例外。因此，幸福也是一个过程。苏格拉底把伦理道德的研究纳入了哲学体系，他认为个体要是掌握了一切知识，就会消除恐惧免除灾难，得到幸福。他的幸福论将人的物质需求从幸福范畴中排除出去，带有明显的禁欲主义倾向。

柏拉图把痛苦和快乐紧密联系在一起，认为拥有德行和获得智慧是个体获取幸福的基本途径。亚里士多德的幸福论认为"幸福为心灵的活动"，

---

① 参见王世朝《幸福论：关于人·人生·人性的哲学笔记》，安徽人民出版社 1998 年版，第 30—39 页。

肯定了幸福是人的幸福，是人的心理感受。他认为快乐是人的正常需求，属于幸福的范畴，因为这是人的生理器官的正常需求，人的心灵必然在这种需求的驱使下进行活动。如果离开了快乐、满足等具体的心灵感受，那还有什么幸福？"至善即是幸福"，至善是个体在现实生活中通过有德行的努力而达到的善，是最高的善，是完满的善和终极的善。中庸是行为的标准，至善是行动的目标，只有这样才能达到真正的幸福。亚里士多德把幸福看成人的一种自我满足、自我控制、自我奋斗和不断追求，有力地反对柏拉图"神性"幸福的观点，从而使他的幸福论更加明显地体现出人本主义和现实主义的特色。也正是在这个意义上，幸福包含了通过充分发挥自身潜能而达到完美人生的含义，所以又被称为"自我实现论"或"完善论。"人们如果能够在各种环境中发挥自己最大的潜能，为高尚的目标奋斗，例如为人类解放革命事业而献身，哪怕再苦再累再难，也应该是幸福的。① 莫尔强调身体健康在追求幸福中的重要性，注重人和人的需要，反对宗教神学无视人和人的需要的说教，表现了他坚定的人文主义立场。健康是至高无上的快乐，可以说，拥有健康，生活就有可能幸福；没有健康，就完全谈不上快乐。美国社会心理学家戴维·迈尔斯认为健康的身体、实际的目标、自尊、情绪控制等都会影响幸福感。②

三　现代幸福感

如前所述，现代幸福感既包括主观幸福感和心理幸福感，又包括社会幸福感。人本主义心理学的核心人物亚伯拉罕·马斯洛，曾经使用"积极心理学"来描述他所强调的创造力和自我实现。人类从事某种活动时，常受内在动机的驱使，并在活动过程中表现出更强烈的兴趣、兴奋和自信。

---

① 参见冯俊科《西方幸福论——从梭伦到费尔巴哈》，中华书局 2011 年版，第 40—94 页。
② 参见王世朝《幸福论：关于人·人生·人性的哲学笔记》，安徽人民出版社 1998 年版，第 241—242 页。

同时为了更好地达到目标，发挥出更好的水平，会激发出更持久的坚持性和独特的创造性，这整个过程伴随着个体强烈的主观幸福感。Ryan 和 Deci（2000）在相关研究的基础上，得出了人类有三种基本需要：一是能力需要（need for competence），将潜能发挥出来；二是关系需要（need for relatedness），构建亲密的人际关系；三是自主需要（need for autonomy），能独立自主地掌控自己的生活。[①] 能力需要是个人成长的基石，关系需要是维持幸福的基本条件，自主需要是心理健康的基本要求，以上三类基本需要得到了满足，人类才能体验到一种持续的整合感和幸福感。[②]

积极心理学从更宏观的视野，提出影响幸福的因素是多维的，同时提出幸福感的框架，把幸福感这块领域分为三个相关的主题：一是包含正向情绪的主观体验，如幸福、愉悦、感激、成就等；二是个体所具有的积极特质，如个性力量、天分、兴趣、价值等；三是社会支持系统，一切与个体相关的资源或环境，如家庭、学校、商业机构、社区和社会。[③] 根据这个理论，只有统合各种因素才有可能更好地促进积极主观体验的产生。《辞海》认为，幸福是在为理想奋斗过程中以及实现了理想时感到的满足状况和体验。[④] 最为权威的《现代汉语词典》，认为幸福是一种心情舒畅的境遇和称心如意的生活态度。而百度百科认为幸福是一种感受良好时的情绪反应，这种情绪能表现出愉悦与幸福的心理状态。通过上述分析，可以更好地理解幸福感获得的完整图式。

---

① 参见 Ryan, R. M., Deci, E. L., (2000), "Self - determination Theory and the Facilitation of Intrinsic Motivation, Social Development, and Well - being", *American Psychologist*, 55（1）: pp. 68 - 78。

② 参见张陆、佐斌《自我实现的幸福——心理幸福感研究述评》，《心理科学进展》2007 年第 15 卷第 1 期，第 134—139 页。

③ 参见［美］克里斯托弗·彼得森《积极心理学——构建快乐幸福的人生》，徐红译，群言出版社 2010 年版，第 13 页。

④ 参见《辞海》，上海辞书出版社 1980 年版，第 87 页。

第二节　媒介与幸福感

一直以来，主观幸福感（Subjective Well‑Being，SWB）持续获得研究者和实践者的青睐。显然，SWB 在相关文献中频繁出现，表明这一主题已引起相关领域诸多学科的热切关注。目前，已有一些研究探讨了媒介对受众幸福感的作用。关于媒介对受众的影响有不同的理解。从人格特质理论来看，受众的人格特质会直接影响他们对幸福感的体验，如拥有更多积极健康的特质（如热情、创造性、幽默等）的受众会比拥有更多消极人格特质的受众感觉更幸福。如面对关于暴力事件的报道，具有乐观特质的受众会觉得自己的生活很幸福，要好好珍惜；而悲观特质的受众则会将其理解为社会不稳定、生活不幸福的直接原因，从而对社会失去信心，对生活失去希望。从期望与目标理论来看，受众是基于一定的期望与目标接触媒介，媒介是一种中介，是与个体相互依赖的文化因素，以满足受众需求，使受众适应社会并产生愉悦情绪为目标。所以，媒介是在受众有文化需求和情绪需要时能够给予相应满足的一种文化心理现象。从适应理论来看，它强调改变受众本身，使之与不同的文化融合，在媒介所营造的社会情境中实现良好适应的动态过程。综观已有文献可以发现，媒介作为一种中介，对受众的影响已得到越来越多研究者的认同。

一　幸福感的结构

主观幸福感是人类长期研究的一个课题，那么主观幸福感（SWB）的结构如何？相关专家提出 SWB 具有认知成分和情感成分，其中认知成分是生活的满意度，情感成分是愉快和不愉快的情感体验。① 幸福感是一种主观的体现，从心理学的角度讲是一种认知评价。它既是对自我需要是否得到满足的一种感知，也是一种伴随着这种感知体验所产生的积极情绪体验，是一种综合的、复杂的感受。因此，幸福感包含两个结构成分：需要的满足、情绪的愉悦。

（一）幸福感的需要成分

根据马斯洛需要层次理论，幸福感的需要成分通常包括以下 5 大类。（1）生理需求；（2）安全感需求，即个体对所处环境产生良好知觉；（3）归属和爱的需求；（4）自尊的需求；（5）自我实现的需求。媒介为我们提供基本衣食住行的相关信息及资源以满足基本的生理需求，同时媒介所构建的社会想象共同体满足人的安全感需求，这些需求都是生物所共同的需要。对受众而言，不同层次的个体对媒介的需要也是不一样的。例如，在互联网时代，手机作为新媒体对农村社会的现代性及构建农民的身份认同都有举足轻重的作用，而生活在现代都市的人们由于娱乐需要和社会交往需要，对新媒体有更高的要求。但媒介究竟以满足哪种需要促进受众的幸福感，这是一个较复杂的问题，通常不同的受众，根据 5 种需要及其迫切程度、权重的不同均有所差别，同时与受众个性特点、自我认知、需要期待、文化背景等均有联系。尽管媒介可以提供足够的资源以满足受众基本的需要，但受众对媒介的感知与认可，必须经由需要排序、不同需要的心理权重，并根据不同价值观、生活意义等最终确定，否则仍然无法产生幸福体验。

（二）幸福感的情绪成分

积极愉悦的情绪体验作为幸福感产生的生理指标，也是个体产生幸福

---

① 参见王洪明《整合的调节——缓冲模型：一种新的主观幸福感理论》，《中国心理卫生杂志》2003 年第 17 卷第 12 期，第 817—819 页。

感的必要条件。但积极情绪的产生过程是指当客观事物作用于个体时个体产生的主观评价，当事物符合个体的主观需要时，个体则产生积极肯定的态度，从而引起的包含主观体验、外显表现和生理变化的复杂心理反应。因此，如果体验不到愉悦的情绪，也无从体验到幸福感。

幸福感的需要成分与情绪成分并不是两个截然不同的成分，而是相互影响、互为因果的。

二　媒介与幸福感的关联

因需要满足及主观认知是幸福感产生的结构性成分，愉悦的情绪体验是幸福感的基本体现。媒介同样也有选择地给我们某种需要的满足（议程设置），受众接受媒介信息并得到满足，由此产生愉悦感，并且这一过程成为我们认知体验中的一部分。可见，幸福感产生最基本的路径是：受众的需要得到满足为前提，同时体验到愉悦的情绪，进而产生对媒介的认知实践，从而促发幸福感。例如，网上购物既能满足购物者物质的需要，同时也使其获得心理上的满足，其中之一就是抱着游戏心理购物——对新的、未知领域的猎奇与体验，它不但很刺激，同时也是一种潮流与时尚，花钱不多，体验却很多；观看陈列品更像一次充满审美趣味的鉴赏活动，而搜集、砍价、协商送货则更像是童年时的"过家家"的游戏。它与现实中购物最大的不同之一就在于，购物者更多地得到的是一种参与过程中心理上的满足，而非全然为了占有商品。①

媒介幸福感是在人本主义框架下讨论的，媒介既反映客观世界，同时也帮助人们建构一个新的主观世界。认知真实（Perceived reality）在这里是一个关键词。认知真实是从人的心理活动基础的角度来强调认知的，而媒介只有通过影响人们的认知才能影响人们的行为，从认知的视角来研究

① 参见中国传媒大学广告主研究所编《新媒体激变——广告"2.0 时代"的新媒体真相》，中信出版社 2008 年版，第 56 页。

媒介效果，是媒介幸福感的核心，这里所说的认知建构是媒介人与受众的双重过程。一方面，媒介人将根据自己的主观理解对现实世界进行媒介解读；另一方面，受众对媒介进行解读。这种解读是一个双重的认知建构。

对媒介幸福感的研究将有利于探索个人层面提高主观幸福感的媒介采用策略。个体在对媒介进行认知评价时，审视自己的需要。根据"趋乐避苦"的天性，个体都将重视自身的价值与需要，当发现媒介的使用可以满足位于价值序列高端或心理权重较高的需要时，个体就会努力去获取或产生信赖关系，幸福感也就循着愉悦情绪、个人的认知及需要的满足的路径得到提升。

在传播学研究者看来，媒介既为人们提供了信息内容，又为人们提供了认知方式，这具有多重的深层意味。首先，媒介促进了人类的认知风格的改变，也改变了人类的感官比例关系，这种变化已对整个人类的生活质量产生重要影响。例如：从宏观的例子来看，2008 年奥运会直播，全民狂欢，共享全球盛事，奥运会成为大家共同的情感事件；从微观来看，微博、微信改变了人们生活起居习惯。其次，媒介形式的变化改变了受众的民主参与程度，相对于传统媒介而言，新媒介使受众具有更高的民主参与度。再次，新媒介跨越时空的特点已从根本上改变了人类的时空观，进而改变了整个社会的文化结构。

第三节　媒介幸福感"正能量"的想象

Baumeister 等人[1]在研究自我控制理论时提出心理能量理论：（1）心理能量对自我的活动是不可或缺的；（2）能否进行良好的自我控制与心理能

---

[1] Baumeister, R. F., Bratslav, S. K., Muraven, M., Tice, D. M. (1998), "Ego Depletion: Is the Active Self a Limited Resource", *Journal of Personality and Social Psychology*, 74 (5), pp. 1252 - 1265.

量有直接的关系；（3）心理能量作为一种资源，是可以相互转移的。本书结合上述的理论观点，提出媒介幸福感是一种"正能量"，这同时也是基于心理分析的理论想象。

一 媒介幸福感与"正能量"

如果说媒介所传达的信息是"糖是甜的"，那么媒介幸福感的研究解答的问题将是这一现象的上位命题，即"糖为什么是甜的？"幸福是一种能量，这不难理解，其实人类的发展史，是一部追求幸福，走向文明的历史。当第一堆篝火——自然界的能量——被人类点燃时，人类开始了对能量的寻求与掌握。被誉为"英国大众心理学传播第一教授"的理查德·怀斯曼（Richard Wiseman）所著 *Rip It Up：The radically new approachto changing your life* 一书旨在排除人们的负面情绪，传递正向能量，促进心灵成长。受到人们的欢迎以及学者的好评，被誉为世界级的心理学巨著，也引发了风靡全球的"正能量运动"。

"正能量"被人们作为健康、自信、幸福等的象征。"正能量"是英国物理学家狄拉克提出的一个物理学名词，他在量子电动力学理论中提出，正能量是同与变量有关的负能量伴随着发生的，而负能量在实际上从不表现出来。在《正能量》一书中，作者将人体比作一个能量场。一个具有自信、活力状态的个体具有更多的正能量，而这种状态是可以被激发的，这与幸福感的本质是一致的。

能量具有流动的特性，这个比较好理解。比如植物吸收了阳光，植物就会生长，而兔子把植物吃了，兔子就吸收能量得到生长……是否可以这样类比推断，受众通过接触具有激动人心的积极能量的媒介，汲取了能量，变得积极自信。这与现实情况是一致的。但人类学家对心理能量的根源却一直迷惑不解，直到弗洛伊德，人们对心理能量的认识有了重大的突破。弗洛伊德称其为"本能"，是一种生命的能量。当然，激发人类幸福感的情绪也来自生物性本能，并在演化中被强化，因为情绪是人类自我保护的机制，为远古的人类在面临危险时提供了简单的解决问题的方法（如恐惧使人决定逃离）。人们对情绪也有一种基本的认识，认为情绪也是一种有生命力的能量，它仿佛是一种流体。无论正面还是负面的情绪，如激动和愤怒，都会受到荷尔蒙和神经递质的影响。如激情具有强烈的爆发性、短暂性和指向性，需要宣泄的能量就很多；而老年人在平静状态下，外在所呈现的能量就很少。

二　媒介能激发受众的心理能量

心理能量作为一个假设性的概念，不像电能、动能、光能等能量一样是客观存在的，所以说幸福感是一种心理能量是个理论想象。事实上，现代心理学家也认为，"正能量"只不过是一个概念而已，是为了直观地说明幸福的一种存在假设。本来它就和我们平常所说积极、自信、幸福等所蕴含的意义具有一定的共性。[①] 本书中"心理能量""正能量"纯粹是为了解释现象提出的概念；将受众体验到媒介事件称为"心理能量"时，实际上已经进行了符号化。

按照这样的理论想象，媒介幸福感作为一种心理能量是以媒介为载体，不是客观现实，而是一种主观的心理体验。媒介就是心理能量的符号化的载体，媒介内容就是幸福感能量的具体体现，若媒介内容能给受众带来愉悦的情绪，就会表现为激情和欢乐。这里用心理能量作为媒介幸福感的一种想象，和心理动力学是一致的。

（一）媒介幸福感心理能量的产生

现在国内外普遍认为，幸福感是需要的满足和正性情绪的增加与负性

---

① 参见朱建军《我是谁——心理咨询与意向对话技术》，中国城市出版社 2001 年版，第29 页。

情绪的减少。而媒介幸福感的产生有两种形式。首先，在某种需要的驱使下，我们的欲求、期望得到满足后，会自发产生幸福感能量。媒介给个体带来的心理满足，犹如饥饿的人得到了食物之后，产生浑身有劲的感觉。以微博为例，具有黏性的微博与粉丝的互动，具有情感认同效应，个体在一问一答中获得正向能量的满足和提升①。其次，媒介幸福感是在媒介所营造情境，包含媒介空间想象、情绪共同体、情境对比等的诱导下产生。媒介空间想象是媒介所具有的精神层面的建构，如媒介所建构的共产主义理想社会作为一种未来社会的想象令我们感到振奋。情绪共同体犹如能量的增压系统，在媒介的作用下，将具有相同背景、共同命运的人联合在一起，具有一种情绪归属感的性质。心理学家做过一个试验，把新生儿放在一起，如其中一个新生儿开始啼哭，那么其他婴儿也啼哭起来。而情境对比就比较好理解，贫富、身份高低等都是相比较而言，当媒介所呈现的情境使受众感受到优于他人，受众就会产生一种积极的情绪体验。

（二）媒介幸福感心理能量的转移

在社会转型期，人类的精神需求更为复杂和精细化；与此同时，人类心理承受力又相对较为脆弱。一次不愉快的事件，就有可能触发个体心理的能量阀。这与我们现实生活体验是一致的。如不文明行为具有回旋升级效应，一次较低强度负性情绪（大陆一小孩在香港随地便溺事件，使香港民众产生过激的情绪反应），可能逐步演变成更为激烈的负面行为，对他人及社会造成更大伤害。对于负面行为的涉事双方而言，一方是发泄情绪，另一方"以其人之道，还治其人之身"；这样的还击导致恶性互动，从而使最初的不良行为的实施者也感受到消极情绪，进而发起再一次的反击，于是，双方的不良情绪转化的能量如滚雪球一样，一次比一次猛烈。

————————

① 王庆：《基于微博特性的情感营销分析》，《现代传播》2011年第7期，第139页。

如若一方停止或转移，则可结束这种情绪。人们一方面需要来自外界的抚慰、排遣、疏导，另一方面，个体迫切需要宣泄，具有较强的表达欲望，比任何时候更渴望被人理解。为此，受众在现实生活中，当感觉自身境遇的不如意时，会产生隐匿的怨恨与自我挫败感，它们交织在一起，形成强大的阻力，阻止了他们通过其他路径获得情感平衡与满足的尝试的。对于大多数人而言，依靠政府和社会资源获得满足是远远不够的，而无处不在的媒介为我们提供了获得各类信息的保障。所以，相关的媒介内容如电视节目，就是利用心理补偿机制转移社会性负性情感，用媒介文化的方式解决个体现实中的不良情绪，使个体郁积的情绪得到宣泄，痛苦的情绪得以表达，以此实现心灵的健康。由此可见，构建积极的感性文化功能，这正是媒介对幸福感的能量转移的意义所在。

（三）媒介幸福感心理能量的平衡

媒介幸福能量的平衡既是哲学"阴—阳"平衡理论的发展，也符合世界万物永恒变化的真理。因此，人们应注意使自身、社会、自然界保持一种和谐平衡的状态。主观幸福感只是"阴—阳"平衡理论的一个反映。我们所强调的幸福观反映了一个辩证的观点：幸福与不幸是互为背景的，幸福是依赖于不幸，不幸中隐藏着幸福。这也是受到"阴—阳"平衡理论的影响。

"好人有好报""付出就有收获"，这是一种奖惩的归因思维[1]，也是一种能量平衡的思维。随着人类社会的发展，自然资源已经基本满足人类的物质需求，人们转而追求精神上的满足来平衡心理上的需求。基于这种社会心理情境，社会群体便对媒介寄予了更高的期望。在现实生活中当某些期望如奖惩的预期等无法实现时，我们便会求助或寄托于媒介。如受众

---

① 参见崔莉《浅议电视情感传播的双重功能》，《现代传播》2012 年第 9 期，第 155 页。

在观看反腐倡廉的影视片中获得惩恶扬善的心理想象，从而得到一种精神上的满足，这种满足体现人类内心的正义本质，使形而上的欲望得到满足。从这个意义上来说，受众可以在媒介接触行为中得到某种替代性的情感补偿和情感满足。

（四）媒介幸福感心理能量的释放

由媒介所带来的幸福感作为一种心理能量，如果没有障碍和其他异常，就会自然释放。自然释放的心理能量会驱动个体发生相应的变化。如，在心理方面，自尊能够激发动机。它能在某种程度上反映个体的资源持有潜能，而拥有资源则意味着个体更容易获得他人的尊重，享有较高的声望，并被群体接纳，这些都有利于产生正面情绪。如，我们有一些美好的想象，内心就充满希望，在外在行为上，表现为积极上进、行动迅速。同时，心理能量自然释放时，会伴随一定的愉快情绪，这是一种畅快的感受。所以，我们应借助新媒介等传播技术，关注普通大众尤其是弱势群体的生存处境及精神状态，这是一种社会动员及国家力量，既营造了和谐氛围又给予了大众尤其是弱势群体实际的支持[1]，有利于激发受众的心理能量的合理释放。

第四节　媒介幸福感的建构

幸福是什么？媒介幸福感又是如何构建的？对幸福是什么这个问题，不同的人会有不同的回答，因为每个人的幸福感是不同的。而媒介幸福感

---

[1]　参见范愉《社会转型与公众精神需求——谈情感类电视节目的功能与规范》，《现代传播》2004 年第 6 期，第 82—84 页。

是如何构建的，媒体人通过实践的途径给出了各自的回答。"幸福在哪里，我来告诉你"是《人民日报》编辑策划的重要议题，从人们普遍关心的工作、生活、就业、养老等各个方面来解读幸福。许多读者通过自身感受来佐证并引发了大家的思考：什么是幸福？我该如何才能更加幸福？幸福作为一种主观体验，存在于当下，存在于内心。正如于丹所说，幸福就是身边你能拉得住的那个人，就是你正在做着的这件事。幸福不在幻想里，更不在攀比中，它就在脚下，在身边。许多电视台已开设与"幸福"相关的栏目或主题，如北京电视台曾推出"幸福绽放"专题，"向幸福出发""幸福采集"及"幸福播撒"三个篇章好评如潮。"幸福绽放"新闻行动的成功是新闻媒体深入生活实际、树立群众观的结果，这在主题选取、节目呈现、社会影响等方面都得到了印证。①

　　在众多媒介对幸福的建构中，江苏卫视算是独树一帜。2009年，江苏广电总局在百业腾飞蒸蒸日上的态势下，将江苏卫视的品牌定位从"情感"升级为"幸福"，将自身价值定位从"情感世界，情系人民"提升为"创造幸福，传播幸福"。② 在荧屏上出现许多以幸福为题材的电视剧，这些电视剧都从不同的角度涉及"幸福"这一主题，如红极一时的《老大的幸福》《幸福来敲门》《贫嘴张大民的幸福生活》等"幸福剧"被人们广为传颂。《老大的幸福》一剧以当下的社会背景为基础，痛陈物欲社会的种种流弊，呼唤人类情感关怀的出现，使人看后得到启发，受到鼓舞，体验到亲情的可贵。而《幸福来敲门》则用一个怀旧的故事展现了人类的真善美，这种大善和大美于无声处净化了受众的精神世界。观众在观看电视时，也在反思我们在不断追逐物质的同时是否也被物质所操控，现代人该

　　① 参见张冬林《北京电视台"幸福绽放"新闻行动启示录》，《新闻与写作》2011年第7期，第11—13页。
　　② 参见周晓虹《江苏广电"幸福"定位的社会意义》，《视听界》2011年第3期，第31—32页。

如何面对失守的精神家园。[①] 媒介对现实社会的观照体现了媒介的人文情怀，体现出媒介对时代的呼应。

从实现路径上来说，媒介具有需要满足移置及替代性满足的意义。现实的心理需要遵从人类的基本的趋乐避苦的天性，弗洛伊德的心理分析理论提出，人格具有"本我""自我"及"超我"三个成分。如将人格喻为冰山，那么处于水层深处的是"本我"，它具有强大的力量，是一切行为的动力，是按快乐原则来行事的；"超我"则是冰山露出水面的一角，是根据外在现实的各种法律、道德规范来行事；而"自我"则介于这两者之间，时常体验到冲突、焦虑。以影视艺术为例，我们无法在现实中得到的满足，可以在影视中得到象征性的满足。如罗伯特·麦基强调："观众产生的幸福感体验是由移情作用来维系的……当我们认同剧中的主人公及其生活欲望时，我们也是在为自己喝彩"[②]。因此，媒介是人们寻找快乐、释放快感的最佳突破口，会使我们在现实中无法实现的愿望得到一种想象性的实现。[③] 从某种意义上来说，喜剧片中的内容将会诱导出"本我"中的快乐成分，在轻松愉悦的氛围里，使平常人们在现实生活中压抑的情感得到释放，使受挫折的心灵得到安抚，激发了人们对生活的热爱。情感谈话节目一直拥有着旺盛的生命力，究其原因是现代人们正迫切需要幸福感而抵制强烈的孤独感。"掉转都市的镜头，解读情感密码"是《男左女右》节目错位式定位的具体表述。在许多心理或情感类节目中，呈现出来的嘉宾的心路历程，通过思想上的碰撞、心理上的共鸣，让受众获得新的认知体验，从中领悟道理。这是受众增强信心、提升希望、感知幸福的有效途

---

① 参见刘渊、仲呈祥《"幸福剧"的现实意义解读——以〈老大的幸福〉〈幸福来敲门〉为例》，《现代视听》2011 年第 8 期，第 45—48 页。

② 参见［美］罗伯特·麦基《故事——材质、结构、风格和银幕剧作的原理》，周铁东译，中国电影出版社 2001 年版，第 164 页。

③ 参见马楠楠《快感的满足与释放——类型片审美心理机制透析》，《电影评价》2006 年第 23 期，第 23—24 页。

径之一。①

　　综观以往媒介与幸福感建构相关的研究，有宏观视野的论述，也有微观路径的研究。邵培仁从大众传媒功能的宏观角度提出媒介对受众、社会的影响。他认为，媒介功能是从个人、组织和社会三个层面共同发挥作用：个性化及社会化是个人功能的主要体现；而组织功能包括信息告知、信息表达、解释信息等；从社会功能来说，主要体现在社会生活的多个方面，如政治、经济、文化和教育。② 受众既具有个体复杂的情感，也包含多样性的需求。因此，媒介应满足受众的生存及发展的需要，还应迎合受众的情感需求。在微观方面，庄曦认为，受众在与媒介的互动过程中，借助媒介延伸感知的触角，从而实现自身需要的满足，如娱乐、交往、认同等需要。③ 郑恩、龚瑶经过调查发现，受众对媒介的使用可通过三种路径促进主观幸福感的提高：首先，媒介所提供的信息内容使受众得到满足可直接影响幸福感；其次，媒介提供一种参照体系，根据向上或向下比较原则，间接影响受众的主观幸福感；再次，媒介作为一种构建现实世界的中介变量，与受众的主观感知产生联结从而影响幸福感。当然，还有其他途径，比如媒介想象、地方性认同等隐喻的方式会影响感知的变化，并隐性地影响受众幸福感。④

一　幸福感提升与媒介促进作用

　　首先，媒介是否对主观幸福感有积极的促进作用？ 一般认为，主观幸福感是个体对生活感到整体上满意的一种心理状态，是人类积极的内部情

---

　　① 参见吕洋《情感谈话节目的心理疏导》，《中国广播电视学刊》2007 年第 10 期，第47 页。
　　② 参见邵培仁《传播学》，高等教育出版社 2000 年版，第 60—65 页。
　　③ 参见庄曦《流动儿童媒介接触的特征及其影响因素》，《南通大学学报》（社会科学版）2012 年第 5 期，第 51 页。
　　④ 参见郑恩、龚瑶《新媒体使用对主观幸福感的影响——基于深度访谈的质化研究》，《西南交通大学学报》（社会科学版）2012 年第 1 期，第 56—64 页。

绪体验，是人类所有行为最根本的动机。① 具体来说，主观幸福感是受众在媒介的影响下形成的对自身状况的一种积极的主观的评价及情绪体验，这里包含认知、需要、情感等内部心理因素与外部诱因（媒介因素）的交互作用所形成的一种复杂的、多层次的互动关系。② 特质激活理论认为，当存在与特质相关的情境线索时，个体就会表达出其人格及文化特点。③ 根据特质激活理论，如果个体感知的文化水平较高，就意味着个体所处的情境中与情绪特质相关的情境线索存在，那么媒介与幸福感之间的关系可能会比较密切。这就可能恰恰表明了起调节作用的媒介文化的存在。

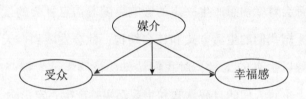

图 3 – 1　媒介的中介作用

其次，媒介对主观幸福感的调节究竟通过何种路径发生作用？追求幸福感是一个复杂的心理过程，其中包含无意识及有意识两条路径：从无意识过程来看，媒介传播的信息多样化，会相应地经历一系列的情绪感染过程；而有意识调节过程则是以基本的需要满足为基础，包含外部调节、认同调节、整合调节等一系列连续的调节过程。④ 由此可以推断，这个有意识的过程决定于受众的基本心理需要是否得到满足，这是一个个体不断进行自我调节的过程。

---

① 参见 Lu, L., Gilmour, R., Kao, S. F., Weng, T. (2001), "Two Ways to Achieve Happiness: When the East Meets the West", *Personality and Individual Differences*, 30, pp. 1161 – 1174。

② 参见李焰、赵君《幸福感研究概述》，《沈阳师范大学学报》（社会科学版）2004 年第 2 期，第 22 页。

③ 参见 Tett, R. P., &vBurnett, D. D., (2003), "A Personality Trait – based Interactionist Model of Job Performance". *Journal of Applied Psychology*, 88 (3), pp. 500 – 517。

④ 参见 Deci, E. L., & Ryan, R. M., (2000), "The 'What' and 'Why' of Goal Pursuits: Human Needs and the Self – determination of Behavior", *Psychological Inquiry*, 11 (4), pp. 227 – 268。

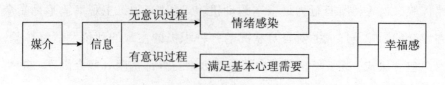

图 3 - 2　媒介对幸福感的两种调节路径

但是，媒介既有获取信息和传递信息的功能，同时还有陶冶性情的娱乐功能。因此，媒介在对受众幸福感的有意识的调节过程中还可能包含一个无意识的感染过程，这就是无意识的情绪感染。这可能同时存在的两条路径，最终都会对幸福感产生一定的影响。随着信息社会的发展，新媒体的兴起正在重塑我们的生活方式和社会结构，社会发展到今天，媒介也日益成为我们赖以生存的工具，对我们认知、情感、行为都产生了巨大影响，在整体上也对人们的自我认知和主观幸福感产生一定影响。

二　媒介使用与满足

在新媒体技术高度发达的时代，人类生存方式已经成了一种媒介化生存，人对媒介的使用具有很强的依赖，这种依赖可分为实用性依赖和精神性依赖。

但需要不等于依赖，媒介需要是个体在内驱力的作用下因媒介信息内容而得到满足，而依赖是因某种惯性作用需要得到持续且长久的满足。因为容易得到满足才最终发展出依赖。媒介使用是受众根据自己的需求主动地选择媒介以及相关信息，因而形成强弱有别、程度不同的交互关系。在媒介转型期，媒介人文中心转向以满足大众需要为基础，新媒介对受众需要的满足是低条件甚至无条件的。例如，新生代农民工通过使用手机微信，扩大人际圈，或通过增加自我信息暴露来吸引更多的关注以增强幸福感。当然，新媒介也是双刃剑，我们要警惕对媒介的需求关系变成依赖关系。

人类现在已然和大众媒介深深地纠结在一起，生活中的每一个环节都和媒介有关。媒介是个体、群体、组织、社会系统和整个社会为达到其目标所依靠的珍贵信息资源①，现在"媒介生活化"和"生活媒介化"已浑然一体，"媒介已成为人体的延伸"，现代人类需要媒介，甚至依赖媒介。随着互联网技术的不断发展，人类对媒介的依赖性不断增强，媒介对人的异化也在加剧。媒介低俗化、娱乐化倾向给人类精神提供的替代性满足，是媒介对人类幸福感的另一个异化，理论界已在关注媒介依赖问题。②

三　媒介认知与幸福感建构

如前所述，心理能量作为一种能量是可以转化的，但总量保持不变。如，期待越高，失望就越大。媒介幸福感，作为一种心理能量可以转化，但情绪中的心理能量保持不变。之所以会发生转化，其主要原因是情绪中包含着认知成分。当幸福感产生的时候，我们感到的是幸福感与情绪体验有关，更与我们对媒介的解释有关。

在社会心理学中，有一个著名的沙赫特实验：在给被试注射了肾上腺素后，随意将他们安置在不同的环境中。结果那些到了快乐环境中的被试表现得比其他没有受注射的人更为快乐；那些到了愤怒环境中的人，表现得比其他没有受注射的人更为愤怒。实验中被试所增加的情绪强度也可以说是一种心理能量。在沙赫特实验中，环境情境诱发被试不同的认知参考系，从而使得最后产生的情绪有了不同。③

首先，媒介对受众安全感的影响。安晓强等经过调查发现，在生活中经常关注新闻的个体因有主动接触了解社会及生活环境的强烈动机，对社

①　参见［美］德弗勒、鲍尔－洛基奇《大众传播学诸论》，杜力平译，新华出版社1990年版，第341页。
②　参见王怀春《从"替代性满足"看个体对大众传媒的精神性依赖》，《三峡论坛》2010年第4期，第126—129页。
③　《沙赫特的情绪产生实验》http：//yingyu，100xuexi，com/view/specdata/20111011/6a2fea8b－8233－4744－9138－91ae816e9128，html，浏览时间：2014月1月16日。

会具有一定的了解，从而对自己所处的环境及生活现状有确定性掌握，这种安全感可促进个体的主观幸福感；反之，对社会发生的事件不太关注的个体，很少主动从媒介中了解相关新闻，因其对生活环境缺乏了解，从不主动接触社会，生活在模糊状态，缺乏安全感，有时甚至杞人忧天，易产生不必要的焦虑，主观幸福感偏低。①

　　其次，媒介构建一个想象空间。曾一果、刘锐等人的大众传媒与农村社会研究都表明，媒介使用（特别是电视）在很大程度上构建了受众的象征资本，比如农民的文化资源、农民身份想象及现代性等问题。大众通过媒介使人们的生活观念、婚配观念发生了很大变化。② 张铮、周明洁在考察农村时运用了实证，结果发现，大众媒介拥有及使用对媒介的幸福感及现代性有独立的预测作用，尤其是网络的使用能较好地预测农民的"现代性"③。

　　最后，媒介发挥社会认同作用，提升受众自尊感。陆晔研究发现，媒介所构建的地方性认同与公众对社会凝聚力的主观感知具有直接的关系，尤其是地方性认同上，能有效地提升自尊，提高幸福体验。而公众对社会凝聚力离心趋势的感知会对"共同体认同"的情感依附发生负面影响。④ 周葆华的研究表明，互联网与手机使用均具有一定的现代性，并且建立一定的物质基础，受众对网络和手机的使用在某种程度上可以提高其阶层地位感知，特别是文化阶层认同。比如新生代农民工使用网络，不仅可以获取信息，而且会产生现代性感知的满足。

---

　　① 参见安晓强、陆运清、崔占玲、田黛、刘静蓉《新闻关注度和新闻偏好与大学生主观幸福感》，《中国健康心理学杂志》2013 年第 21 卷第 6 期，第 913—916 页。

　　② 参见曾一果、潘阳《大众传媒与"新农村"的文化重建——对江苏省灌南县李集乡张庄村的社会调查》，《新闻大学》2009 年第 2 期，第 74—78 页；刘锐《电视对西部农村社会流动的影响——基于恩施州石栏村的民族志调查》，《新闻与传播研究》2010 年第 1 期，第 89—99 页。

　　③ 参见张铮、周明洁《媒介使用与中国农村居民的现代性——对湖南浏阳农村的实证研究》，《国际新闻界》2007 年第 5 期，第 61 页。

　　④ 参见陆晔《媒介使用、社会凝聚力和国家认同——理论关系的经验检验》，《新闻大学》2010 年第 2 期，第 14 页。

所以，新媒体的使用可以提升幸福感。[①] 孙纬则从国家政治视野研究媒介的使用，发现媒介在国家动员中具有多样化的内容和途径。国家动员是一种情绪感染及认知共同体，其关键环节是集体认同感和集体行动框架，媒介在社会转型中对国家动员发挥着重要的作用。[②]

四　媒介与情绪

媒介是生活的一部分，生活中充满了情绪，媒介具有一定的情绪反射功能。但很长时间，我们都认为情绪与理性是相对的[③]，而忽略了理性媒介同样具有情绪的问题的研究。直到 20 世纪 80 年代以后，媒介除了告诉人们"世界发生什么事情"，而且还帮助受众与自我及社会建立联系。目前，这个问题日渐受到重视，并已成为媒介学研究的前沿问题。媒介情绪问题研究包括很多方面，媒介的使用能给受众带来愉悦的情绪只是其中的一个方面。

媒介中所具有的情感体验与日常生活中的情感不太一致。媒介情感是由媒介信息所引起的情感体验，是一种认知性情感，是某种"超越性存在"的领会；而我们现实生活中的情感是和客观事物联系在一起的，以认知为中介而产生的态度体验。[④] 媒介将所承载的情感，通过艺术的形式，用抽象的概念呈现出来，使我们能够直接领会到。当然，认知在情绪中起着决定性作用，它是一个认知评估过程。在现实生活中，如一旦面对危险，当事人会立即产生恐惧等相应的负性情感体验而如果危险情境是在媒介中呈现，受众则

[①] 参见周葆华《新媒体使用与主观阶层认同：理论阐释与实证检验》，《新闻大学》2010 年第 2 期，第 29 页。
[②] 参见孙纬《中国"新民权运动"中的媒介"社会动员"——以重庆"钉子户"事件的媒介报道为例》，《新闻大学》2008 年第 4 期，第 13 页。
[③] 参见 Ashforth, B. E. & Humphrey, R. H.（1995），"Emotion in the Workplace: A Reappraisal"，*Human Relations*, 48（2）: pp. 97 – 125。
[④] 参见张爱宁《观影疗心——电影在心理咨询与治疗中的应用》，博士学位论文，华东师范大学，2008 年，第 24 页。

可能会产生"恐怖片观看的兴奋感"。同一刺激情景，由于对其评估不同，认知主体会产生不同的情绪反应。《泰坦尼克号》呈现的情景是轮船撞冰山造成的灾难，我们通过观看而感到劫后余生的兴奋。美国认知心理学家沙赫特（S., Schachter）提出"情绪三因素"理论，认为，情绪由刺激因素、生理因素和认知因素共同作用产生，而认知对情境的评估在情绪形成中起着重要作用，因为外界刺激和机体内部的生理变化是情绪产生的基本条件。这一学说更加强调了个体的认知过程在情绪产生中的作用。[①]

首先，媒介具有净化情绪作用。朱光潜在《西方美学史》中谈到，艺术具有净化情绪的作用，音乐等艺术形式可以使人们获得更好的情绪体验，使人们消极的情绪得到释放从而达到心灵的舒缓，因此艺术可以陶冶情操，促进心理健康，提升幸福感。因为，个体心灵得到净化之后，就会产生一种前所未有的快慰感。电影《情书》的最后一幕，主人公怀着对已逝爱人的怀念深情地呼唤"你好吗？"激起了观众情感上的共鸣，使观众感受到情绪和自然巧妙融为一体，寄托了对未来生活的向往与追求，使郁积的情绪得以宣泄，具有一定的情绪净化作用。

其次，媒介具有宣泄情绪的作用。如人们在电影院里笑得前俯后仰或为主人公掬一把同情的泪，从而释放了情绪，获得了心理上的慰藉。电影院也被人喻为"白领工人的心理诊所"。前文所述，负性情绪也是一种能量，如怜悯和恐惧囤积过多，没有得到合理的释放，就会导致病态心理，影视剧则为我们提供了宣泄的通道，使心灵释放掉负能量，从而使人的心理恢复平静和健康。

再次，产生情绪的共鸣。社会转型期具有开放性和多元化的特点，当代人们被高压力、快节奏的生活压得喘不过气来。如人们走进电影院，感受亲人之间的脉脉温情、人与自然的和谐相处，就会产生情绪的共鸣，缓

---

① 参见 Schachter, Stanley, Singer, Jerome (1962), "Cognitive, Social and Physiological Determinants of Emotional State", *Psychological Review*, 69 (5), pp. 379 – 399。

解压力。媒介带给我们不仅仅是精神的乌托邦，更多的是心灵的放松，使我们得到精神的满足。

五　媒介与欲望的替代性满足

（一）媒介与替代性满足

媒介是人的延伸，甚至能替代受众实现相应的需要。首先，媒介内容能实现替代性满足。大众传媒根据受众的心理、精神需求，将各种"欲望幻想"精心制作成琳琅满目的媒介产品，受众用感官接收就能获得替代性满足。人们在观赏影视作品时也能得到精神的满足，欲望达成，从中获得巨大的精神满足。其次，在社会转型期，贫富分化愈加明显，底层群体尤其是弱势群体容易在心理上产生自己权益被他人剥夺的感觉，这种怨恨及郁结情绪需要得到释放，而在自媒介体时代，媒介广开言路，让人们畅所欲言表达不良情绪。在网络中实现了欲望的满足，可有效地减少社会动荡和灾难性情绪爆发，因而对于和谐社会的构建具有积极的意义。再次，媒介所构建的想象能实现替代性满足。互联网为人们提供了交流和联系的机会，人们的沟通从来没有像现在这样便捷，多年没有联系的朋友通过微信朋友圈联系在一起，即使远在他乡也能通过视频进行交流。网络所建构的虚拟社区如微信朋友圈等具有凝聚人气、提供归属的意义。人类对自我行为的决定是基于一定的目标需求的。① 如许多沉迷于网络的个体就是希望能在网络中得到被接纳、被关怀的体验，并取代现实人文关怀的情感体验。最后，媒介也可在现实中直接满足受众的需求。例如：时下比较流行的互动娱乐节目已融入我们的生活，观众无法直接参与，但电视中所营造的虚拟空间，其中有笑声，有激烈竞

---

① 参见 Deci, E. L., & Ryan, R. M., (2000), "The 'What' and 'Why' of Goal Pursuits: Human Needs and the Self – determination of Behavior", *Psychological Inquiry*, 11 (4), pp. 227 – 268。

争，有激动的泪水，观众可暂时忘了自己的存在，忘掉现实中的痛苦，获得暂时的解脱；在情感类访谈节目中，当主角所诉的人生历程与自己相近时，观众也能感同身受，受到启迪，得到成长。

（二）替代性满足的意义

幸福是我们每个人追求的目标，遗憾的是，现实生活给我们获得幸福制造了很多障碍。我们希望能过上幸福的生活，拥有成功的事业、和谐的家庭，住宽大的住房，受到他人尊重，然而对大多数人来说这只是无法完全达成的理想，人生不如意十有八九。我们常难以摆脱现实的挫折，无法直接从现实获得满足，通过媒介作为替代物获得满足，这是一种自我补偿机制。施拉姆对儿童的电视接触行为进行研究发现，大众传媒为儿童提供了一个幻想的世界，儿童通过替代性满足以补偿在现实生活中的某些愿望的不满足。本书的研究发现与此观点十分吻合。例如，青少年在观看《海贼王》时普遍表示，尽管这是一个看上去遥不可及的幻想世界，但在这里他们获得了把丢失的梦想补齐的一种满足感。这种满足感至少包含两个层面：一是梦想实现的激励作用，二是社会联系的情感支持。从这个意义上来说，媒介为受众提供了精神的力量，提供了情感的支持，使受众获得幸福感的体验。东方的意识形态以集体主义价值观为主导，而在社会转型期的市场经济大潮的冲击下，个人主义、功利主义及集体主义泥沙俱下，《海贼王》宣扬友谊，推崇团队精神，这正是我们在社会转型期所缺失的。[1] 而费斯克在针对流行文化研究时发现，受众在流行文化传播中从事着一种符号生产（semiotic productivity），他们从文化工业产品的符号资源中制造与自身的社会处境相关的意义、认同和快乐。[2]

---

[1]　参见杨银娟《替代性满足：我国青少年对日本动漫出版物的解读研究——以〈海贼王〉为例》，《出版发行研究》2012 年第 8 期，第 56—59 页。

[2]　参见 Fiske, J. (1989), *Understanding Popular Culture*, Boston, MA: Unwin Hyman.

第四章 前因与后果：媒介幸福感的内涵与外延

人有七情六欲，幸福和痛苦都是人类情感的要素，它们是一个整体，但是为了更好地适应环境，情绪常表现出其中的一部分，而压抑了另一部分。生活幸福的人，痛苦就被压抑，为此，需要找到一些文化情景来感觉和释放它，正如生活富足的人喜欢看悲剧片，在掬同情泪中，心情变得舒畅；生活极为痛苦的人，幸福被压抑，同样需要一定的载体诱发出幸福的体验。这两部分结合才能发展为一个完整的情绪体验。本书研究媒介幸福感的内涵与外延，并不是要排除痛苦，增加幸福感，而是要了解媒介幸福感的各个要素，使受众能充分地体验一种完整的、完形的情感，这是本研究的目的所在。

第一节 媒介幸福感框架

"人类的一切努力在于获得幸福"，在人生的所有目标中，幸福是至高无上的，其他所有目标都只是为去往幸福。尽管人类有浓厚和悠久的追求幸福的情结，但是幸福感的科学研究于 20 世纪 60 年代才开始。以迪纳（Diener）等为代表对幸福感概念进行相关的界定以来，尤其是积极心理学思潮的兴起，幸福感逐渐成为哲学、社会学、人类学、心理学等学科的研究热点。在脑科学的研究技术成熟之前，对幸福感的研究主要依赖于质性研究及统计学的技术。现在比较一致的结论是，幸福感就是一种对生活的满意和高频率愉快、低频率的不愉快的感受。

随着互联网时代的到来，网络使人类的生活方式彻底颠覆，如何从媒介中获得幸福已日渐被人们所关注，但鲜有研究者对此进行研究。按照科学研究的一般规律，科学界定的主题尚未获得研究者和实践者的青睐，表明这一主题范围太广或交叉甚多。显然，"媒介幸福感"这一主题与传播学、心理学、社会学等领域诸多学科高度相关，尤其是积极心理学、媒介生态学等。研究媒介幸福感就是要努力探索它的主要特征和特性、媒介与受众幸福感的关系、媒介对生活满意度及积极情绪的影响，等等。此外，媒介实践者已开始运用媒介幸福感的基本思想来帮助受众更好地获得积极的幸福体验。由此，我们可窥知媒介幸福感在传播学领域的研究价值及实践应用价值。本书在系统梳理已公开发表的有关幸福感的理论与实证研究文献的基础上，描述了媒介幸福感的认知、情感、动机和行为之间复杂的交互作用，所有这些理论和研究成果，为我们论述媒介幸福感提供了丰富的证据。

一　媒介幸福感的概念

当前传播学理论研究繁荣的重要标志是，从关注纯理论问题，转向关注现实生活，观照当下现实的社会、文化及理论问题。"媒介幸福感"的翻译是"Media happiness"，它是"媒介"（Media）和"幸福感"（Happiness）两个词语的组合。查阅相关文献，至今没有人提出"媒介幸福感"的概念。可见，"媒介幸福感"是一个词语的组合，并不是一个科学的概念。本研究为了表述方便，将媒介带给受众的幸福感称为"媒介幸福感"。

随着网络信息日新月异的变化，了解信息、传递信息的渠道增多，而互联网媒体本身具有传播速度快和及时性、有效性和互动性等特点，给人类社会、政治、经济、文化等各个方面都带来深刻的变化，人们对媒介信息需求有了新的要求。正是在这一背景下，媒介幸福感的研究涉及几个重要的概念：一是媒介认知，对媒介本身所具有的特点如媒介形态、媒介内容进行认知，受众不是孤立地对待媒介刺激，而是运用感知、思维和决策等一系列自身有效的资源，将媒介信息整合为一个有意义的整体框架；二是媒介满足，人本主义心理学家马斯洛把需求由较低层次到较高层次排列，分成生理需求、安全需求、归属与爱的需求、尊重需求和自我实现需求5类，例如，同样的电视节目，满足受众需求层次越高，电视节目在受众心目中的价值也越高；三是媒介情绪，是指在具体的媒介情境中，由媒介引起的情绪感受的范畴、强度、持久性，比如人们看激动人心的电影会感到很激动。

梅尔文·德弗勒认为：媒介内容激发受众对相关信息的知晓程度；不同的类型的媒介为受众提供信息有不同的特性；媒介接触的程度会影响态度的改变，并且这种态度的改变会直接影响人类的行为。[①] 根据情绪的中介作用，情绪在认知及行为的改变上发挥着重要的作用。为此，建立在媒介认知基础上所产生的媒介需要满足及积极的媒介情绪体验，主要通过以下3种途径产生媒介幸福感：（1）媒介内容，由媒介具体信息内容影响人类的认知及情绪体验；（2）媒介形态，不同的媒介有不同的传播特性，人类通过不同的感觉通道对不同类型的媒介产生相应的认知构建及情绪体验；（3）媒介接触，在现代社会转型期，人们接触媒介的意义及方式都发生了很大的变化。人们对媒介的需求已从工作模式转变为信息模式，由指导性质转变为服务性质，由单向传播转变为双向或多样化传播。

---

① 参见梅尔文·德弗勒《传播研究里程碑》，王嵩音译，台北远流出版公司1993年版，第360页。

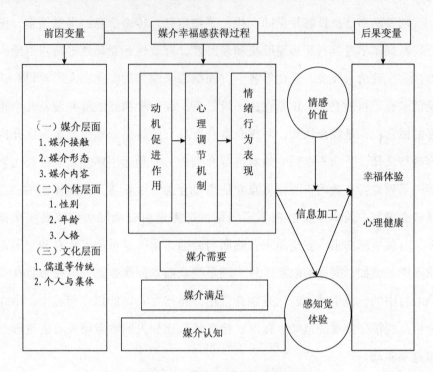

图4－1　媒介幸福感概念框架

二　媒介幸福感的层次

　　媒介幸福感到底包括哪些内容，还没有达成共识。按照人类经验的感觉标准，由浅入深，媒介幸福感应具有三个层次：一是感知觉体验层次；二是信息加工层次；三是情感价值层次。

　　（1）感知觉体验。贝尼哥和古塞克探讨了各种信息加工的过程，受众对媒介的感受从感觉器官开始，按人的生理规律来说，丰富的色彩、优美的感受显然容易对人产生吸引力。[①] 如受众对媒介感受符合人类的审美生理特点，能有效提高生活满意度。例如，读者路经报摊的一刹那，被图文

　　① 参见 Beniger & Gusek，（1995），"The Cognitive Revolution in Pubic Opinion and Communication Research"，In Glasser，T. L. ，&，Salmon，C. T. ，（Eds. ），*Public Opinion and the Communication of Consent*，The Guilford Press，p. 234。

并茂的杂志封面所吸引，买回阅读即是满足了审美的享受。

（2）信息加工层次。美国政治家李普曼认为，"媒介影响我们头脑中的图像"，这是一种由感知觉的媒介形式向媒介内容的过渡。信息内容越丰富，所蕴含的感情越有感染力，受众所产生的满足感越强，快乐体验越深。但从认知心理学角度来说，同样的信息，不同的受众会产生不同的认知体验。

（3）情感价值层次。这是媒介幸福感的最高层次。受众在对信息加工的基础上，结合自己的经历、知识、文化及生活经验，产生一种情感体验。例如，好的故事令人终生难忘，优美的音乐能余音绕梁，三日不绝。

从上述的各种媒介带给人类的幸福感层次来看，不同领域的研究者虽然有着各自的视角，但都是从个体的体验视角进行分类，媒介幸福感也就成了大多数传播学者、心理学家和社会学家研究的议题。

第二节　媒介幸福感特性

考察受众由媒介引起的幸福体验，是把受众看作在个人需求驱使下主动使用媒介，而媒介则为信息的提供者。比如传播学中的知识沟理论，是强调受众的认知结构差异导致对信息加工的不同，与此类似，媒介幸福感同样具有主观性与客观性、真实性与虚幻性、过程性与目标性。

一　主观性与客观性

媒介幸福感的主观性以幸福感的主观体验为基础，以媒介客观刺激为内容。外界的客观信息是通过主观加工而起作用的，由媒介所产生的幸福和痛苦是由其特质或者认知方式决定的。所以，这种相对性体现为对媒介所反映的客观世界的主观性，又表现为幸福感的主观性，这是依据个体的主观感受不同而发生变化的。同样的信息内容，不同的受众感受不同，正如"一千个读者心中有一千个哈姆雷特"。受众在不同时期，看待不同的信息，产生的幸福体验也是不同的。例如，有人因没有鞋穿而痛苦，有一天发现一个没有脚的人，他因此觉得幸福无比。同样的媒介信息，不同的观察角度，也会产生不同的幸福体验。例如，有一个老太太，从天气预报中得知天将要下雨，就无限担忧卖盐的女儿无法晒盐，得知天晴又担心卖伞的女儿无人买伞，终日感到忧愁不已；若转变看问题的角度，下雨的时候想卖伞的女儿生意很好，天晴为卖盐的女儿高兴，老太太就会感到幸福。

二　真实性与虚幻性

如前所述，媒介带给人类的幸福感以客观性为基础，以主观为决定因素。那么自然就存在一个问题，幸福感既是真实的，也是虚幻的。毫无根据的幸福也是幸福，比如观众在观看影视时对成功产生幸福的想象，尽管是不真实的，但于他而言，这种幸福是真实的。

三　过程性与目标性

媒介幸福感产生于受众需要的满足及相关目标的实现，人本主义心理学家马斯洛强调个体潜能和价值的实现，把实现自我价值感作为人类最高的幸福感。卡茨在其研究中，主张研究媒介与受众的双向作用，即既要关注媒介对人们产生何种影响，又要研究人们用媒介做什么。受众对大众媒介或其他信源的期望，源自社会和心理根源的需求。这说明受众是主动的，所产生的媒介幸福感是基于一定的目标。同时，受众幸福体验的产生是在需要满足、积极情绪体验增加及消极情绪体验减少的基础上的，受众拥有主动选择的权利，从这个意义上来说，媒介竞争的目的就是要满足受众的幸福感。

第三节　媒介幸福感影响因素

媒介幸福感的影响因素应从媒介层面、个体层面及文化层面进行具体的探讨。从媒介层面来说，主要包括媒介内容、媒介形式及媒介接触情况这3个主要变量；从个体层面来说，一切与个体有关的变量都会对此产生影响，主要是性别、年龄及人格特征。从文化层面主要是从宏观的儒道文化及中西方文化对比视角进行具体探讨。

一　媒介层面变量

综观相关研究，传播媒介内容、媒介形式及受众对媒介接触频率和时间等的不同，受众会产生相应不同的心理感受。

（一）媒介内容

除了媒介技术本身外，媒介所承载的各种内容也会对受众产生重要影响。当前，研究媒介内容与幸福感的关系是一个热点研究内容。

首先，媒介内容会直接影响幸福体验。许多研究者通过脑科学实验的方法进行了验证。如 Peter G. Hanson 博士发现人类在接受不愉快的信息（媒介负性内容）时，可预知的所有淋巴腺会收缩，使人产生紧张、焦虑等情绪，甚至整体的免疫力也会下降，增加不愉快的情绪体验。[①] Zahn 等（2007）采用正负性信息（如幸福—痛苦）进行判断时选择性激活前颞叶皮层（负责产生愉快情绪体验），同时激活了负责社会认知的脑区域，结

---

① 参见［美］彼得·G. 汉森《压力的乐趣》，张婕译，民主与建设出版社2007年版，第13页。

果表明，正性概念相比于负性概念更能激活内侧前额叶前部。由此可以推断，受众对媒介内容产生正性评价时，能激活多巴胺系统并产生相应的愉快情绪的神经递质。

其次，媒介内容还会直接培养某些态度和观念。研究表明，许多时尚杂志或情感类型的影视过度渲染生活美好，这会让人沉迷其中并产生一种错觉，从而高估现在的社会生活水平，低估自己目前的生活状况，滋生对社会的不满情绪。对媒介过度依赖甚至会扭曲人们对现实的认知。[①]

再次，在媒介化的信息社会中，人们对外部世界的认识和感知越来越依赖于媒介中传递的信息，而不是通过自己的亲身经历。反映社会现状的大陆家庭伦理剧逐渐赢得了我们的青睐，如，《奋斗》《蜗居》《我的青春谁做主》《裸婚时代》等一系列以理想、爱情、婚姻为主题的剧情片诉说着现代青年男女在工作、家庭中的酸甜苦辣，它们往往感情真挚，如实反映社会现实，成为青年一代力捧的热门电视剧。建立在科学数据测定基础上的天气预报也超越了神秘主义，变成了一门科学。科学引导媒介的发展，使人类充满活力。与此同时，媒介也形成了新的博弈，界定了是非、善恶、美丑、好坏、对错的广泛博弈。

（二）媒介形式

首先，不同的媒介具有不同的特点。从人类大脑的认知原理来看，人的高级神经活动同时具有兴奋与抑制功能。在解读某种环境信息、活动或者刺激时，那种相对较强和更具吸引力的刺激物尤其更容易引人关注。如报刊作为传统媒介，相比其他媒介形式而言，具有文字符号的记录性、社会信息的扩散性、文本载体的渗透性和客观信息的准确性等特点，同时文

---

① 参见韦路《媒介能使我们感到更幸福吗——媒介与主观幸福感研究述评》，《当代传播》2010 年第 4 期，第 17 页。

字具有表现力强、便于保存和查找等优点。广播具有即时性，其受众也具有一定的随意性，其影响受众的范围较广。电视的直观性较强，具有较强的感染力，容易激发观众的情绪。而互联网则具有交互性、针对性的特点，容易满足受众的需求。

其次，媒介的不同形式构建不同的情感空间。人们对电话的认同与不离不弃缘于大家需要一种"心理上的邻居"，因为"以家庭为基础的电话网络，可以使我们隔绝感减少，使邻居之间成为一个更加互助的社区"①。以电视为例。许多家庭吃过晚饭一家人围坐在一起观看电视节目，电视具有对家庭生活、幸福和谐的想象，电视本身作为一种可视媒介，也为人们提供了各种生活信息、资源，从这个角度来说，电视超越了一般的媒介，它不仅为人们现实生活带来各种信息，同时也是家庭的一部分，为家庭成员带来想象和归属感。在电视的陪伴下长大的一代，对世界的认识仿佛都是来自电视里声情并茂的图像，巍峨的群山、壮丽的山河、俊秀的南方园林……电视让世界变小，电视把世界带到我们的眼前。随着电视画面的移动，我们也仿佛跟着电视中的人们一起荡漾在美丽的湖畔，奔驰在广阔的草原上，流连在烂漫之都巴黎，感受着纽约时代广场的激情与时尚。可以说，电视带着我们游历了大好河山，看尽了世间百态。②

再次，选择什么样的媒介与媒介形式有关。施拉姆（1994）用选择的或然率来说明这一问题。选择的或然率等于报偿的保证与费力的程度的比值。这是一个较为经典的公式，从中可以看出：受众总是倾向于选择能最大化地满足其需要而相对费力程度最低的媒介③；在其他条件相同的情况下，倾向于选择时付出时间、精力较少的媒介。我们使用网络所得到的报

---

① 参见［美］艾伦·维特塞尔、科林·特纳《电话的潜功能：失去延伸性意味着什么》，［美］伊锡尔·德·索拉·普尔主编《电话的社会影响》，中国人民大学出版社2008年版，第266页。

② 参见胡继华《人与传媒》，北京师范大学出版社2012年版，第120页。

③ 参见邵培仁《传播学》，高等教育出版社2000年版，第209页。

偿相对就较多，因网络媒介内容丰富、多样的信息能较好地满足我们全方面的需求。但同时受众将根据他们自身的状况对媒介进行选择，例如老年人随着生理功能的逐步退化，他们对选择网络则相对较为艰难，故广播、电视是他们选择的主体媒体。

影响受众对大众媒介的选择具有基本的路径，具体选择上表现为：一是选择性接触（selective exposure）。选择性接触是指，人们在信息的海洋里会主动搜寻能满足他们的需要，并能使他们感到愉快或产生共鸣的信息，而排斥令人感到痛苦或威胁性的信息，以促使他们选择性地接触相应的媒介内容。二是选择性注意（selective attention）。选择性注意是指，人们对媒介刺激是有选择性的，个体只关心与自己需求或兴趣相匹配的刺激，对于那些与自身需求无关的刺激则毫不在意。庄曦在调查流动儿童时发现，流动儿童在现实中接触媒介的顺序首先是电视，其次为杂志、报纸；但对媒介的偏好选择上，他们优先选择的是电视及网络。① 中国人民大学新闻学院在 2008 年针对农民工子女媒介素养的课题研究中发现，被访的流动儿童中有 40.6% 接触过网络，而农村留守儿童只有 2.2% 接触过网络，所以，流动儿童要比留守儿童更多接触网络。一个可能的解释是，留守儿童在选择网络媒介时需要付出更多的代价。

最后，媒介形式的选择，并不是建立在认知层面的理性方面，而是建立在情感层面的感受方面。这里有一些很重要的概念。一是知觉防卫（perceptual defense）。知觉防卫是个体为保护自己免受伤害而自觉或不自觉采用，以使自己更好地适应环境的一种心理策略，如将杂乱无章的声音刺激知觉为音乐节奏，就会产生赏心悦目的情感体验。二是知觉阻隔（perceptual blocking）。知觉阻隔同样是出于自我保护的需要，将有伤害性的刺激与意识状态阻隔起来。从这个意义上来说，受众倾向于选择较有安

---

① 参见庄曦《流动儿童媒介接触的特征及其影响因素》，《南通大学学报》（社会科学版）2012 年第 5 期，第 51 页。

全性的刺激，而对于过分强烈的刺激则可能采用逃避的方式以避免接触。如儿童较之于成人，更害怕观看恐怖片。这与我们用遥控器快速跳过不喜欢的电视节目的道理是一样的。我们生活在媒介的海洋，每一个空间里，都遍布着各类魅惑触觉、听觉、嗅觉、味觉和视觉的媒介。善用人类感觉机能的差异，正是现今媒介产品的竞争力所在。

（三）媒介接触

首先，媒介拥有与幸福感有关。研究人员发现，生活满意度与媒介拥有有一定的相关性。以互联网为例，过度使用互联网与生活质量具有显著的负相关，而拥有互联网与生活质量呈正相关，可见拥有与否及是否正确使用媒介对生活质量的影响是不同的。电话具有社会联系的基本功能，拥有电话与生活满意度的提高显著相关。孙五三对人际交往与观念现代化关系的研究证实了这一点，反映了媒介拥有对受众精神层面的影响。

其次，媒介接触频次与幸福感有关。Kraut 等人通过两年的家庭网络（homenet）跟踪研究，发现过度沉溺网络会导致情绪抑郁倾向和社会功能的减弱。这项研究发现青少年更容易受到互联网的负面影响，过度上网聊天会导致现实社会关系的疏远。[①] 一个健康的个体应具有心灵的开放性，如若沉溺在虚拟的网络世界产生自我封闭，可能影响心理健康。政府及有关部门针对青少年发起"离网离视"的活动号召，旨在倡导青少年减少媒介使用频次，提高生活的幸福感。实践也证明，适当地减少看电视和上网的时间将有助于促进生活质量的提高，能更好地满足现实娱乐和社会交往的需要。

---

① 参见 Kraut, R., Patterson, M., Lundamrk, Kiesler, S., Mukopadhyay, T., & Scherlis, W. (1998), "Internet Paradox: A Social Technology that Reduces Social Involvement and Psychological Well - being?", *American Psychologist*, 53 (9), pp. 1017 - 1031.

　　再次，媒介无法完全取代人类的现实生活。高度发达的大众媒介以一种不可抗拒的诱惑力吸引着人们参与其中，同时为人类构筑了幻觉化的拟态空间。Argyris（1978）等人通过对各国不同的电视观众进行调查，发现电视向观众灌输了许多与金钱、享乐等相关的物欲信息，许多被调查者认为，他们的现实生活与电视中的世界存在一定的差距，从而对现实生活感到不如意，影响了自身的生活质量。[①] 卜卫（2002）对城市儿童媒介接触与其道德发展关系的研究，提醒人们在对待大众传媒时，应注意媒介无法完全取代人类的现实生活，要充分发挥媒介娱乐，但要警惕媒介可能的替代性满足会下滑至低俗的感官刺激。[②]

二　个体层面变量

（一）性别差异对媒介幸福感的影响

　　一项研究发现，男性对媒介事件容易做出直觉反应，而女性以家为中心，容易对色彩艳丽的媒介形式产生直觉反应。Haring、Stock 和 Okun 提出男性的幸福感与女性的幸福感是存在一定差异的，男性的稍高一点。[③]从心理层面来说，女性更倾向于建立社会联系获得生活的快乐体验，以此来建立一种合理的社会认同。这与我们现实是一致的，通常女性比男性的强烈情绪体验更多。[④] 根据洪美恩的研究，在《达拉斯》中，理性的情感是产生快感的源泉，同时现实性也是产生快感的主要原因。洪美恩的研究表明，女性更多地喜欢肥皂剧，肥皂剧是拒绝平庸生活的一种表达。在日

---

① 参见 Argyris, C., Schön, D. A., （1978），"Organizational Learning: A Theory of Action Perspective", *Addison － Wesley, Reading: Massachusetts*, pp. 345 － 348。

② 参见卜卫《大众媒介对儿童的影响》，新华出版社 2002 年版。

③ 参见 Haring, M. J., Stock, W. A., Okun, M. A., 1984, "Research Synthesis of Gender and Socialclass as Correlates of Subjective Well － being", *Human Relations*, 37 (8), pp. 645 －657。

④ 参见李儒林等《影响主观幸福感的相关因素理论》，《中国心理卫生杂志》2003 年第 17 卷第 11 期，第 783 页。

益丰富的剧情想象中，现实生活中无聊的失落感被位移，取而代之的便是快感，包含一种对父权制的反抗以及偷窥欲望的满足感等。[①] Fujitaetal 认为女性对现实生活难以控制时，会通过宣泄的途径获得一种满足，因女性的情感体验更为丰富，故女性比男性更能体会到强烈的幸福感。为何女性的情感体验更为丰富？Nolen‐Hoeksmg 和 Rusting 认为，这种差异源于文化心理学解释，在远古时代，女性在家庭承担生育后代、抚育子女、照料家庭的责任，需要更多的情感投入，而男性负责狩猎等，属于社会性角色，因而女性比男性可能情感体验更为深刻。[②]

（二）年龄对媒介幸福感的影响

不同年龄的受众对媒介的选择具有一定的差异。老年人因感知能力急速下降，更多选择揣上收音机走到户外，沐浴着灿烂的阳光，呼吸着清新的空气，一边听着轻音乐，一边遛弯、锻炼，更有甚者，还可以一边打着瞌睡小憩，一边在半睡半醒中听着节目。与其说收音机为老年人带来资讯，还不如说它是老年人一个如影随形的忠实伴侣，为其解除寂寞。[③] 邢占军关于不同人群幸福感的调查发现，35—45 岁的中年人相较于其他年龄阶段的个体来说幸福感要低，一方面因为这部分人处于社会各个领域的最前沿，工作压力大，在家庭中是顶梁柱，另一方面的猜想是这一群体因缺乏相应的时间无法享用媒介带给他们的快乐。

不同年龄的受众有不同的认知特点，因此，媒介在进行受众定位时，应遵循独特的认知规律。比如，儿童兴致勃勃地观看动漫剧《喜洋洋》《花园宝宝》，而大人却可能觉得索然乏味。为何儿童会迷恋这些动漫？儿

---

① 参见［荷］洪美恩《〈达拉斯〉与大众文化意识形态》，转引自罗钢、刘象愚主编《文化研究读本》，中国社会科学出版社 2000 年版，第 376—396 页。

② 参见李儒林等《影响主观幸福感的相关因素理论》，《中国心理卫生杂志》2003 年第 17 卷第 11 期，第 783 页。

③ 参见刘少文《1872—2008：中国的媒介嬗变与日常生活》，中国社会科学出版社 2010 年版，第 173—174 页。

童在认知方面有其独有的特征，媒介工作者应研究儿童独特的认知规律并遵循这些规律，从而达到更好的媒介传播效果。①

（三）人格特征对媒介幸福感的影响

人格因素对媒介幸福感有一定的影响。Tosun 和 Lajunen 研究显示，幸福感源自一种个体亲社会的社会性情感体验。而外向性人格特质的个体会更多地使用互联网去建立新的人际关系，例如参与网络社区进行交友、征婚，他们把网络作为一种对现实社会人际交往的延伸和补充。② 在另一项研究中，预测内外倾性格和神经质特征的个体对信息的易感性是不同的，人类有两个动机系统：行为激活系统（The Behavioral Approach System，BAS）和行为抑制系统（The Behavioral Inhibition System，BIS）。外倾性人格的个体更倾向于现实生活，而不依赖于其他资源以获得快乐。③ 许多研究都重复证实了这样一种事实：内倾型性格更不能容忍不确定性信息，低不确定性容忍度可能导致人们更加主动使用媒介，表现出更多的主动获得信息的行为；而外倾型性格的人们则模糊容忍度较高，因为具有较多的支持系统，因而可以获得最多的信息支持。外倾性人格的个体对正性情感敏感，非神经质性格的个体也对负性情感不敏感，这两类人的主观幸福感较高。④ 与积极情感和媒介幸福感有关，外向型性格的个体关注媒介中蕴含积极情境的信息，从而提高主观幸福感；神经质型的人格特质的个体更多关注消极情感，反而降低了主观幸福感。Costa 和 McCrae 的研究发现，具

① 参见李琦《多元媒介环境下的我国儿童电视节目研究》，博士学位论文，华东师范大学，2012 年，第 137 页。

② 参见 Tosun, L. P., & Lajunen, T. (2010), "Does Internet Use Reflect Your Personality? Relationship between Eysenck's Personality Dimensions and Internet Use", *Computers in Human Behavior*, 26 (2), pp. 162 – 167.

③ 参见段建华《主观幸福感概述》，《心理学动态》1996 年第 1 期，第 50 页。

④ 参见刘翔平《神经质人格——人类心灵痛苦的密码》，北京师范大学出版社 2010 年版，第 2 页。

有社会性的特质个体容易产生积极情感，而内倾性人格特质的个体容易焦虑和担忧，从而产生更多消极的情感体验。[1] 自信的人是幸福的，自信的人具有较好的应付特定情境的能力，一个深怀自卑的人是很难感受快乐与幸福的。为此，幸福感强的个体能从媒介中得到一种满足，在媒介中体验丰富多彩的生活。

三　文化层面变量

（一）儒道对幸福感的影响

生命是一条河流，它沿着传统文化、习俗与现实流淌，个体不可避免地被打上文化的烙印。幸福体验源于高层次的需求得到满足，这种意识是现实和文化的合力积淀在人的心灵深处的内在意识，个体通过对文化的汲取与扩展，生命才拥有了最完整的意义。

儒家重视的是整体的和谐状态，道家追求是一种心灵的自由。幸福依赖于爱，爱的温床才能开出幸福之花。一个不能给予他人爱心或得不到他人之爱的人是不幸的。孔子讲"仁者爱人"也即此理。"仁"是个体和社会幸福的保证，而"爱人"则是滋润幸福的雨露。[2] "穷则独善其身，达则兼济天下"，是我们面对纷纭众生和瞬息变化的遭际境遇自我调节的一种文化策略。这种处贫不忧、处苦不愁的心态是中国人追寻幸福的基石，也是幸福感的集中体现。

《老大的幸福》从一开播就引起了强烈反响，呈现出与现实生活一致的情绪体验，使普通受众也能从中体验"傅老大的幸福生活"。傅老大的

---

① 参见 Costa, P. T., McCrac, R. R. (1980), "Influence of Extraversion on Subjective Well-being: Happy and Unhappy People", *Journal of Personality and Social psychology*, 38 (4), pp. 668–678。

② 参见王世朝《幸福论：关于人·人生·人性的哲学笔记》，安徽人民出版社 1998 年版，第 174 页。

内在意识实际上是一种传统文化和价值观，为家人心甘情愿地付出是传统道德观念心理动因的具体体现，反映出中国传统文化的一种责任感和一种"仁爱"的思想。傅老大的幸福充分体现了中华民族的传统美德，表现了"爱人若爱其身"的大爱，这与传统文化的主流价值观是一致的。从某种程度上来说，这是对当下中国社会转型期物欲主义的批判和反思，表达了人们对传统文化的追思。《论语·颜渊》记载：樊迟问仁，孔子曰"爱人"。孔子的意思是说，只有对别人存有仁爱之心的人，才会具有强烈的社会责任感。电视剧中的傅老大极为淳朴，没有现代都市人的浮躁，有着如道家般的"纵浪大化中，不喜亦不惧，应尽便须尽，不复独多虑"的旷达和超脱，儒家般一箪食、一瓢饮也不改其乐的执着信念，即使在现实生活中并不如意，四处碰壁，依然能保持"采菊东篱下，悠然见南山"的淡远、自得的情怀。因此，他生活得开心、快乐、幸福。傅老大的幸福观暗含万物各得其所、委运任化的生命哲理，具有"天行健，君子以自强不息；地势坤，君子以厚德载物"的精神操守。他所表现出来的豁达与洒脱，使观众产生感同身受的体验。幸福其实是一种自我感觉，内心的和谐才能幸福。①

（二）个人主义与集体主义对幸福感的影响

个人主义的自我私有成分和内部成分决定了一个人的个性；在集体主义文化中，个性又受集体文化的影响。Eid 和 Diener 采用多群组类型分析法（multigroup latent class analysis）分析了美国、澳大利亚、中国和中国台湾被试验者的情感体验规范，研究发现：相同文化中不同的个体有不同类型的情感体验规范。② 就媒介体验而言，个人对媒介信息有不同的认知，

---

① 参见刘渊、仲呈祥《〈老大的幸福〉：对幸福的诠释》，《当代电视》2010 年 5 期，第 16—18 页。
② 参见 Eid, M. , & Diener, E. （2001），"Norms for Experienced Emotions in Different Cultures", *Journal of Personality and Social Psychology*, 81（5），pp. 869 – 885.

个体所形成的一致性的体验就是集体主义。在个人主义的国家中，以自我为中心的人所占的比例大，而在集体主义的国家中，以他人为中心的人所占的比例大。① 集体主义所形成的氛围具有规模性、集中性及预见性，可形成集体氛围及团队凝聚力，使个体组织起来，但是它具有强迫性。受众囿于这种集体主义的权力系统之中，人与媒介的直接联系自然而然地会被切断。

随着近年来积极心理学的兴起，越来越多的研究者注意到社会支持对主观幸福感的影响。集体具有良好的氛围，会构成一种情感支持作用，这种社会支持使个体产生更强烈的主观幸福感，因为有社会支持的个体比孤立的个体有归属感。为此，媒介应更多地建立社会支持体系，营造集体主义氛围。从这个角度来说，集体主义文化中的个体会感到更多的社会支持，从而有更高的主观幸福感。②

本书还发现，不同文化背景下生活的个体具有不同的文化个性，表达幸福的体验也不尽相同。深受儒、道文化影响的中国人较羞于表达需求，较易满足于现状，具有极强的忍耐性；而西方人的幸福观念中则包含着较多的情感表达以及张扬个性。王世朝在《幸福论：关于人·人生·人性的哲学笔记》一文中称："西方人是在征服外在中求快乐，东方人是在自我克制中求快乐。"③

---

① 参见邹琼《主观幸福感与文化的关系研究综述》，《心理科学》2005 年第 28 卷第 3 期，第 632—633 页。
② 参见邹琼、佐斌《人格、文化与主观幸福感的关系及整合模型述评》，《心理科学进展》2004 年第 12 卷第 6 期，第 900—907 页。
③ 参见王世朝《幸福论：关于人·人生·人性的哲学笔记》，安徽人民出版社 1998 年版，第 23—25 页。

第四节　媒介幸福感提升途径

一　动机激发：探索前进的方向

（一）目标与幸福感的关系

许多人表示，不幸福的体验来源于无法达成的生活目标，一旦完成设定的目标，我们就会产生愉快的情绪体验。因为目标能给个体带来成功的体验，从而提升幸福感。纷繁多样的媒介令我们眼花缭乱，我们该追求什么？什么又是我们终极的人生目标？许多人把欲望当理想，成了欲望的傀儡，从而丧失人生的目标。当然，有人把欲望变成无止境的追求，目标太多，也等于没有目标。此外，所设的目标是自己无法达成的，在努力中透支着体力和精力，也会降低人的幸福感。目标与幸福感的相关研究发现，文化会影响人类追求目标的类型，同时幸福也会受到人们对目标的接近程度的影响。[①] 符合社会规范的目标会提升幸福感，当个体所设定的生活目标与文化常模一致时，个体常体验到生活的意义；若两者相悖时，则难以产生幸福感。[②]

Diener 认为，实现目标是促进幸福感的一种基本途径，认为目标对幸福感具有直接的影响，目标能驱使个体产生强烈的行为动机，并从中得到

① 参见 Oishi, S., Diener, E., Lucas, R. E. et al. (1999), "Cross - cultural Variations in Predictors of Life Satisfaction: Perspectives from Needs and Values", *Personality and Social Psychology Bullitin*, 25 (8), pp. 980 - 990。

② 参见邱林、郑雪、严标宾《文化常模和目标调节模型：两种幸福感文化观》，《心理科学进展》2002 年第 10 卷第 3 期，第 290—294 页。

满足。① Carver 和 Baird 认为目标有被内在快乐所激发的内部动机，有外部奖励或惩罚的力量所引起的外部动机；有反映受众价值观的认同性动机；也有来自内部的压力如内疚或社会赞许的投射性动机。他们发现，外部动机与幸福感呈负相关，内部动机与幸福感呈正相关。② 这与媒介与使用是一致的。例如，我们将读书作为一种兴趣，就可能会手不释卷；一旦将阅读当成学习任务，就可能会感到厌烦。当然，我们很难将媒介的固有属性分离开来，它是在受众与媒介的互动过程中表现出来的，由于受众是主观的，因而不同的受众具有不同的工具性目的。有人认为电视具有增加亲密感的功能，有人则认为电视具有消遣功能，也有人把看电视作为一种逃避现实的媒介使用。

大众媒介则可以通过议程设置影响受众对人生目标的设置。媒介不应过多地渲染物质幸福观。因为幸福应是快乐和意义的结合，快乐是活在当下，是代表现在的美好时光，意义则来自目标，一种未来的幸福。真正幸福的人，能够在自己觉得有意义的生活中享受它的点滴。③ "宁在宝马里哭泣，也不在自行车上笑"是媒介对人类主观幸福感的物化。《当幸福来敲门》是一部追寻美国梦的励志电影，讲述了主人公从推销员成为成功的经纪人的艰辛历程，其中经历了许多挫折，但他始终向目标努力，最终获得成功和幸福。④ 许多观众看后，理解了幸福既在于人生目标的实现，也在于追求梦想的过程。

---

① 参见 Diener, E., Suh, E., Lucas, R., et al. (1999), "Subjective Well - being: Three Decades of Progress", *Psychological Bulletin*, 125 (2): pp. 276 - 302。

② 参见 Carver, C. S., Baird, E., (1998), "The American Dream Revisited: Is It What You Want or Why You Want it that Matters?", *Psychological Science*, 9 (4), pp. 289 - 292。

③ 参见［美］泰勒·本 - 沙哈尔《幸福的方法》，汪冰等译，中信出版社 2013 年版，第 32 页。

④ 参见曹文露、李红艳《〈当幸福来敲门〉所传播的价值观》，《电影评价》2009 年第 12 期，第 32 页。

（二）社会融入动机与幸福感

个体从母体分离出来，就表现出回归社会的自然趋向。而媒介具有社会联系的基本特性，人们使用媒介获取相关信息，源于人们的从众心理，每个人都希望融入社会，促进与社会互动。例如，人们为了不使自己孤立，会努力寻找相应的信息源和媒介，以使自己拥有和别人交流共同话题的能力。①

媒介承载着习俗、社会规范、时尚及文化。个体想与他人行为保持一致性，缩短与社会的心理距离。模仿或从众让受众感到自己与社会融合，成为社会中的一员，从而促进个体与社会系统的互动。个体行为的动机的强弱取决于曾经的收益以及个体与社会的心理距离。个体的行为被社会所许可即获得更多的奖赏，从而诱使下一阶段类似行为的发生。从媒介的角度来说，这是一种行为共振，媒介对受众的认同是一种心理上的强化。如年轻人着装风格与媒体中出现的偶然一样，这是媒介所认可的现代化有情调的潮流。

二　拓展建构：获得集体的认同

（一）拓展建构使人更加完善

以互联网媒体为代表的新媒介技术，使人类与媒介的关系更为紧密，我们的衣食住行越来越依赖于媒介，而媒介也在潜移默化地影响我们的认知评价和情感体验。皮亚杰（Piaget）认为，我们在与环境的交互的过程中，个体不断被外界环境所建构。② 例如，我们定义某个人时，可以用地方、职务、性格等特征来定义。本书将沿用行为主义心理学的"同化"和

---

① 参见刘艳《受众媒介使用动机》，《当代传播》2005 年第 1 期，第 58—59 页。
② 参见林崇德《发展心理学》，人民教育出版社 2005 年 3 月版，第 51 页。

"顺应"概念。同化是受众把媒介信息整合到原有的认知结构中，从而影响幸福体验；顺应则是受众被媒介所改变。受众与媒介互动中，作为认知构建的同化和顺应两个过程同时存在，受众与媒介互动的过程中，媒介主动构建世界并改变着受众对客观世界的认识。没人能改变他人的内心，但至少能为他人创造良好的环境，这就需要研究如何运用媒介营造有秩序、幸福的环境。

（二）获得集体认同

人类创造了媒介，而媒介一旦形成，又反过来左右和影响人类的日常生活，而且许多影响是以润物细无声的方式发生的，以至于让人忽略了发明自身的存在。正如亨利·M. 伯廷格所说，在现实生活中，电话作为人际交往的重要载体，已成为生活中的重要内容。如今，使用电话已成为我们无意识的习惯。[1] 在个体与媒介的互动中，人们的感知、信仰、意志以及行动趋向一致性。

互联网具有双向互动性，它不仅是一种身份认同的符号，更是一条与人互动的纽带，甚至可以通过网络直接与偶像互动，因此在互联网的世界没有什么是不可能的，互联网因此被喻为幸福人生的象征。此外，互联网上各式各样的虚拟社区，聚集了大量志趣相投的网友，他们汇集在一起进行互动交流[2]，使得原本孤立的个体在互联网的世界里找回失落的精神家园，产生集体迷狂的"极乐乌托邦"。[3]

---

① 参见［美］亨利·M. 伯廷格《我们的第六感》，［美］伊锡尔·德·索拉·普尔主编《电话的社会影响》，中国人民大学出版社 2008 年版，第 208 页。
② 参见欧阳菁《E 时代的"迷"文化》，《湖南大众传媒职业技术学院学报》2007 年第 7 期，第 46—48 页。
③ 参见尚香钰《网络时代的"粉丝"狂欢——对后现代大众女化 fans 群体的症候式分析》，《广东广播电视大学学报》2007 年第 4 期，第 105—108 页。

三　合理比较：获得较好满意度

对生活的满意度获取有不同的途径，有人通过自我提升追求积极自我意象的驱动力来抵达幸福，有人在与文化的互动中获得满足。一直以来，研究者们在努力寻找一种理论范式来解释幸福共性。在当代多元化的社会现实中，这样的研究似乎显得力不从心。

在社会转型期，贫富的悬殊是影响人们幸福感的主要因素之一，在社会比较心理机制下所产生贫富差距的感受，会使人产生不公平的感受。这与现实生活是一致的，我们有类似"邻居幸福法则"的体验，与其他人相比，邻居更能影响我们的幸福感，邻居越富有，越使人产生不幸福的体验。所以在自媒体时代，通过网络晒幸福容易使人滋生忌恨。

我们总是习惯于与他人进行比较，向下比较增加满意度，而向上比较则会使满意度下降。[①] 一般而言，人们倾向于与邻近的人进行比较，这种比较包含向上比较和向下比较两种方式。向下比较是幸福感自我增强式的认知方式，向上比较则自我威胁。McFarland 和 Miller 通过预测研究发现，人们与自己收入低的人相比将获得更多的幸福体验，而与比自己收入高的人相比，是为了激发自己做得更好。[②] 在进行社会比较时，较幸福的人常做向下比较，在比较的过程中产生一种优越感，而向上比较是自我否定的，结果通常令人产生不愉快的情绪反应。"比上不足，比下有余"或许是一种较好的自我心理调适认知，乐观者倾向和过去的自己进行比较，以此评价自己的成长从而"知足常乐"，悲观者则相反。

---

① 参见 Diener, E., Suh, E., Lucas, R., et al. (1999), "Subjective Well – being: Three Decades of Progress", *Psychological Bulletin*, 125 (2), pp. 276 – 302。

② 参见 McFarland, C., Miller, D. T. (1994), "The Framing of Relative Performance Feedback: Seeing the Glass as half Empty or half Full", *Journal of Personality and Social Psychology*, 66 (6) pp. 1061—1073, 转引自李静等《金钱对幸福感的影响及其心理机制》，《心理科学进展》2007 年第 15 卷第 6 期，第 977—978 页。

德谟克利特早期的幸福论指出，快乐主义是其幸福论的基本内容。他认为：人们"不应该追求一切种类的快乐，应该只追求高尚的快乐"。高尚的快乐就是精神快乐和肉体快乐、高级的快乐和低级的快乐、长久的快乐和暂时的快乐的结合。只有这样，才是真正的幸福。他提出"节制论"，节制能"使快乐增加并使享受更加强"。为了使人们能够节制住自己的欲望，他提供了两种对比方法：一是要经常把自己的情况同那些不如自己的人相比，在对比中得到一种优越感。二是将自己同那些虽然比自己富裕，却不如自己安乐的人相比，在对比中得到一种满足感。①

四　积极应对：建立幸福的基石

我们正生活在一个媒介异常发达的时代，从小就被各种媒介包围，并通过媒介认识世界，了解世界。媒介也成为一种生活方式，并改变着我们的行为习惯，影响我们的思维模式，甚至对我们的身心健康状况产生影响。

（一）生活态度积极

受众可通过媒介接触到新的人和新的环境，建立用以抵抗抑郁和孤独的重要的人际关系和社会交际网络。积极的行为将有益心理健康，因为个体与社会联系密切会增强心理愉悦感。比如，现在微博上有很多"微公益"项目，越来越多的人参与其中，微公益作为一种中介变量，影响着我们的幸福体验。媒介之所以能使受众产生心理愉悦，部分是由于它能使人们觉得自己在社会中扮演着重要的角色，自己的存在是重要的。总之，无论是通过媒介接触还是影响受众产生外在积极行为，媒介都扮演着增进健康的重要角色。

---

① 参见冯俊科《西方幸福论——从梭伦到费尔巴哈》，中华书局 2011 年版，第 74—76 页。

（二）健康习惯

从心理健康而言，已有发现正性的媒介内容、适当的媒介接触能直接促进受众的心理健康，同时这种影响可能对人类的健康行为有潜在裨益。媒介所提供的信息帮助其形成了积极的应对策略，帮助其形成良好的生活习惯，使其更加注重自我的健康。陈勃通过调查发现，许多经常上网的老人身心健康状态更好。因为老人通过上网感到自己尽管已经脱离了社会，但网络似乎仍使自己与社会保持密切联系，是社会中的一员；同时，网络使他们的精神生活更加丰富多彩。这些有利于老年人的精神健康和身心健康。[①] 由此可见，媒介可促进人们进行社会融合，有助于受众稳定其社交网络的规模，同时对压力具有缓冲作用，有益于身心健康。

---

①　参见陈勃《老年人与传媒——互动关系现状分析及前景预测》，江西人民出版社 2008 年版，第 257 页。

第五章 转型与构建：媒介幸福感整合理论探新

如何解释幸福？人本主义心理学家马斯洛认为，心灵的力量被两种力量所挟持：一是安全，二是发展。安全与发展是两种趋向相反的力量。安全是向下的，具有防御性的；发展是向上的，具有向上的力量。人们害怕丧失，恐惧未来，退回原先的疆域是安全的，这与消极的情绪有关；而发展是深邃的，是自我完善的，这是一条冒险之路。因此，人们无论处于何种境地，都充满着焦虑、不安和自责。更何况自我处于两种力量的挟持中，更是令人焦虑不堪。① 这似乎能解释为什么人类执着追求目标者比平庸者更少。

而后现代心理学则对此进行了反驳：幸福是一种主观的感受，心灵在安全与发展的包围之中，获得了一种全新的抱持感，犹如婴儿在母亲的怀抱里。向上可获得发展，向下可得到安全。媒介作为一种文化，既为人类安全感营造了一种氛围，同时又为发展创造了一种环境。媒介作为社会联系的中枢及情感维系的纽带，直接或间接地影响着人们对幸福的体验，为此，媒介幸福感可随时获得。

媒介幸福感的理论到底该如何构建？这是本书必须面临的一种复杂思维。如前文所述，媒介幸福感具有传播学与心理学的交叉学科性质，按照研究的一般取向，对于交叉学科而言，许多研究都采用学科交叉的理论进行综合。德弗勒等人认为，传播主要在思想、行为及文化上影响受众，思

---

① 参见刘翔平《给自己注入积极基因》，中国经济出版社2005年版，第240—241页。

想及行为方面属于心理学领域研究范畴，而文化则涉及社会学的研究领域。① 人类要发展出一个什么样的社会结构和社会习俗，媒介则为人类建构相适应的拟态环境，而且这种虚拟环境与社会环境、自然环境之间是相互作用的。传播学相关的研究包括议程设置研究、沉默螺旋研究、培养分析研究、使用与满足研究；而心理学的研究主要有认知理论、行为理论、人本理论等。从理论渊源可以看出，研究媒介幸福感必须以心理学及社会心理学为基础，而且心理学的基本理论还贯彻到了传播学的具体研究之中。越来越多的证据表明，媒介会带给受众幸福感，因此，幸福感作为本研究的一个核心概念，不能脱离主体特性进行探讨，本书认为有必要在一个系统的视角下对媒介幸福感进行理论的整合与重构。

第一节　媒介幸福感的基本理论

人类自出现之日起，就没有停止追求幸福的脚步。媒介幸福感既是一种主观认识体验，又是一种情感感受。一些理论从不同角度为媒介幸福感的心理机制做出了解释，它们建构了媒介幸福感的理论框架，对媒介幸福感的研究有重要意义。接下来将结合心理学及传播学相关理论整合介绍媒介幸福感的理论。

一　认知决定论

幸福感的认知理论由来已久，幸福感有赖于认知移情能力。媒介幸福感是由受众在对媒介的认知影响下，所产生的认知体验及移情体验。基于

---

① 参见德弗勒、鲍尔－洛基奇《大众传播学绪论》，杜力平译，新华出版社 1990 年版，第3—4 页。

此，研究者们提出了认知对媒介幸福感的影响取决于以下 3 方面因素：①受众对获取媒介所付出代价的评估，②受众对媒介事件是否符合认知的评估，③受众行为效果受媒介影响的评估。

媒介要想产生传播效果，必须通过而且只能通过受传者的感觉器官进入其心理系统，激发心理系统并使其产生心理反应，从而产生心理活动，心理活动外化为言行作用。这里有一个核心的理论观点，即同样的媒介信息，但受众认知方式不同，产生的反应可能是幸福也可能是痛苦。在过去很长一段时间里，多数心理学家一直坚信，真实、正确的自我认知是获得幸福和成功的前提，一个心理健康的个体应当对自我、对环境有良好的认知，而一旦产生病态的扭曲的认知，就很难体验到幸福感。

（一）认知理论渊源

美国心理学家埃利斯所创立的 ABC 理论奠定了幸福感的认知决定模式。情绪是由个体对事件 A（activating event）的认知和评价而产生的信念 B（belief）直接引起的，而诱发事件 A 只是引发情绪和行为后果 C（consequence）的间接原因。[①] 媒介幸福感是一种主观的体验，媒介所提供的客观信息是通过主观加工而起作用的，具有不同认知结构的受众面对同样的媒介可能会产生不同的情绪体验。

媒介对受众幸福感的影响是从传播学的视角研究媒介对幸福感的影响，并从心理学的角度来阐述媒介如何影响我们的主观认知，从而改变受众的情绪、态度和行为。认知是我们解读媒介构建主观世界的重要机制。俗话说："想开了就是天堂，想不开就是地狱。"

---

① 参见［美］理查德·格里格、菲利普·津巴多《心理学与生活》，王垒等译，人民邮电出版社 2003 年版，第 226 页。

　　（二）认知理论与媒介幸福感

　　幸福感的产生依赖于需要是否得到满足，而需要能否得以满足及满足程度如何则由个体的认知来评判。从这个角度来说，幸福感是一种感知体验，并与认知过程密不可分。为此，影响幸福感的认知理论有自我评价、社会认知、社会比较等。① 例如，个体通过换一个视角看问题重拾信心与智慧，"压力放在头顶上就是石头，放在脚下就是垫脚石"。从媒介中获得幸福体验作为一种普遍的动机原则，是受众的基本心理过程。在这个心理过程中，个体的认知评价、决策判断和行为策略都会对幸福感产生重要影响。媒介内容在受众需要满足的类型、情感体验及对结果的关注点等方面都存在差异，这种差异直接导致媒介对受众幸福感的影响。

　　首先，从内隐视角来说，个体会根据需要、兴趣及价值取向对相关的信息持有不同的敏感度。同样是阅读一份报纸，不同需要的个体，对不同的内容会有不同的敏感。如准备置业购房的读者对房产信息比较敏感，而家有小孩的父母则对育儿教育信息优先关注，失业者则对求职信息会积极关注。

　　其次，从情感评价来说，人们倾向于追求快乐逃避痛苦。相比之下，人类对痛苦负性情绪的信息更倾向于有意识地压抑和忽略，对与愉快、喜悦等情绪相关的信息更加敏感，这与个体安全感需求有关。

　　再次，具有主观能动性的个体对生活事件的加工是一个主动认知构建的过程。而传播学也认为，个体并不是被动地接受媒介的影响，而是主动地影响媒介。所有负面情绪都是出于自我保护机制，从认知角度来说，媒介认知是指受传者对于媒介的推测与判断的过程。这里存在分析和建构、预期与回忆、评价与解释的过程。判断媒介内容是否积极健康，是否符合社会主流价值观，本身就是一个认知评估的过程。由此推断，媒介所承载

――――――――――

① 参见杨宇然《心理学视角下高等教育中的"幸福课"实践》，《理论学刊》2012 年增刊。

的客观信息对主观幸福感的影响要通过认知操作发挥作用，同样的内容可以传达不同的信息，受众的认知解读过程决定了需要与满足的因素，这是幸福感产生的心理过程。媒介幸福感的构建有几个影响因素：一是媒介制作者应与受众认知保持同一性。首先，媒介的制作者会根据自己的经验、知识水平等对客观事物有一个认知解读过程；其次，受众也会根据自己的需要来理解媒介信息。试问媒介制作者应该给受众所需要的信息，还是受众认为自己所需要的信息？如果媒介制作者只从自己的角度出发，受众可能会对相关媒介信息进行抗拒。为此，媒介制作者应与受众保持一致，即媒介制作者应以受众认为的需要为前提，通过认知系统的作用，受众期待能从中满足相关需求，从而提升幸福感。① 二是自我反省、社会比较、自我评价等认知与判断过程与幸福感有联系。幸福感是在比较中产生的，社会比较是一种普遍存在的社会心理状态，前文已做详尽论述。三是积极与消极的态度对幸福感有影响。有些个体身处不利处境，也能寻找到幸福。电影《美丽人生》讲的是第二次世界大战时期的故事，主角全家被抓入集中营后，父亲为了让儿子快乐地生存下来，就对儿子说，在这里所发生的一切都只是一个游戏，只要不违反游戏规则，就能获得一部坦克。虽然集中营的生活很恐怖，但是孩子却快乐地生活着，直至获救。而有些人过着貌似幸福的生活，却倍感痛苦，经常怨声载道，处于崩溃的边缘，难以从看似富足的生活中得到欢乐。所以认知理论对幸福感来说，无论是从描述上还是从解释上都具有重要的意义。

二　使用与满足理论

需要能否得到满足是幸福感产生的重要前提。个体具有基本的需求，一旦需求得到满足，个体就会产生愉快的情绪体验。如儿童观看动画片

---

① 参见罗以澄《中国传媒人媒介认知研究》，《武汉大学学报》（人文科学版）2009 年第 6期，第 769 页。

时，其娱乐的精神需求得到满足，从而表现出一种满足的状态。反之，当需要得不到满足时个体就会产生消极否定的情绪体验。当然，受众的需要层次不同，由媒介所引发的情绪、情感体验也会有所不同。受众对媒介需求有基本的评估和期望，这种评估和期望是受众选择媒介的基本依据。在社会转型期，尼葛洛庞帝提到人类如何从数字化时代得到相应的满足时曾做出这样的论述："互联网的关键概念在于，它不是为某一种需求所设计的，而是一种可能接受任何新的需求的总的结构。"①

（一）马斯洛的需要层次理论

人本主义心理学家马斯洛于 1954 年提出需要层次理论。首先，他将需要分成 5 个层次，按需要力量的强弱及优势出现的先后排列成 5 个等级。5 个层次需要依次如下，（1）生理需要。是指满足衣食住行等的基本物质资料的需要，如若生理需要没有得到满足，所有的力量都将投入为满足生理需要而努力。（2）安全的需要。是免受焦虑、混乱的困扰而获得秩序感和安全感的需要。（3）归属和爱的需要。希望拥有良好的人际关系，并希望相互信任。人们在互联网里的论坛、微信、微博等虚拟社区里互动，媒介成为人们寻求共同话题及获取安全感、归属感的重要途径。（4）自尊的需要。希望获得相应的社会地位，渴望得到肯定。（5）自我实现的需要。马斯洛在调查一批有相当成就的人士时，发现他们常提到有一种特殊的体验，是"心灵深处的欣快、超然的情绪体验、心灵的自由"，被马斯洛称为"高峰体验"。每种文化下对高峰体验的释义可能是不同的，但总体来说，是一种持久引导人们朝向积极、健康发展的精神动力。②

---

① 参见［美］尼葛洛庞帝《数字化生存》，胡泳、范海燕译，海南出版社 1997 年版，第 35 页。
② 参见［英］M. 艾森克：《心理学———条整合的途径》，华东师范大学出版社 2001 年版，第 689 页。

其次，人类的许多需要出自一种似本能，是一种固有趋势。这与弗洛伊德所说的本能理论有相似之处，个体在无意识领域中，有一种趋乐避苦的本能倾向，包括吃喝、排泄和睡眠等生理需要是一种生的本能。当囤积的负性能量无法释放时，人就会焦虑紧张；而当这些能量能通过恰当的途径得到宣泄时，人就会感到松弛和快乐；有些能量潜抑在内心深处，正如弗洛伊德所说，本能是无意识的状态，其中包含生的本能和死的本能，而这是一切行为的动机力量。

再次，需要由低级向高级不断提升。马斯洛的需要理论，把人的需要划分出具体细密的层次，随着需要层次的升级，人的幸福度也得到逐级拓宽和上升。更高一级的需要的满足比低一级需要的满足更能给人带来幸福的体验，媒介所承载的文化信息显然比其他物质更能满足人类的精神需求。比如对儿童来说，第一次观看动画片，是一种对自我世界的拓展和塑造，标志着精神世界迈向新的纪元。但若人们连温饱都无法得到满足，其他层次的需要如安全感的需要、归属感与爱的需要、自我实现的需要等都是次要的，所有的力量都将被投入解决最基本的温饱需要上。为此，幸福感首先建立在求得生存的基础上，安全感引发个体的基本需求，我的家在哪儿？我被谁需要？只要活着，由安全感引发的焦虑就无处不在。对于经济贫困的受众来说，对媒介的需求欲望将退回至低层次的满足。

（二）需要理论与媒介幸福感

按照马斯洛需要理论，我们发现媒介的使用与满足与幸福感有直接关系。对媒介的使用可以使受众更好地了解自己，了解周边环境信息，有利于促进安全感；可以满足受众精神需求，满足受众娱乐、社交等需要。1974年，卡茨、布鲁默等人在马斯洛需要层次理论的基础上提出媒介使用的基本框架。（1）受众心理社会需求；（2）对媒介或其他来源的期待；

（3）使用媒介或从事活动；（4）满足后的其他结果。据此，本研究提出媒介使用与满足对受众幸福感的影响路径。

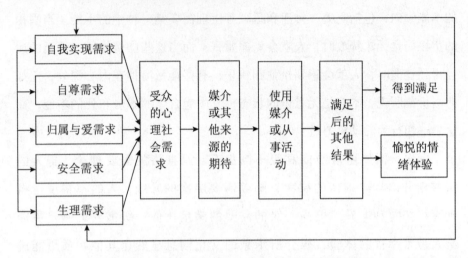

图 5 - 1　媒介使用与满足对受众幸福感的影响路径

首先，受众的基本心理社会需求是基础，是一切行为的动力。受众通过电视、广播、网络等媒介获取资讯，为生活提供便利；获取文化和娱乐，满足精神需求。比如离退休老年人通过利用广播、电视、网络等多种媒介形式，学习书画、电脑知识等满足求知的需求，以增加老年人的社会联系，扩大社交范围，满足归属与爱的需要。所以，媒介应以受众需要为出发点，研究如何从受众角度来满足需要。

其次，媒介或其他来源的期待。我们对现实社会充满了各种各样的期待，如若现实与期待一致或高于期待，受众则心生希望和愉悦，产生较高的满意度；否则就会沮丧失望。如果用一个公式表示就是：满意程度 = 现实/期望值。为此，媒介设置的期望决定了人们对社会的满意程度。如新生代农民工经常阅读都市报刊则产生美好生活的错觉，从而提高了对现实生活的期待，而现实无论是经济上还是政治上都处于弱势，就会产生对现实社会的失望或滋生怨恨。为此，媒介应设置合理的期待。

再次，媒介使用或从事其他活动，这是媒介使用满足的延伸。人们期待"所有那些倒霉的人都去寻找和获得由喜剧带来的振奋情绪"①。音乐以很多不同的方式倾诉情感。音乐会令人产生各种不同的愉悦感，降低焦虑的情绪，使人感觉为之一振（Knobloch，2003）。② 参加唱歌选秀类节目既为人们提供了实现梦想的机会，同时也有助于人们融入群体中去，走出自我，获得关注。

最后，相关的需求得到满足，并产生愉悦的情绪体验。美国泰勒·本－沙哈尔在哈佛开设幸福课，受到人们的热烈追捧。他提出人生的4种"汉堡"模式：第一种是享受现在，却为未来埋下痛苦；第二种是只追求未来的快乐，承受着现在的痛苦；第三种是不享受现在，也对未来没有任何期待；第四种是享受当下，也可拥有更有意义的未来。③ 借用这4种模式，可以花一些时间，写下媒介对我们的这4种模式的满足状况。例如，有人沉溺网络，既影响身心健康，又对未来无益，属于第三种模式；有人善于使用媒介，根据自己的需要、兴趣、爱好、价值倾向主动选择自己所偏爱的媒介，既享用现在，又对未来有益。

表 5－1　　马斯洛需要理论及媒介使用与满足对受众幸福感的影响的相互关系

马斯洛需要理论	媒介使用与满足对受众幸福感的影响
生理需要：维持自身生存的最基本要求，如水、食物、睡眠等	与某种生理情景需求满足有关，如通过媒介了解基本的物质信息
安全感需要：人类具有追求安全的机制，如人身安全、健康保障、工作职位保障等	个体对其所处环境是否安全或良好的觉知，受众通过媒介不仅感受到自然物理环境的安全，还包含对社会环境良好的觉知等

① 参见［美］沃纳·赛弗林、小詹姆斯·坦卡德《传播理论：起源、方法与应用》，郭镇之等译，华夏出版社 2000 年版，第 170 页。
② 参见［美］Richard Jackson Harris《媒介心理学》，相德宝译，中国轻工业出版社 2007 年版，第 177 页。
③ 参见［美］泰勒·本－沙哈尔《幸福的方法》，汪冰等译，中信出版社 2013 年版，第16 页。

马斯洛需要理论	媒介使用与满足对受众幸福感的影响
归属和爱的需要：拥有社会关系，如友情、爱情等	在媒介中进行人际互动与交流，宣泄压抑的情绪，许多孤独的个体在群体中找到了归属感
自尊的需要：拥有相应的社会地位，如自尊和被人尊重。	许多人在现实中人微而言轻，缺乏相应的媒介话语权，但在媒介（尤其网络媒介）里却能"天高任鸟飞"，得到陌生人的欣赏和肯定
自我实现的需要：个体的潜能得到充分的发挥，如道德、创造力等	有人通过选秀节目一举成名，获得空前的成功

第二节　媒介幸福感的整合理论视野

　　根据认知决定论及需要与满足理论，可以将媒介对人类幸福感的影响总结为：媒介制作人根据自己的认知、需要，采择、编制、发布媒介信息；然后受众以心理需要为起点选择相应的媒介，并根据认知系统来解读媒介信息，从而获得满足或愉悦情绪，以影响幸福感。其中，认知是中介决定因素，需要是媒介幸福感的起点和终点目标，而情绪也参与认知及媒介使用与满足。但认知的各个阶段都是以大脑的生理为基础，因此媒介对幸福感的影响涉及幸福感的各个阶段。而且这样的阶段又是系统的、生态的、互动的。本书将逐一介绍所涉的理论要点，其有助于对媒介幸福感理论的进一步改进和推广。

一　幸福感产生的本源

为什么有人会感到快乐，有人却不快乐？为什么同样的快乐，男性把看电视当成一种"获得的快乐"，而女性却则把它看成一种"负疚的快乐"？（Morley，1988）[①] 幸福到底是什么？幸福快乐从本质上来说是一种无意识的精神现象。弗洛伊德（Freud）认为，人有两种本能：一是生的本能，弗洛伊德称之为"利比多"，它是生命的生长和增进，代表着爱的力量。快乐来源于有价值的活动，人们在全心全意投入自己喜爱的活动中时会经历一种难以言喻的喜悦，称为"心流"。二是死的本能，它代表攻击、恨和破坏的力量，如表现出对敌人的恨、对死亡的恐惧而反过来珍惜现在的美好生活。本能具有一种天然的倾向性，它既是激发行为的根源，也是幸福快乐的一种体验。例如，观众在观看恐怖片、悲剧片、暴力片时获得了一种宣泄的快慰，通过替代性满足使死的本能得以释放，在享受精神的快慰的同时也不会威胁自身的安全。

此外，幸福是通过生命体所感知的。从生物理论来看，人的任何生理现象都是由体内的生物和化学物质所引起的，幸福也不例外。经过研究发现，大脑有快乐中枢，会产生类似人体鸦片的物质——多巴胺（dopamine），它被称为"快感荷尔蒙"，是一种脑内分泌的化学物质。现代生物学已经发现，多巴胺除具有镇痛、愉悦的功能，同时它还能调节体温，促进心血管循环等其他生理功能。运动、观看喜剧片等都会促使体内产生一种类似多巴胺的物质。媒介提供一种身临其境的情感体验，受众通过看跌宕起伏的剧情或听幽默搞笑的语言开怀大笑，情绪得到释放，从而获得幸福感。

---

① 参见［美］Richard Jackson Harris《媒介心理学》，相德宝译，中国轻工业出版社2007年版，第316页。

二　幸福感的系统

系统是一个上述各部分组合而成的整体，各部分都对系统有影响，所有部分正常运作才能保证系统的有效性，任何一部分的改变都会影响系统的效果。媒介对幸福感的促进是基于认知、需求与满足、情绪等要素的影响。个体通过媒介了解生活环境、生活事件并进行评价，而评价本身也依赖于认知、情感、意志、个性特征等组成的认知系统。因此，媒介带给受众幸福感的体验是一个复杂的过程。

（一）媒介对幸福感的平衡模式

平衡理论既是古代哲学"阴—阳"平衡，也是自然和谐的一种状态。幸福感反映了一个辩证的观点，幸福中蕴含着不幸，不幸中蕴含着幸福。同时，只有照顾大的系统，"你好，我好，大家好"，才能实现持久的幸福体验。

首先是认知需求的整体性。格式塔心理学家勒温的动力场理论认为人的行为就是一个生活空间（life space），是人和环境交互作用的结果。这里所说的环境不是显性的客观环境，而是心理环境。大众媒介在营造这一心理环境上起着非常重要的作用。大众媒介营造的心理环境对人的心理和行为的影响，有的是直接的影响，有的是潜移默化的影响。媒介可以帮助人们受到教育，获得知识，陶冶情操，改善这个社会，也能使人犯罪和堕落。这种影响是因人而异的，是由个人的兴趣、需要和价值观而定的。[1]

其次是认知与需求的一致性。这里包括对媒介信息的认知评估和个人需求，认知评估是"媒介给了人们什么？"而使用与满足理论旨在回答"人们用媒介做了什么？"的问题。只有这两者保持一致性，才能更好地实

---

[1]　参见黄希庭《心理学导论》，人民教育出版社 1991 年版，第 140—150 页。

现需求的满足，以此为出发点，可指导受众如何使用媒介。

（二）媒介对幸福感的发展模式

首先，媒介对幸福感的促进作用以需要满足为基础，通过积极认知策略起作用。即受众根据自己的需求选择媒介以及内容信息，获得相应的满足，从而形成了新的强弱有别、程度不同的目标，新的目标会产生新的需要，因积极认知策略会减少受众对媒介情境的压力感知，进而促进受众新的需求得以满足，从而提升了幸福感。该理论能解释媒介与幸福感之间的关系。

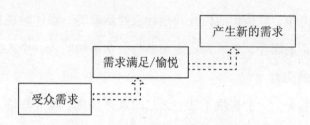

图5-2　媒介对幸福感的发展模式

其次，媒介带来新信息，介绍新技术，促进新观念，不仅使人们获得新的观念，显示新的行为，同时也能使人们的相关需求得到满足，有助于增进效能感的提升，所有这一切都将促进人们的现代性。媒介带给受众意义感、存在感等积极的体验，从而促进媒介幸福感的提升，营造创新的文化氛围和价值取向。

再次，有关媒介对受众幸福感的促进模式。这个模式源于自我提升的假设。自我提升是一种本能，促进提升为一种能量。随着研究的深入，人们逐渐发现人类在进化的过程中都需要这种能量的参与，强调心理满足对幸福感的促进作用。

当然，要从概念上对幸福感的适应价值做出清晰的界定是一件困难的事情，因为促进效应的适应价值受制于许多因素。在一定的时间和情境下，促进可能具有适应性；而在另一些时间和情境下，这种模式可能就会大打折扣，甚至会出现适应不良的情况。

（三）媒介幸福感的生态模式

媒介生态系统具有"自然的有机整体性"，主张研究人、媒介、社会、环境之间和谐协调、互动互助、共进共演、携手并进。[①] 媒介对幸福感影响的研究应以媒介生态学为理论视野，探讨媒介与幸福感之间的平衡协调关系。

首先，媒介功能得以进一步延伸，媒介位居社会核心。包括指导生产实践、地位竞争、联盟形成以及其他社会性活动等。媒体是现代最主要的文化表现与沟通媒介，想成为能主动参与公众事物的人，个人必须具备使用现代媒体的能力。[②]

其次，媒介为人们提供了独一无二的媒介环境。媒介环境是由各种媒介营造的一种社会情境，它是媒介、受众等多种力量共同作用的结果。大众传媒用各种手段构建了心理空间。在网络化的社会里，影响人们的生存与发展，受众根据媒介提供的信息环境来感知世界。媒介内容、媒介接触及媒介所提供的社会语境都是相互联系的。而问题是受众如何从媒介中获得愉快的情绪体验，受众在与媒介互动中内心体验到的情绪和公共场合表现出来的可以观察到的情绪是否呈现一致性，媒介起着至关重要的作用。[③] 人类创造了媒介，媒介又规范人类的行为，我们所表现出来的情绪及行为是媒介所规定的行为，人类得以和谐共处。

再次，媒介生产者与受众相互促进。新媒介突破了传统媒介的局限，

---

① 参见邵培仁《媒介生态学研究的基本原则》，《新闻与写作》2008 年第 1 期，第 25 页。

② 参见蔡帼芬、张开、刘笑盈《媒介素养》，中国传媒大学出版社 2005 年版，第 98—104 页。

③ 参见 Thoits, P. A. (2004), "Emotion Norms, Emotion Work, and Social Order", In Manstead ASR et al. , (eds.), *Feelings and Emotions*, London: Cambridge University Press, pp. 359 – 378.

增强了互动性，使传播者与接受者之间的边界不断得到消融。媒介幸福感的平衡模式对媒介的发展起到了强有力的推动作用。因此，从微观层面上对幸福感系统构成要素的分析，将为解决媒介信息失序、道德失范等问题的治理提供有力的理论基础。正如 Kellner 所指出的：媒体影像有助于形塑我们的世界观与深层价值，人们由出生到死亡都活在一个媒体与消费社会里，因此学会如何了解、诠释及批判媒体之信息与意义是十分重要的。①

媒介幸福感理论模型以及有关实证研究一方面推动了媒介幸福感的研究进展，另一方面也带来诸多困惑，其中一个重要原因在于幸福感是主观的，是极富争议的概念。媒介幸福感理论建构具有一定的隐喻性，在一定程度上为多种理论模型的并存提供了依据。

媒介对幸福感影响的理论研究，首先要考虑幸福感的相关理论。而幸福感主要研究情感平衡和生活满意度。情感平衡是相较而言的，指愉快与不愉快的情感体验中，相对占优势的愉快体验，是个体对生活的一个总体、概括评价。而生活满意度与情感的平衡既是两个独立变量，从心理学角度来说，又是相互关联的两个因素。为此，探讨媒介幸福感相关理论模型必须从认知加工理论为出发点，以使用与满足理论为基础。以此解释媒介通过何种路径提升受众幸福感。

德国学者诺尔-诺依曼（Noelle - Neumann）在 1974 年提出了"沉默的螺旋"理论，从另一个角度阐释了大众媒介由于自身的权威性和传播力影响社会主流意见、覆盖个人观点的功能。② 在幸福感的研究上，也存在一种"沉默的螺旋"现象：当大多数研究者的取向倾向于"多数"或处于"优势"时，便形成一致性的研究取向或成为热点研究问题；反之则可能

---

① 参见 Kellner, D. (1995), Preface, pp xiii - xvii in *Rethinking Media Literacy：A Critical Pedagogy of Representation*, edited by P. Mclaren, R. Mclaren, R. Hammer, D. Sholle & S. Reilly, New York：Peter Lang。

② 参见［德］诺尔-诺依曼《沉默的螺旋：舆论——我们的社会皮肤》，董璐译，北京大学出版社 2013 年版。

为防止孤立而保持"沉默"。从媒介幸福感的理论综述来看，认知理论及使用与满足理论仍强势回归。但仍有人批评这种研究缺乏普遍被接受的研究方法和研究程序，难以形成专家一致的观点，提出破解媒介幸福感具体方法时较为抽象，不够具体和精确。但媒介对幸福感的影响作为人文社会科学，没有必要像自然科学一样实现精确化。与国外的研究情形相比，媒介对幸福感的影响研究的理论在我国刚刚起步，有关幸福感的理论较多，但媒介幸福感的理论较为缺乏，本书认为这是导致国内媒介幸福感理论应用研究极少的主要原因。

第六章 中介与边界：媒介幸福感的心理机制

麦克卢汉早在 20 世纪 70 年代就提出，媒介对人类主观感受的影响有三种：一是媒介作为一种信息本身，是受众认知与外界事物本身的中介秩序，制约并影响着我们对文本的解读和接受；二是媒介是人体的延伸，人类通过媒介认识世界和改造世界；三是作为"冷热媒介"影响着人类的认知。① 然而，在此之前，传播学者将重点放在前两者的研究上，并取得令人瞩目的进展，直到交叉学科相互渗透，研究者们开始从文化学、心理学的角度来研究媒介，尤其是认知心理学兴起，人们研究媒介如何影响人类的认知，进而研究媒介如何影响人类的幸福感。媒介幸福感不仅包括积极的情感体验的增加，也包括消极的情绪感受的减少。

本书前文针对媒介幸福感的梳理可分为几个方面：（1）媒介幸福感视域下的某个子类目的概念、分类、前因后果和变量等；（2）媒介与幸福感的相互关系研究；（3）以认知为核心探讨相应的形成机理。但前文仅是针对媒介幸福感的静态探讨及现象学的分析，而鲜有人关注媒介幸福感这一动态转变过程。

为此，本书在前文的基础上，整合构建媒介幸福心理机制模型，并从

---

① 参见［加］马歇尔·麦克卢汉《理解媒介》，何道宽译，译林出版社 2011 年版。

正反两个层面来探索"媒介—主观幸福感"与"媒介—消极情绪体验"的形成转化模型，通过相关事例的分析，提出媒介对人类幸福感的转化模型，运用相关理论对该推论做出理论分析。

媒介幸福感是以媒介为中介产生的主观幸福体验，媒介遵循一定的逻辑顺序。媒介对人类幸福感的影响机制包括两大类：一类是积极幸福体验的主观幸福感等，另一类是消极不平等、被剥夺感等负面情绪。积极的幸福体验与消极的被剥夺负面情绪并非完全对立，其在一定条件下是可以相互转化的，用其转化模型的机制来推断全体及各群体。

媒介是如何影响人类的幸福感的？根据前面的论述，主要是有心理机制作为中介模式与调节模式发挥作用。受众是非常顽固的，要改变原有的认知结构与想法，就得通过中介模式和调节模式。媒介本身并不会影响幸福感，而是通过一系列的中介过程来起作用，并且受到其他因素的调节。中介作用有助于阐明某一关系是如何发生或为什么发生，中介变量是媒介影响幸福感的内在和质性原因。需要说明的是，不同中介之间可能会互相影响。为此，本书的研究有助于促进人们对媒介幸福感心理机制的认识，有助于把研究引向深入，同时也为现有理论的发展提供持续的动力。

第一节　媒介幸福感的内在基本要素

本书认为媒介幸福感是一种受媒介影响下的积极认知功能的幸福感，它具有以下特点：（1）不受客观范畴的生活事件（社会地位、经济地位等）所影响；（2）不被正式的评价系统（是一种主观的认知）所识别；（3）是一种整体的综合的感觉。

随着媒介逐渐改变了人类的生活方式，传播学中有些理论就是围绕媒介提出来的，如媒介依赖理论。其主要观点认为现代人心灵孤独、以自我为中心的性格以及"跟着感觉走"的行为方式都与媒介有极大关系。麦克卢汉在其媒介理论中预言的"地球村"的出现，也是基于媒介的普及所提出的，由此可延伸媒介与人类幸福感是相互关联的。本书认为媒介带给人类的幸福感最重要的三点：首先，增强个体与社会的联系；其次，合理地使用媒介，而不是无意义地耗费媒介；最后，媒介应为我们所用，而不是我们被媒介所利用。

有学者持有不同意见，认为媒介对主观幸福感产生负面影响，这种负面影响的因素主要体现在媒介带给受众的相对剥夺感。相对剥夺感是由美国学者斯托弗（S. A. Stouffer）提出的，它是指当人们受媒介的影响后将自己的处境进行比较而产生剥夺感，从而产生愤怒、怨恨或不满等反社会性消极情绪。简单而言，受媒介影响所产生的相对剥夺感是一种主观体验，具有以下几方面的特征：（1）难以实际测量；（2）强调个体的主观体验；（3）不容易识别。可见，媒介可以产生主观的幸福体验，也可以产生痛苦的情绪反应。这种情绪体验的两极化不仅跟各研究理论视角的差异有关。媒介对受众的影响既具有积极正向的作用，又同时有消极的作用，这两者是相互转化的，而且这种转化发展具有一定的规律性。

综合以上观点，本书认为媒介对幸福感的影响包括积极的幸福感体验及消极的情绪体验，如图6-1所示。积极的幸福体验包括情感替代、社会学习、积极认知体验、亲社会行为等；消极的情绪体验包括消磨时间、逃避现实、相对剥夺感、反社会行为。

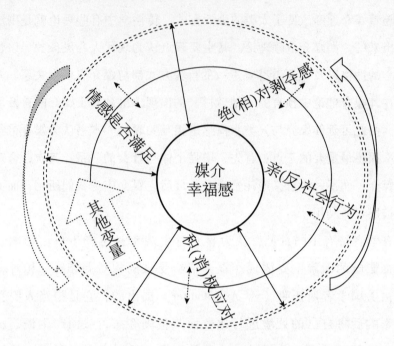

图6－1　媒介幸福感内在转化模型

一　积极的幸福体验

如上文所述，积极的幸福体验包括情感替代、社会学习、积极认知体验、亲社会行为。

（一）亲社会行为

媒介可提供各种信息，亲社会行为（prosocial behavior）又叫"积极的社会行为"，如积极助人、学会分享等一切有益于他人和社会的行为。亲社会行为是社会和谐的基础，我们在平常生活中经常会表现出这样类似的行为。在传播学看来，媒介的基本使命是培育受众的亲社会性行为，而社会心理学家认为，"亲社会"是合乎社会道德的意思。2013年4月，由中国中央电视台、中国网络电视台主办的"出彩人生：中国梦·我的梦"，通过采访新闻事件当事人的道德行为、普通老百姓助人自助的生活小事，鲜活地呈现了"中国梦"中的亲社会性行为。马丁·塞利格曼（Martin Sehmn）等少数心理学家发现，电视所塑造的积极上进、助人为乐等健康形象能够从正面起到榜样模范作用，而电视等媒介所渗透的认知世界的方式也潜移默化地影响到受众与社会的关系。①

（二）情感替代

媒介具有情感替代功能，如抗击冰雪灾害的十三兄弟事件通过仪式化的形式为人们提供了温暖、励志、向善的心灵空间。情感替代形成的影响包括 3 个层面，一是媒介的特性（媒介性质、媒介呈现方式等），二是媒介事件的影响因素（非常时期的特殊事件、一般时期的典型事件、平民生活的接近性等），三是受众的因素（个性、人口变量、文化水平、认知特性等）。情感替代是受众通过媒介而产生心理安抚、共情、表达心声及情感交流等主观的情绪体验。情感替代对于减轻心理压力、缓解精神紧张、获得社会支持方面具有重要的作用及意义。日本青春电影大师岩井俊二导演的电影《爱的捆绑》中对爱情的超乎常理的诠释，使观影人感知到银幕中所呈现的爱与现实中的爱具有一定的相通性，产生情绪上的共鸣，从而获得一种虚拟的满足。

（三）社会学习

人是环境的产物，媒介为人类的生存环境提供了一个良好的社会学习空间，对人类行为的塑造和改变都发挥着极其重要的作用。媒介为受众提供的学习机会具有一定的替代性和延迟性。社会学习有以下类型：

---

① 参见孟娟《探索影响电视在儿童亲社会行为发展过程中作用的相关因素以及干预对策》，《社会心理科学》2007 年第 5—6 期，第 76—79 页。

一是直接观察学习（如电视中的烹饪节目）；二是抽象观察学习，这是指掌握一定的原理，以后在一定条件下能体现出这些原理的行为（如法律科普节目）；三是创造性的观察学习，通过学习媒介中的行为，同时经过创造性的加工，成为一种新的行为方式（如危机事件来临时逃生的经验）。

（四）积极的认知体验

媒介为我们构造了一个生活环境，这个环境不是物理的而是心理的环境。德国心理学家，格式塔学派创始人韦特海默（Max Wertheimer）提出"生活空间"论。他认为，生活空间影响并支配个体心理行为，生活空间是个体与心理环境系统的总和，两者相互影响即为认知体验。①

媒介对我们的认知体验对于幸福感的形成具有重要的意义，有三种不同的理论解释：一是认知学习论，认为情感及态度和其他行为一样是可以通过媒介事件的学习而获取的；二是认知诱因论，该理论认为个体所具有的情感体验由个体对所收益多少的预期所决定；三是认知一致论，这是影响较大的一种理论，个体的情感体验与媒介事件是否一致，如果一致则会产生高度的认同感。

二　消极的情绪体验

（一）反社会行为

与亲社会行为相对的是反社会行为（Anti - social behaviour），反社会行为通过主观故意的方式对他人及社会造成危害，阻碍人们获得幸福感。我国正处于社会转型期，贫富差距增大，各项法律制度也并不健全

---

① 参见黄希庭《心理学导论》，人民教育出版社 2002 年版，第 142 页。

完善，由于媒介本身也具有趋利性，媒介多"嫌贫爱富"。许多反社会性行为的发生并不是突然爆发的，都有一个从量变到质变的过程，而媒体又缺乏及时预警和疏导，随着社会矛盾的不断激化，在某一诱因的触发下，最后才爆发出来。2010 年，接二连三发生的校园凶杀案、富士康连跳事件等极端恶性事件，据专家分析，背后与媒体过度渲染有关，媒体的大肆渲染、详尽的报道引发了社会底层的人们学习效仿，以此来报复社会。

（二）消磨时间

在互联网高度发达的时代，如何正确地运用媒介是我们当前必须面对的问题。许多精神空虚、情感受挫及无所事事的人最容易患上网络依赖症。目前患网络依赖症的以青少年居多，网络依赖表现为失眠焦躁，容易发脾气，逃避正常的生活工作。如此一来，就形成了恶性循环。产生依赖具有两个基本特征，一是对媒介有依赖性，二是个体的正常社会功能受损。媒介是把双刃剑，过度依赖媒介的问题越来越引起众多研究者的兴趣。

（三）逃避现实

人们在现实中得不到想要的事物，就常借助幻想方式寻求满足，因此幻想多半源于对现实的逃避，幻想的动力是有未被满足的愿望。为何会逃避现实？心理学认为，这是个体在潜意识中面对困难所采用的一种获得暂时安全感的策略，更重要的是，个体感觉没有足够的资源应对现实的困难，缺乏相应的心理能力。心理能力即是自信，多数情况下个体是因为没有足够的自信，从而产生畏惧心理，进而不愿意努力做出行动。因此，我们每一次幻想体验都是对现实的逃避，更是一次个体与现实关系的校正。

（四）相对剥夺感

美国社会学家斯托弗提出，相对剥夺感的产生，主要源于参照群体的选择，简单而言，相对剥夺是一种感觉，这种感觉并非实际存在。相对剥夺感是在与他人比较的基础上发展出来的，是受众通过媒介接触，在与社会比较而体验到社会不公时表现出来的不满情绪。相对剥夺感是指受众与媒介所提供的某种标准或某种参照物相比较而感知自我处于劣势时所产生的受剥夺感，显然这不是现实的丧失，而是相比较而产生的愤怒、怨恨、不满等消极情绪。由此可见，相对剥夺感并没有对其自身利益直接发生实际影响。例如，某人的朋友在微信朋友圈里晒出他新购买的一栋新房，而某人认为自己也应拥有新房子，但现实中他却并未拥有，于是产生不满情绪。相对剥夺感对社会和谐及群体行为有负面影响。①

第二节　媒介幸福感机制影响模型转化过程

媒介带给我们的积极情绪体验像润滑剂一般，促进了我们与社会的融合，增强了我们的幸福感，也增加了我们使用媒介的动力，构建了积极幸福的社会支持系统，对幸福感起着正面的作用；而媒介带给我们的消极的情绪体验则给社会及媒介带来负面作用，甚至引起社会的怨恨情绪。因而，本书在以往研究的基础上，探索两者的形成机制

---

① 参见 Smith, H. J. , Ortiz, D. J. （2002）, "Is It Just Me? The Different Consequences of Personal and Group Relative Deprivation", Iain Walker & Heather, J. , Smith, *Relative Deprivation*: *Specification*, *Development and Integration*, Cambridge, U. K. : Cambridge University Press, pp. 91 – 115。

及转化过程，以期在实现媒介幸福感机制的影响模型转化，以增强媒介幸福感的同时减少因负面的情绪体验给我们带来的消极感受。

一 亲社会行为及反社会行为

有些媒介会导致受众产生亲社会行为，而有些媒介会导致受众的反社会性行为，为何？众多专家对此并未形成一致的结论。研究者在调查《芝麻街》的收视效果时发现，儿童在观看了《芝麻街》之后，不仅词汇量在短期内有所增加，而且树立了亲社会的态度，少数民族儿童则增强了文化优越感、自信心和人际间的合作，没有种族歧视的观点和行为等。"芝麻街"的经验也建议我们教导儿童接纳他人的观点，结合资源来共同合作，去接受某些确保公平与公正诸如分享与互惠等的游戏规则。[1] 由此可见，媒介内容与亲社会行为、反社会行为间具有一定的相关性。根据我们的现实经验，我们的价值取向与媒介内容具有同质性，会促进我们的亲社会性行为。然而，媒介与幸福感的关系，因为个体的因素，是极为复杂的，并呈现出动态性。

（一）形成机制分析

有关幸福感形成机制的研究已较成熟，不同专家有不同的意见，如"认知—情绪"和"因果—推理"理论，本书对此整合分析，发现这两者同样遵循"情境刺激→认知策略→情绪反应→行为后果"的一般逻辑顺序。媒介对受众的影响是媒介信息与环境相互作用的结果，受众对媒介信息做出相应的评估，这种评估会因受众的自身特征的差异、认知加工策略的不同等也有所差异。从结果来看，相应的后果会引发受众不同的情绪体验，这种情绪又会进一步促使受众产生相应行为或行为倾向。

---

① 参见 ［美］ Gerald S. Lesser《儿童与电视——"芝麻街"的经验》，关尚仁译，远流出版公司 1994 年版，第 235—236 页。

（二）动态转化的基本过程

亲社会性行为与反社会性行为是两种相应的行为模式，这两者的形成机制体现了受众对媒介的认知情感驱动模式，即特定的情感反应引发与之相对应的亲社会行为或反社会行为。认知心理学也证实了认知加工策略的不同、情绪体验的强弱对诱发相应社会性行为的重要作用。媒介是一种情境诱因，研究发现高品质的媒介具有高社会影响力，同时引发人们对媒介高度的情感评价，如推崇、追随、随从等情感行为。传播学者通过研究《南方周末》报刊也佐证了这种模式。反之，一些媒体过于追求吸引关注，专注负面新闻，热衷渲染炒作，罔顾社会责任，各种低俗、庸俗、媚俗现象粉墨登场，给受众造成普遍道德焦虑，引发受众的反社会性行为。在针对媒介内容与受众情绪关系的研究中，发现积极的媒介内容与受众的亲社会性行为呈正相关，媒介审丑心态与反社会呈正相关。如对"富士康员工连续自杀事件"的详尽报道，导致传染效应；对校园杀童案铺天盖地式的报道，使得生活在社会底层的群体滋生不满，有反社会人格障碍的弱势群体由此看到宣泄的缺口，为此铤而走险，做出危害社会的事。

由此分析，在对亲社会性行为及反社会性行为的动态转变过程做出解释，是基于相应的归因理论，受众做出不同的社会性行为反应结果，会产生相应的情绪及最终的行为解释，对媒介不同的归因则会调节受众的情绪所引发的行为反应。因而，媒介引发亲社会性行为及反社会性行为的转化是符合情感事件理论的一般规划，即"事件—认知—情感—行为"的基本路径，这是以认知情绪为中介变量，以归因为调节变量引起的行为反应后果。基于上述分析，本书所提出的媒介对"亲社会行为—反社会行为"的形成转化作用，强调了媒介因素与个体认知因素交互影响，经过相应的认知评价产生不同的情绪反应，这种情绪反应又会诱发相应的行为，这两种行为可以相互转化。

二　情感享受及情感替代

在网络自媒体时代，情感替代日趋明显。过去在传统的节日里，走亲访友必不可少，亲友聚会可联络感情，但现在人们常通过网络社交平台送祝福。以微博和微信为例，通过朋友圈、微信群，人际互动变得轻松省事，甚至 QQ 软件可以按照设定的时间，一秒不差地自动向亲朋好友的信箱和社交网站发送电子贺年卡。

（一）两者的形成机制

媒介在受众的接受范围营造了一种情境或场域，或者营造的情境与受众的需要、信念、价值观有一致性，受众就会获得一种情感享受。高科技多媒体影视给观众制作了身临其境的情境，使观众产生强烈的情感反应，从而获得一种享受。如若媒介情境所形成的压力超出个体的承受范围，受众通常会搜集一些与自己认知一致的理由，给自己合理的解释，以掩饰内心的恐惧，旨在减免痛苦和维护自尊。这是一种情感替代性防御机制，是为了自我保护而做出的情境选择。在传播活动中，人们对传播者本身及其所传播的观点持肯定态度时，传播效果就会有很大提高。

（二）情绪的动态转化

媒介幸福感是人们对媒介的一种主观感受，主要通过以下途径来实现动态转化。首先，媒介接触是否方便或熟悉与否。受众对媒介接触的方便程度或理解程度会影响情绪的转化，所谓"知之深，爱之切"。例如，离退休老人自身生理功能衰退，同时收音机具有携带方便的特点，因此，离退休老人对收音机有一定的依赖性，如收听广播来学习钓鱼、听音乐、交朋友。其次，通过整体增强理解。格式塔心理学家认为，对称、统一、和谐的刺激容易激发受众的好感，受众译解信息变得简单、轻松和经济，这使人产生愉悦体验。因此，复杂、混乱的信息使人产生负面情绪，而简约合意的媒介信息则令人产生控制感。① 苹果手机所崇尚的简约，一经推出就得到消费者的追捧。再次，通过归因（causal attribution）来转换。如果弱势群体把失败归因为不公平的政策则会产生愤怒的情绪，如果把挫败归因为自己不够努力，那么以后可能会更加努力，成功的概率也会更大一些。通常对成功事件进行内归因，对失败进行外归因，可以获得更好的情感享受，从而提升其幸福感。最后，通过意义转换（Conversion of meaning）来实现动态转化。愤怒的情绪具有积极的意义，这是一种自我威胁的情绪提醒，犹如汽车仪盘表上的油灯亮了，提示你应增加汽油。所以，所有的负面情绪都有相应的正面意义，都是个体应该采取保护性行为或者改变先前行为的信号；内疚则是一份良知觉醒，唤醒潜意识中的正义和良知，使个体变得明智和理智。

三　社会学习及逃避现实

在现实生活中，个体面临突如其来的挫折或冲突时，内心会迅速做出"战斗还是逃跑"的反应，战斗是积极应对，而逃跑是一种减轻内心不安，恢复心理平衡的心理防御机制。大众传媒与社会融合是一种既相辅相成又相互抵触的关系，一方面，媒介通过传播共同的价值规范与文化传统加强了社会各部分之间的联系，凝聚了离散的个体，整合了差异性的大众社会，强化了社会凝聚力的向心趋势；另一方面，个体因减少内心焦虑从而保持与社会的若即若离的关系。②

（一）产生的原因

人的大脑有两个选择机制："现在的选择"和"以后的选择"。心理分

---

① 参见阎安《报纸版面的视觉优化》，《当代传播》2003 年第 1 期，第 75—77 页。
② 参见 [英] 丹尼斯·麦奎尔、[瑞典] 斯文·温德尔《大众传播模式论》，祝建华译，上海译文出版社 2008 年版，第 183 页。

析认为，人类具有趋乐避苦的本能，总是会做出对自己最有利的选择，这是社会学习及逃避现实的内在动因。个体在媒介的影响下无意识地、自发地引起类似行为、观点和情绪等的趋向。在大量丰富的媒介信息中所包含的示范行为很多，范围很广，有利于各类受众的选择和效仿。例如中央电视台新闻评论部推出的年度人物评选节目《感动中国》，播出了各行各业的优秀人物和群体的先进事迹。

（二）相互转化

媒介对受众来说，既是一个心理干扰者，又是一个情感的抚慰者。媒介通过社会知觉产生影响。社会知觉指的是受众由于社会文化而产生的主观体验，既包括区别或不公平的主观体验，即歧视知觉；也包括一致性的情感体验，即社会认同。若受众体验到媒介歧视知觉，则会严重影响自尊，而自尊对事业成就、情感满足发挥着重要作用。在信息化时代，网络已融入老百姓日常生活，并由此构成了基本信息环境。个体具有一种自我成长的潜能，通过自我调节来获得社会学习。社会学习是个体的内在强化过程，是个体根据环境信息，改变行为表现的过程，个体以此来实现自我的提升。受众既根据自我内部需要来调节行为，也根据媒介环境作为参考来调节。而媒介为我们提供了一种自我参考的认知框架。认知及情感的调节根据媒介知识、自我知觉、结果反馈来完成的。

第一，是否会产生进一步提升以促进幸福感，取决于受众与媒介互动的行为后果。若从媒介中获得到满足，提高了自我效能感，受众将充满信心，产生学习的泛化；反之，受众在媒介行为中体验到挫折或失败，则自尊心受损，降低对自己能力的评估，逃避现实。如网络依赖就是因为受众通过增加上网时间来获取满足感，而终止使用网络又会产生难以适应社会的行为，于是就形成了恶性循环。

第二，媒介营造了相应的心理环境圈。通过标签、渲染相应的社会群体的生活方式，个体在评估自身的生活状况后会产生相应的情感行为反应。如针对商界精英发布的 DM 杂志，某企业老总与其有"利益共同体"，从而会接触它，并产生社会学习行为；而社会底层的普通受众将对此精英杂志会产生视而不见的逃避心理。为此，媒介应针对不同的受众营造不同的心理环境圈。

四　接受现实及相对剥夺

对现实持有接纳的态度从而产生悦纳自我的情绪是幸福感的重要来源，而总是抱怨现实，常与其他地位较高、生活条件较好的群体相比较则会产生相对剥夺感。

（一）接受现实及相对剥夺形成机制

为什么有的人喜欢独自看书思考感受生活的美好，而越来越多的人却梦想着一夜成名、一夜暴富，既无法忘却过去的荣誉，也无法承受现在的失败，其根本原因是什么？

首先，对现实的态度是幸福感影响因素之一。现实是媒介信息的源泉，唯有客观地再现生活的本来面貌。一个幸福的人对待现实所采取的态度是"接受不可改变的，改变可以改变的"，满足心灵最真实地感受生活的愿望。现实可能是不如意的，但当前的困难都有它的原因，如果我们不面对现实，那么问题就永远不可能解决；唯有客观地面对它，才有改变现状，获得成功和幸福的可能性。

其次，比较是幸福感的决定因素。我们生活在互联网时代，媒介为我们提供了海量的信息，远远超出个体所能消化的容量，相比之下个体在如此浩瀚的信息海洋里，个体内在资源会显得不足，从而变得茫然无措。内在资源不足会促使人们幻想用极少的付出来换取较大的回报，同时在现实的无奈中柔性地抗争。这种急功近利的社会心态与媒介宣传有极大的关系。把幸福建立在与他人的比较之上，所得的幸福是一种伪幸福，伪幸福掩藏了人们强烈摆脱现状的欲望和一份对现实的不满意，导致我们疲惫不堪，内心迷茫。我们生活在一个貌似强大的抽象幸福意象之中，媒介有着不可推卸的责任，而个体则是一个弱小的具体存在，我们在与社会抗争中感受到被相对剥夺。《中国达人秀》以一种平民化的视角，不是关注社会宏大的历史命题，而是关注草根群体，关注个体生命的感受，由此获得普通公众的高度认同。

（二）相互转化过程

媒介何以能既以逼真的形式再现社会图景，同时又展现我们的集体记忆，从而使个体既能获得认同感，又能得到精神需求的满足并唤起集体认同？

首先，要遵循系统平衡"三好"法则。个体在现实的世界里只有一个身份，却可以有很多角色，不同的角色照顾的是不同环境的个体。以历史剧为例，观众在观看历史剧的过程中，看着历史英雄人物演绎的一则则神话，一方面体验到自己的渺小，深感难以实现社会价值，产生自我贬低感；另一方面，迷恋历史英雄所创造的神话，并从中发现存在的价值，找到个人和民族自尊自信的支点。通过视觉媒介建立起一个完美惬意的自我想象，建立了愉悦的完整与统一的幻觉感、受众责任与情感满足为一体。[1]

其次，是否承担责任这是相互转化的分水岭。每一个人都要学习了解问题发生的原因，这样更能接受和忍受问题，唯有承担并设法解决现实的困难，才有可能获得深层次的幸福感。为此，承担责任对幸福感的构建具有积极的意义。美国泰勒·本－沙哈尔将人类生活划分为四种"汉堡"模式，指出唯有接受现在、追求未来的人才能享受更幸福的人生。[2]

---

① 参见潘知常、林玮《大众传媒与大众文化》，上海人民出版社 2002 年版，第 377 页。
② 参见 [美] 泰勒·本－沙哈尔《幸福的方法》，汪冰等译，中信出版社 2013 年版，第 16 页。

第七章　流转与规避：媒介养心的
幸福感模型 *

　　吕克·贝松（Luc Besson）说过，电影是一片阿司匹林，能够解除痛苦，使人获得心灵的宁静。而美国电影学院的主席费斯坦伯格（Firstberg）教授表示，当我们需要安慰的时候，当我们意志消沉或身处在黑暗的时代时，电影可为我们提供一种获得心灵慰藉的捷径，它激励我们的斗志，帮助我们重新发现自我。[①] 媒介养心就是了解媒介与心理极为深刻复杂的关系，它将有助于我们更好地、有效地运用媒介来提高心理幸福感，解决个人和社会发展中的诸多问题。

　　媒介幸福感（Media happiness）的研究近年来越来越多地受到传播学、心理学等学科的广泛关注。在媒介生态学提出之前，对媒介如何帮助受众获得幸福感的研究多依赖心理学，这就决定了大多数学者对媒介幸福感的研究仅局限在受众的心理及行为上，关注的焦点也多为如何运用媒介获得幸福感，而对媒介如何影响受众幸福感的机制及模型研究较少。媒介生态学是建立人、媒介、社会、自然系统的和谐关系和实现媒介生态系统良性循环而做出的认识和理性思考。[②] 媒介幸福感作为人与媒介互动而产生的一种心理共振及情绪共鸣的积极情感体验的研究，同样应该遵循这一宏观

---

* 幸福感模型注：本节基于笔者发表在《新闻界》（CSSCI 来源期刊扩展版）2014 年第 3 期《观影养心的相关理论及动态模型探析——以媒介幸福感为视角》一文扩展而成。

① 参见深之海《人生电影课》序言，陕西人民出版社 2011 年版。

② 参见邵培仁《论媒介生态的五大观念》，《新闻大学》2001 年第 3 期，第 20—22 页。

的理论框架。

媒介养心（即媒介滋养心灵）的研究致力于关注受众与媒介互动过程中发生的一种心理共振及情绪共鸣的现象。由于媒介幸福感所涉及的媒介范围较为广泛，本书为了论述方便，将从一个更加微观的角度探讨媒介对心灵的滋养作用，探讨媒介养心这个话题不仅会使我们的生活变得更加幸福，而且提供了一种具体可行的研究视角，这会对媒介幸福感的研究具有重要意义。

文中首先提出媒介养心的定义、结构及相关理论观点，并在此基础上分析媒介养心的静态影响因素，并尝试建立动态机制模型，旨在引发更多研究者的兴趣与关注，起到抛砖引玉的作用。

第一节 媒介养心的结构

媒介养心是在与媒介互动过程中获得心理营养从而得到幸福感的一种简化表述，其产生主要有 3 种途径：媒介内容、个体自我实现、积极的主观情绪体验和因影视作品交互过程产生一种积极的认知情感体验。其一，媒介养心是受众在接触媒介信息中获得的一种普遍的积极情绪体验，是幸福感的重要来源。其二，媒介养心是一个动态过程，幸福感的体验发生在受众与媒介互动过程的心理变化这一动态之中。其三，媒介养心是自身传播过程中发生的一种复杂心理现象，其中移情是幸福感产生的基础。总体而言，要了解媒介养心的概念结构，就要分析与受众相关的各种心理满足。

一 需要成分

媒介依赖理论认为受众对媒介使用的三个基本目标是：对媒介的理解、定向使用媒介和媒介娱乐。以电影为例，电影作为一种媒介文化的衍生品，也是一针心灵的止痛剂，同时还是社会支持的一种替代品。受众在与媒介互动过程中，通过媒介获得替代性满足。受众通过大众传媒感受到社会支持从而得到心灵的慰藉，如若被社会拒绝则会感到痛苦，如被媒介污名化的特殊群体迫切希望通过提高社会接纳度来缓解存在性焦虑。

不难看出，从受众视野出发的媒介依赖理论与"使用与满足"理论是一脉相承的。从大体上划分，大众对媒介的需要包含实用性需要及精神性需要两大类，而马斯洛则将人类的需要划分得更为具体而细致。马斯洛对需要和幸福感关系的心理分析，证明了需要层次和幸福层次之间的相互适应和对应性。[①] 孙嵘以影视为例，认为媒介养心从需要的满足上应包含感官满足、精神慰藉和神志澄悟，并且这三个层次是由低到高划分的。[②] 比如，在精神慰藉层面里，人们普遍存在一种求爱、求胜、求知及求根心理。同时，亚里士多德认为，美是一种善，而善是可以引发善。媒介所宣扬的道德模范、青春榜样，会激发受众得到精神上的享受，产生善意的冲动。在对媒介的使用上，包含与社会增强联系、强化归属感、提高自尊等人类核心动机，同时人们对媒介的接触分为喜欢和需要两种，喜欢是一种志趣倾向性，而需要与满足有关。

美国学者德弗勒和鲍尔·洛基奇提出"媒介依赖"，他们把社会看成一个有机的整体，媒介与个体、群体、组织等其他社会系统成员一样，都是社会结构中的重要组成部分，并且所有社会系统的成员具有多向互动及相互依赖关系。许多人越来越习惯于早上一边听新闻，一边吃美味的早餐，老年人则一边散步一边收听广播节目。媒介已融入我们的生活，这源于我们对媒介的需要。[③] 影视以一种神奇的魅力，将一个幻想的世界呈现

---

① 参见徐垦《试论人的需要和幸福的共性特征》，《理论学习月刊》1989 年第 9 期，第 26—28 页。
② 参见孙嵘《论电影观众精神慰藉层的观影心理表征》，《大众文艺（理论）》2008 年第 7 期，第 64 页。
③ 参见［英］罗杰·西尔费斯通《电视与日常生活》，陶庆梅译，江苏人民出版社 2004 年版，第 4 页。

在人们面前，观众手拿遥控器随意地控制着整个世界，犹如上帝一样掌握一切，并将一切尽收眼底。弗洛伊德将人的精神构成分为本我、自我、超我，而观看影视是以一种合理化的方式满足受众的偷窥欲，使受众获得快乐。媒介所呈现的各种奇闻逸事，既满足了受众的各种欲望，同时也发泄了胸中的积郁情绪等。[①]

二　情绪成分

加利福尼亚大学的埃克曼致力于情绪的研究，邀请了许多大学生志愿者参与这项研究，先是测量他们基本的心率和体温，然后让他们观看令他们感到快乐的电影，观察他们表现出愉快的情绪反应，这时他们心率降低，体温上升。其他实验也证明，观看影视所产生愉快的情绪体验可以在人群中像传染病一样传播，并会感染周围人的情绪。如由张艺谋导演的《三枪拍案惊奇》翻拍自科恩兄弟的处女作《血迷宫》，情节离奇诡异，很符合"喜剧"和"悬疑"的风格，尽管遭到大部分观众的齐声质疑，但上座率奇高，大家在电影院里，压抑的情绪得到释放，获得心理上的慰藉。

这与我们的现实生活体验是一致的。观众在观看励志、幽默的影视时，可以起到提升个人自信、疏解心理压力、缓解内心焦虑的作用。影视片虽然与音乐有不同之处，它除具有声音外，还具有图像呈现，通常能满足受众视听双重感官的需要，但它与音乐对受众幸福感的影响有着相同的心理机制，通过影响人体的交感神经和副交感神经的活动，起着愉悦感官的作用，促使个体产生愉悦的情绪体验。在观看电影过程中，受众全神贯注，进入电影情景之中而忘却了现实中的烦扰，如亚里士多德所说的"迷狂"状态。这是一种非现实、超功利的境界，也许就是老子所谓的

---

① 参见田兆耀《电影〈如梦〉解析》，《东南大学学报》（哲学社会科学版）2006 年第 4 期，第 97—101 页。

"涤除玄鉴"吧。① 马斯洛在谈高峰体验时也提到这一点，音乐作品的娱乐功能在其中占有举足轻重的地位，它带来的是大众群体生活最需要的享乐，而享乐的特性是让人在沉重的现实中有所解脱。享乐其实也是一种对现实的逃避，通过放弃现实生活中的重负，让娱乐媒介、精神享受来刺激大脑和感官。②

三　认知成分

相关的研究者已经注意到，受众在与媒介互动的过程中，不是被动地感知场景和情境，而是有一个主动的认知加工过程。"子非鱼，安知鱼之乐"，说明幸福的体验源自身心的舒展，即人类天性的展现及自身需要得到真正的满足。进一步可以推导，影视等媒介因素对受众幸福感的影响只是一个诱因，而受众的认知、评价操作与需要动机触发过程是至关重要的。为此，研究媒介养心就应深入理解认知与动机因素在受众获得持久快乐和短暂心境中的作用。

综上所述，需要的满足、情绪的愉悦和个人的认知是幸福感模型中必不可少的三个结构性成分，只有三者都实现，才可能产生幸福感。媒介养心产生主观幸福感的路径是：以需要的满足为前提，知觉到积极的情绪状态，进而从认知上审视自己的需要并体验到愉悦的情绪，进而促进幸福感。

电影就像是一场"白日梦"，观众在观看的过程获得了压抑情感的释放、宣泄和满足，从心理机制来说，是通过替代性补偿等作用以超越现实障碍，使受众达到心理平衡。③ 1916 年，德国心理学家于果·明斯特伯格

---

① 参见蔡靓《电影的"情绪效应"——论电影的情绪元素对人的心理的影响》，《台州学院学报》2010 年第 1 期，第 66—69 页。
② 参见李皖《我听到了幸福》，生活·读书·新知三联书店 2003 年版，第 310 页。
③ 参见周霞《梦的旅途——电影镜像与观众心理关系之辨析》，《解放军艺术学院学报》2006 年第 2 期，第 33—35 页。

在《电影：一次心理学研究》一文中提出，电影不是存在于胶片上，而是存在于观众的思想中，强调了电影是"一种心理学游戏"，针对电影产生心理疗效的研究提出初步设想。随后把电影艺术与心理治疗结合起来的是克里斯蒂安·麦茨，他是电影符号学家，他认为影视是影响观众的原始快乐的"利比多"。换句话来说，受众在观看影视时激发内心深处的欲望与满足，从而获得一种心灵的愉悦。英国心理医生弗德尔，经过十几年的临床实践，发明了"电影疗法"，是针对不同特征的亚健康群体，使其通过欣赏电影，获得视觉上冲击及视听享受，从而得到心理休闲和心灵放松。英国皇家精神病学院认为，影视疗法作为一种心理治疗手段，是切实可行的。媒介呈现出不一样的心灵世界，让我们可以从中得到一份心灵的放松，感悟生命，并从深层次认识并悦纳自我。①

第二节　媒介养心的信任与依赖

一　融入与同化

加拿大著名传播学者马歇尔·麦克卢汉称："我们生活在一个被新媒介压缩为小小村落的行星上"，"瞬息万变的速度消融了时间和空间，使人重温一种整体的原始知觉。"② 随着近年来对于不同国家人们的主观幸福感跨文化研究的开展，人们越来越发现，不同文化背景下生活的个体具有不同的价值观，正是这种差异构成了世界的丰富多彩。然而，不同的文化差

① 参见宋艳峰、薛秀平《欣赏心理电影促进心理健康》，《电影文学》2008年第22期，第161—162页。
② ［加］马歇尔·麦克卢汉：《理解媒介——论人的延伸》，何道宽译，商务印书馆2000年版，第191、195页。

异使得受众的幸福感体验不太一致。生活在不同文化背景下的受众对影片中的某些情景解读是不一致的，因为心理世界只存在于内心，而我们观察到的是客观存在，当我们向别人解释一种现象时，对现象的理解会因每个人对现象的感知不同而不同。但在东西方文化中，仍有一些共性的因素会影响人类的幸福感，如对低层需要如衣食住行等的满足，这些需要如若得到满足在东西方人中会同样促进幸福感。而尊重和爱的需求也是幸福感的基本来源，但尊重与爱作为主观体验，不同文化情境中会有差异。在分析不同的幸福体验和表达时本书发现：中国人的主观幸福感受儒道文化的影响，比较注重人际关系，具有极强的忍耐性，且容易得到满足、安于现状；西方人强调个性，注重感官刺激，所以西方人的幸福体验包含着较多的兴奋、刺激、成就感以及个性张扬。媒介所提供的文化认同、人文关怀，能给我们的心理幸福感提供一种补充，这强调了社会支持首要作用。[1]

文化学认为，文化将人类的各部分组合成一个整体的世界，而且文化在很大程度上塑造了人们的思维、感觉和行为方式。被文化描述的感觉，其实是一种社会性格，而非人内心本质的感受。比如，要让偏内向性格的个体产生更多的幸福感，就要思考文化的定义给内向性格的人带来的观念困境。早在20世纪20年代，著名作家郁达夫就明确指出："20世纪文化的结晶，可以在冰淇淋和电影上求之。"他认为电影带给观众的幸福体验具有一定的优势。首先，电影这一艺术形式是听觉、视觉等各种表现形式的集大成者，能满足多方面的感官需求。其次，电影是立体的艺术，能给观众带来更多的想象。再次，电影相关题材总是反映历史，照射现实，符合贴近生活的原则。另外，电影具有超现实性，能使观众产生替代性满足。最后，电影是"合乎近世的社会主义理想的"[2]。

---

① 参见杨焯《电影〈喜福会〉中主观幸福感体验的跨文化研究》，《电影文学》2009年第1期，第79—80页。

② 郁达夫：《电影与文艺》，《艺文私见》，上海复旦大学出版社2004年版，第155页。

贺岁影视剧从 20 世纪 90 年代末开始粉墨登场，这类影视剧以欢乐、喜庆为基调，它营造了节日欢乐的气氛。在中国传统文化中，每年年终都是家团圆的时刻，而贺岁影视剧大多针对这一情感需求，以家庭生活为本位叙事的体裁较多，并在此基础上编织着一个个温情的日常伦理和世俗情感故事，以感动观众，促进人们对幸福感的期许。不同时代的影视剧具有不同的内容，如《手机》展示了都市生活的变迁，以影像方式敏锐地捕捉到急剧变化的普通人的生存处境，将人生伦理及情感欲求演绎得淋漓尽致，受到观众的喜欢。[①]

二　内隐与外化

根据弗洛伊德的心理分析，无意识内隐有三个层次。

一是人的意识分为意识、前意识和无意识。无意识是人类心理的最深层面，也称为潜意识，潜意识的欲望是按照享乐原则和自我满足的标准进行活动的，但这常与现实法律、道德规范相冲突，潜抑于内为压抑，但它仍会寻找各种契机以冲破压抑，如梦境、醉酒等状态中人常会"酒后吐真言"。在日常生活中这些潜意识的冲突导致我们的痛苦和不愉快感，而与媒介的互动可以满足这一欲望，因为它可对欲望产生替代性满足。电影综合了意象等多种艺术表现形式，无疑成为受众寻找快乐、释放快感的最佳突破口，给人们在现实生活中不能充分享受的快乐。美国学者罗伯特·麦基认为，受众的移情是借助于精神分析的移情概念，移情是将现实生活中的欲望投射到重要人物的身上，而观众的情感投入是由移情作用来维系的。[②]

---

① 参见于文秀《贺岁影视剧现象的文化解读》，《天津社会科学》2005 年第 6 期，第 110—114 页。

② 参见［美］罗伯特·麦基《故事——材质、结构、风格和银幕剧作的原理》，周铁东译，中国电影出版社 2001 年版，第 164 页。

二是快乐或郁积等情绪是一种心理能量，心理活动有一些基本的规律，比如相似的心理能量会相互结合，彼此联结，最后形成越来越大的结，犹如晶体一样生长出来，这是一股潜在力量，一个不快乐的人平常积攒了大量负面的能量，观看抗日、反腐等题材的影视可使胸中的积郁得到宣泄，获得心灵的放松。

三是无意识的心理能量可以传递或转化，比如一个人在单位受了领导的气，满腔愤怒，回家可能和妻子大吵一架，妻子可能将不良情绪发泄到儿子身上，儿子可能转身踢向小狗。无意识的不良情绪由领导经过丈夫、妻子、儿子最后传递到了小狗身上。在现实中无法表达的情绪，可能会在观影过程中得到宣泄。相应地，积极愉快的情绪体验也会进行传递，如在现实生活中遭受挫折，观看励志、温暖感人的影视作品，可以激发起我们对生活的热爱，在获得愉快的观赏体验的同时重新树立起对生活的信心。[①]因为具有"现实的气氛"以及拥有直接领悟的力量，在同一时间出炉的影片，对于生活在同一时代的观众来说，比起不同时代的小说和戏剧更有吸引力。[②]

媒介带给受众的美感体验是一种审美性情感，这种情感包含着对美好事物的情感体验。审美情感是在认知和领悟的基础上提升的一种情感境界，这是一种精神境界的提升。这与魏晋时期的艺术家宗炳所说的"澄怀味象""澄怀观道"审美观是一致的。"澄怀"就是"涤除"之意，"观"就是"内观"，返回到自己的生命真性中。这与弗洛伊德无意识理论所提出的仿效他人促使人格得以形成一致，而这离不开自我和超我的作用。

---

① 参见马楠楠《快感的满足与释放——类型片审美心理机制透析》，《电影评价》2006年第23期，第23—24页。

② 参见［法］克里斯蒂安·梅茨《电影的意义》，刘森尧译，江苏教育出版社2005年版，第4页。

三　共享与共情

心理学对情绪共享理论进行相关的研究。该理论认为个体知觉会与外界信息产生自动、同步的反应。[1] 根据情绪共享理论，媒介养心主要有以下三种情绪转化形式。

一是情绪感染。比如观看喜剧电影，愉悦的故事情节、搞笑的气氛会对受众的情绪产生强烈的感染。近年来出现的一些纯个人问题求助类以及心灵倾诉类电视节目，无论是文字的形式还是影像的形式，打动人心的通常是情感类内容，原本属于非公共性以及非社会性的问题也容易引发受众强烈的情绪共鸣。[2] 全国道德模范郭明义，通过自己的力量组成了许多献血爱心团队，在 2011 年的第 8 个献血日，他通过微博发起倡议，引起全国各地 3000 多名志愿者的积极响应，他们共献血 60 多万毫升。由此可见，这种道德模范的行为通过媒介的传播有较强的情绪感染作用。需要是维持生存的心理现象，人的情感层面的需要是高层次的，比情感内容更能打动人心、深入灵魂的是道德情感及道德行为。媒介通过对道德模范所具有的价值理念的梳理，使受众获得了道德正能量；媒体高频次正面报道，促使受众学习及新行为形成的过程缩短，产生巨大的正能量，从而促使受众行为发生改变。[3]

二是情绪传递。积极的励志影视情节会使受众受到激励，产生积极的情绪体验。并会内化为人格的力量。例如，2013 年昆山组织的"中国梦"活动在全国引起了巨大的反响，活动主要是采用微电影这一新颖的传播方式，通过网络传播将所有的社会群体的激情活力和创造

---

① 参见 Jeannerod, M. (1999), "To Act or not to Act: Perspective on the Representation of Actions", *Quarterly Journal of Experimental Psychology*, 52A, pp. 1 - 29。

② 参见郝雨《个人求助及情感倾诉节目的媒介功能意义》，《现代传播》2007 年第 5 期，第 78—81 页。

③ 参见赵子为《发掘新闻的道德正能量》，《记者摇篮》2013 年第 3 期，第 10—11 页。

力充分激发调动起来，主要是依靠"微电影"引发群体参与的多米诺骨牌效应。

三是情绪分享。比较典型的例子是观看影视节目后会在茶前饭后与人分享快乐的体验。这种个体与他人情绪上的共享会激活幸福感，使受众对影视剧中的幸福"感同身受"。电视激发平等意识的觉醒，带来了电视镜头的自觉下移，它不仅为电视媒体采集到许多动人的故事、有意味的新闻，同时带来了来自底层的浓郁的生活气息、真实的生活场景，同时也为其争取到了更多的观众，因为人们从电视中看到了自己，至少是看到了有关自己及同类痛痒的影子。这正是媒介因为与受众具有接近性和相关性，从而促进与受众的相互分享。

产生情绪共享应具有相应的条件。首先是个体具有共情能力。美国人本主义心理学家罗杰斯认为，共情（empathy）是用他人的眼睛看世界，通过自己的内心世界去体验他人的内心世界，这是一种设身处地体验他人处境的能力。受众在与媒介互动中，能设身处地体验媒介的情境，从而达到感受和理解他人的精神境界。其次是媒介本身的感染力。影视的导演、演员、艺术表达方式等都带来巨大的经济和社会影响，不仅实现了媒介信息更快的传播速度，而且对受众的情绪产生更广泛的影响。再次，媒介是一种设身处地的情感体验。警匪片中的跌宕起伏或者娱乐片中的幽默搞笑，令人印象深刻。所以，喜剧片就是通过展现发生在别人身上的尴尬情形来博得受众的开心一笑。媒介上的游戏节目也是极力鼓励参与者充分表现自我情感的节目，参与者必须是活泼的、情感丰富的和富有表现力的，他们能大喊、大叫，从而得到情绪的释放。[①]《泰囧》寓教于乐的呈现方式，以幽默来传达电影所要表现的深意，让寻求欢乐的观众在笑声中感受到一种生活理念，提升了正能量。最后是受众的人生经历与影视

---

① 参见［美］Richard Jackson Harris《媒介心理学》，相德宝译，中国轻工业出版社 2007 年版，第 148—149 页。

人物命运的相似性。《家有儿女》反映的是现代家庭的一般的生活场景，切合许多家庭的实际，许多人被故事情节所吸引，容易产生情感共鸣，在观影过程中宣泄了期望倾诉的内心深切的感情。

四　刺激与反应

这里所指的刺激反应理论借助于行为主义观点，受众具有在媒介互动过程中针对信息刺激、情感刺激而做出相应的反应能力，这一过程依赖于认知过程。首先，个体具有自我调节倾向，当我们面对外部的刺激时，会根据外部的要求及自己的需要进行自我协调，使自我处于冲突时依然能保持心灵的和谐，这种自我调节的策略是依赖于一定的刺激而做出的反应。根据人的趋乐避苦的生物性，我们追求幸福、满足、愉悦等积极的情感体验，逃避失望、愤怒、怨恨等消极的情感体验。

在社会转型期，社会的公众精神需求更为复杂，更为多元化：一方面个体自身的情感表达、欲望的宣泄、交流的愿望需要通过媒介得到满足；另一方面，心理的压力需要得到抚慰、排遣和疏导。[①] 也许有人会质疑，并不是所有的影视中都传达以积极、幸福或催人奋进为基调的正向情感，所反映的生活中负面的、痛苦的甚至具有一定伤害性的情感，也能提高幸福感吗？这个答案是不证自明的。因为，从某种意义上来说，消极的情感于我们也是一种警示。例如，我们在具有破坏性与毁灭性的灾难片《唐山大地震》中，感受了亲人丧失、生无所望的痛苦，懂得了平淡生活的可贵，心态更加平和与宽容。如励志电影《叫我第一名》（ Front of the class）讲述的是一个患有妥瑞氏症的男孩在他的母亲鼓励下实现了自己的梦想，并获得事业的成功和爱情的甜蜜的故事。这部影片之所以传递了很多的正能量，是因为它唤醒了我们曾遭受的创伤，激发了我们内心的善良与爱。同

---

① 参见范愉《社会转型与公众精神需求——谈情感类电视节目的功能与规范》，《现代传播》2004 年第 6 期，第 82—84 页。

样，绝望的情绪体验可以提醒我们对生活要抱有必胜的希望。陈丹青还提到他约刚到美国的一些朋友到自家一起看《北京人在纽约》，"看得都停不下来"。在这里，异邦人对故国的怀恋转化成了一种现实的补偿性选择，在看祖国的电视节目中慰藉思乡之情。①

第三节 媒介养心的动态模型

动态模型包含两个维度，一是在一个开放的系统中通过控制前因变量会使结果产生相应的变化，二是随着时间的变化会影响结果。② 由前文的论述可知，媒介养心是一系列的情绪、认知及行为参与的过程，受众如何做出这种幸福感的转化，在很大程度上取决于媒介的具体情境，并反映出受众的价值观、动机或者认知加工策略。另外，从时间维度来说，任何事情的发生有开始、发展及结束这样的过程，这是一种时间的动态性。

如图7－1所示，媒介养心的动态模型涉及受众与媒介的相似性、一致性、同质性及相关性，另外，幸福感与文化同化、无意识内化、情绪共享及刺激反应有关。

---

① 参见［美］约翰·费斯克《理解大众文化》，王晓珏、宋伟杰译，中央编译出版社2001年版，第180页。

② 参见 Mitchell, J. P., Banaji, M. R. & Macrae C. N. (2005), "The Link Between Social Cognition and Self－referential Thought in the Medial Prefrontal Cortex", *Journal of Cognitive Neuroscience*, pp. 24－25。

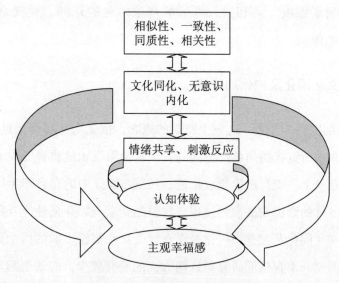

图 7 - 1 媒介养心的动态模型

一 静态与动态的交互影响

媒介养心的动态模型具有正向预测作用，具体来说有以下影响因素：1. 相似性。媒介幸福感相关的情绪体验是人类共有的积极的情绪体验，具有跨历史性和文化普遍性。当受众与媒介信息内容有相似的经历及背景时，容易激发相同的情绪体验；若毫不相关，则无法激起这种主观幸福体验。2. 一致性。受众与媒介所表现的理想、信念及价值观是否保持一致性，这是影响主观幸福感的重要因素。若一致，认知的一致性就会相应地激发出积极的情绪体验；若不一致，则无法产生情绪共鸣。3. 同质性。有三类同质性因素会影响受众的行为和主观幸福感：一是个体因素，如情感状态、情绪倾向；二是情境因素，如心理期望的频率、期待的持久性，还有积极及消极的情绪性事件；三是媒介因素，如媒介所提供的信息具有情境支持及同伴支持的作用。4. 相关性。媒介信息所表现的情节若不相关，容易引起受众的心理疲劳，降低情绪强度；若相关，则容易产生角色的认同，使受众表现出热情参与的倾向。

二　文化同化及内化的转换

本书借用了"同化"这一生物学的概念，指受众在媒介接触过程中，如果与媒介中所宣扬的角色产生共鸣，经常会潜意识地将自己内心的情感投射到角色身上，把自己设想成角色，甚至与媒介中的角色产生同一的心理并融为一体的渐进或缓慢的过程。与强烈受众与媒介显性交互影响的作用不同，文化同化及无意识内化是媒介对受众幸福感影响的两个更为隐性的因素，而媒介幸福感的研究对这两方面的研究较少，应该引起重视。有相当一部分学者认为，中国人的集体无意识深受传统文化的影响，仁、义、礼、智、信等构成了一套完整的精神世界体系，是我们安身立命及充实我们内心世界的一根定海神针。现代社会的压力、紧张、焦虑及纷繁复杂的世界体系扰乱了我们的内在世界，尤其是网络的迅猛发展，提升了我们的生活质量，也改变着我们的思维方式。所以，符合我们文化题材的媒介内容将会丰富我们的内心世界，使我们的内心更加幸福。例如，以王实甫的《西厢记》为题材改编的《红娘》，刻画了一个知书达理、义薄云天的"红娘"形象，感动了无数的观众。在中国近代史上，这片文明而又古老的中华大地上发生了一场空前的浩劫，但中华儿女为民族大义而牺牲的高尚情怀在电视剧《亮剑》中表现得淋漓尽致，成为民族主义咏叹调。《卡桑德拉大桥》电影描绘了两个携带病毒疫苗的人逃上运行中的封闭火车，给所有的旅客都造成了致命的威胁的情形，所有的观众都产生身临其境之感，甚至无意识地喊出"快跑！"朱光潜认为，观众的认同心理源于模仿偶像和尊崇英雄的天性，这是人类的集体潜意识。所以，相关的媒介通过对英雄人物的刻画，使受众在心目中产生一种幻觉，仿佛亲身参与虚幻世界的情节，感同身受。① 媒介作品以其艺术形式来影响受众的情绪，塑造受众的行为；媒介若能平等地对待受众，与受众进行情感交流与互动，赋予受众平等的地位，就能实现一种媒介情绪的感染。从这个意义上说，媒介应具有一种强烈的社会责任感，媒介既能重新塑造人，也能重新构建一个和谐的社会。

汉娜·阿伦特在其《公共领域与私人领域》一文中说："许多抱怨生活的人，往往处于病态的自我关注之中，而拥有积极的行为及生活状态的个体，则关注生命的意义及利他主义。人类拥有自己的生活方式，离开了媒介所营造的生活空间，个体的活动便了无着落；反过来说，离开了人类活动的生活环境，即我们诞生于其间的世界，媒介同样也无由存在。"②

三　影响因素复杂多样性

媒介对受众幸福感的影响因素是多方面的，不同的理论强调了不同的因素，下面我们要介绍幸福感影响下的情境因素。首先是情绪的共享。有认知性情绪共享及群体性情绪共享。认知学派认为媒介在以下方面对认知性的情绪有显著的影响。一是营造了认知性情绪改变的环境，即心理场。湖南卫视《天天向上》、安徽卫视《超级演说家》等节目凭借适当的方式，通过益智、科普等形式，为娱乐节目注入正能量，使受众在轻松娱乐的同时获得了一种精神上力量。这种专家与主持人在台上与嘉宾的互动使观众感受到心灵的上放松。③ 二是对媒介信息的解读投射出受众的经验及人格。三是媒介演绎我们的现实世界，受众在接触媒介时会反思我们自身的生

---

① 参见蔡靓《电影的〈情绪效应〉——论电影的情绪元素对人的心理的影响》，《台州学院学报》2010 年第 1 期，第 66—69 页。

② ［美］汉娜·阿伦特：《公共领域与私人领域》，汪晖、陈艳谷主编《文化与公共性》，生活·读书·新知三联书店 2005 年版，第 57 页。

③ 参见郝雨、郝淳子《在娱乐中传递文化正能量——解析湖南卫视节目〈天天向上〉成功的原因》，《当代电视》2013 年第 6 期，第 61—62 页。

活，从而有助于自我认知的改变，由此获得了积极的情感体验，提高了心理健康水平并增进幸福感。例如在《超级演说家》节目中，有一位演讲选手坚持了 14 年帮失子家庭寻找孩子，并帮助大量失散的家庭找回了亲人，令人动容，使全场爆发出热烈的掌声。这种掌声是一种群体性的情绪共享，它指的是受众在媒介接触时，随着媒介情节中的人物命运的跌宕起伏，会伴随有一定的情绪反应，或开怀大笑或扼腕痛惜，或欣然释怀或低声啜泣，长期积累的情绪得到释放，心灵得到慰藉，由此获得精神上的愉悦感和心灵上的幸福感。其次，接受相关刺激产生一定的心理行为反应，这是经典心理学理论。媒介中的感觉刺激，包括场景、人物、情节甚至物品等都具有一定的情感属性，会引起受众的心理反应。

四　相关因素具有相关性

Gillett 等人（2008）以不同群体的受众为被试，以观影为例，先期对他们的主观幸福感施测及观看电影前后进行再次施测，时间间隔约为一个月。重复的研究结果表明，所有的幸福感模型（如人格→幸福感、观看影视→幸福感、认知中介作用模型、交互影响模型）中，观看影视并不直接产生主观幸福感，而认知中介作用对幸福感模型得到支持，即主观幸福感是以认知为中介逐步发展的，它并非与生俱来，也不是因为影视这一客观现象而必然发生的产物，而是在观看影视活动中产生的。

受众对媒介信息进行正向的认知加工，依赖于以下四方面的因素：一是对幸福的主观感知觉能力，二是整体积极的理性思维能力，三是过去已有的成功或幸福的经验，四是领悟能力。亲社会行为中的同情、慈善、分享、协助等尽管表现各异，个体却都会因此而产生幸福感。慈祥的、美丽的、诚实的……这些信息是否激活你内心的善端？亲社会行为的发生依赖于社会化的情境，例如以焦裕禄、孔繁森等人物为原型拍摄的电影，塑造了崇高的人格、精神：他们默默守候无数的平凡瞬间，去做那些一般人不愿做的事，他们是世人的楷模。媒介在注重塑造人物社会性格的同时，也应着重塑造他们人格化的精神雕像，进一步增强社会的内聚力和民族的凝聚力，促进社会的和谐，而社会和谐是个人幸福的基石。

如何让困惑的人找到答案，让焦虑的人得到安慰，让迷茫的人得到指引，是这个时代给我们出的难题。不同学科的理论及实践工作者都试图从不同角度进行解答，媒介也从实践视野多角度地弘扬传统美德，倡导和谐。

媒介养心提升了媒介幸福感的命题，媒介幸福感的文化是媒介的灵魂，是推动心灵和谐、社会发展的精神动力。媒介实践工作者应充分利用媒介挖掘文化资源，深入浅出，使媒介变得生动活泼。

媒介养心作为一种主观幸福感的具体体现，下一步应循着媒介幸福感的主线，通过实验的方式进行研究，从引发媒介幸福感的角度找出前因变量是十分必要的。在研究方法上，应采用量化研究及跨文化研究等方法进行突破。

第八章　方向与引擎：受众从媒介中寻求幸福感的研究

　　哲人们对于幸福的探求既久且深，无论是中国古代智者还是西方先哲都给我们留下了丰富的幸福哲学财富。随着社会的发展及各种媒介的复杂化，幸福感的研究课题越发焕发出其生命力，不同领域的研究者似乎都能从中找到自己感兴趣的内容。

　　人们为追求幸福比以往更注重对媒介信息的寻求。正常情况下，一个健康的人，心理是安全的，会去努力寻求各种资源以获得幸福；而一个内心充满焦虑的人，会不断进行反省与关注自己，从而产生心理冲突，同时也会影响到家庭的幸福。当一个人把内在的资源用于投入防御危险时，生活就会变得混乱，就像一个身陷重病的人，所有的精气神都没有了，只会寻求各种信息来获得生命的持续。当这种负性情绪蔓延到整个社会时，就成为一个时代难以回避的现实困境，而社会需求是推动研究发展最强有力的因素。

　　西方传播学界认为大众传媒在社会中具有广泛的决策意义，是社会期待的一个主要来源。人们通常在缺乏安全感、环境异常、个人重大生活事件等情境时，在媒介中对幸福感的寻求表现更为强烈。

　　因此，对驱动人们寻求媒介幸福感的三种动机及其影响因素进行分析，将有助于人们对于信息寻求动机的理解，对激发受众主动进行信息寻求的行为具有重要的意义。

第一节　媒介幸福感信息寻求动机

社会转型期强化了媒介技术的中心地位，按信息拥有进行社会分层分类，可分为信息富有者和信息贫穷者。受众分化具有"核心—边缘"模式，受众为减少不确定性增强安全感，会更加迫切地选择自己喜爱的媒介。[①] Ashford 和 Cummings 指出，人类信息寻求行为动机主要分为工具性动机（instrumental motive）、自我保护动机（ego – based motive）和印象管理动机（image – based motive）三大类。[②] 此后，相关的研究都是以此为基础，对信息寻求的不同动机及其影响因素进行了探索与研究。尽管此类的研究较多，国外的研究成果也较为丰富，但从媒介学视角对其进行梳理的较少，本书在相关文献的基础上，进行谨慎的推导，提出受众从媒介中进行信息寻求的三种基本动机：工具性寻求、利益性寻求及自我保护性寻求。

一　工具性寻求

受众的工具性寻求指从媒介中获取有用信息的理性期望。工具性寻求核心是强调媒介本身的目的与用途，个体通过寻求各种媒介信息以获得新的技能和评价能力，培养个体的工具理性，掌握新的或变化的环境，概括来讲是"应了解哪些信息，如何了解？"因此，工具性寻求动机具有修正

---

① 参见［英］丹尼斯·麦奎尔《受众分析》，刘燕南、李颖译，中国人民大学出版社 2006 年版，第 168 页。

② 参见 Ashford, S. J., & Cummings, L. L., (1983), "Feedback as an Individual Resource: Personal Strategies of Creating Information", *Organizational Behavior and Humanperformance*, 32 (3), pp. 370 – 398。

目标、导向行为中的错误的意义，同时还包括减轻焦虑、寻求自我、达成目标等方面的愿望（Ashford，1986；Ashford & Tsui，1991）。[①] 许多新生代农民工采用新媒介传播技术来寻找工作，这是他们实现社会融合的有效工具。[②] 媒介提供了各类信息资源，是面向大众提供服务的平台，我们可以按需获取所需要的信息。

心理学家 Hobfoll（1989）提出资源守恒说，资源守恒理论认为人们总是试图避免付出更多的代价而导致资源的损失，获得奖赏以得到更多的资源。个体为维持安全感总是倾向寻求最有价值的资源，而最小化资源损失，以达到资源的平衡。媒介提供给我们所需要的信息就是现实资源弥补。在现实生活中，信息所引起的焦虑和混乱会导致心理资源损失，一旦个体无法弥补在现实生活中所损失的资源，就会出现资源的失衡，当内在心理资源不足时，按照资源守恒理论，人们会表现主动性寻求动机。

二　利益性寻求

媒介同样具有市场属性，这是媒介本身具有的追逐利益的本性所决定的。在新媒介环境下，更受关注的显然不再是社会群体或普通受众，而是倾向"满足群组"和更具有意义的"特定媒介内容受众"，这是由媒介的逐利性所决定的。"满足群组"是根据特定的需求或需求类别来判定的，"特定媒介内容受众"则涉及受众特征，要用复杂的生活形态特征、消费取向特征和价值观特征来描述。

现代人越来越依赖手机，手机甚至成了人们流动的精神家园。丹尼斯·麦奎尔指出，媒介对于受众在不同的时代具有不同的意义。受众不仅

[①] 参见向常春、龙立荣《组织中信息寻求的动机及其影响因素》，《心理科学进展》2012年第20卷第2期，第283—291页。

[②] 参见雷蔚真《信息传播技术采纳在北京外来农民工城市融合过程中的作用探析》，《新闻与传播研究》2010年第2期，第91—96页。

是社会发展的产物，也是媒介及其内容的产物，媒介为受众提供了内容，媒介所创造的内容创造了新的社会群体。无论大众媒介置身怎样的社会中，受众都将从中获得相应的利益。[①]"马斯洛需求层次理论"在媒介中得以很好地体现，媒介也遵循工具性、情感性、社交性等递进的需求层次，只有满足了工具性传播，人们才会更多地考虑情感性和社交性传播。从某种意义上来说，利益性传播包含工具性、情感性及社交性传播内容。[②]

三　自我保护性寻求

维护自我是一种生物体的本能，这是一种自发性动机。在媒介中保护自我或自尊的动机是通过信息反馈而获得，当获得的信息是负面的甚至是威胁性的，就有可能产生损害寻求者的自我或自尊的动机（Ashford，1986；Ashford & Cummings，1983；Morrison & Bies，1991）。[③] 低不确定性容忍度在自我保护中起着良好的中间作用。首先，越有安全感的人越能依赖自我进行保护。这与现实是一致的。当我们心情好时，心理能量很充足，我们较容易接受他人的意见，而很少反对他人；反之，那些具有反社会性人格障碍的人，多半是自我能量不足、内心不幸福的人。其次，自我价值感不足的个体常常需要寻求更多的信息。2010 年，宜黄强拆自焚事件的当事人钟如九，通过微博向媒体求助，媒体人刘长发出微博引起全社会的广泛关注，导致事件发生了新的转折。最后，一个具有安全感的人，就会信任自己，信任他人。自我保护寻求是通过掌握相关资源信息以达到自我保护的目的。由此及彼，可能与自己没有直接利益关系的媒介事件，通

---

① 参见［英］丹尼斯·麦奎尔《受众分析》，刘燕南、李颖译，中国人民大学出版社 2006 年版，第 8 页。

② 参见陶建杰《农民工人际传播行为及影响因素研究》，《新闻与传播研究》2010 年第 5 期，第 98、103—104 页。

③ 转引自向常春、龙立荣《组织中信息寻求的动机及其影响因素》，《心理科学进展》2012 年第 20 卷第 2 期，第 283—291 页。

过间接的影响也可使自己获得安全感。媒体帮农民工讨薪事件经广泛传播后，其他农民工，感受到比以前更具有安全感。通过向媒介求助而获得安全感在弱势群体中得到更好的体现，弱势群体在与媒介的互动中，通过身份实际嵌入，维持了连贯的自我认同感。[1] 儿童在观看电视的过程具有一种"非理性的集体无意识"，看电视既满足了他们对想象家庭的构建，使他们获得安全感，同时体现出对自我现实的观照，是其生存境遇的折射和体现。[2] 这种自我保护性是一种能动的文化行为，体现了他们对愉悦的积极追求。

第二节　从媒介中寻求信息的相关影响因素

一　个体因素

（一）心理容忍度

社会转型的一个重要特征就是不确定性，个体对确定性存在渴求。对模糊容忍度较高的个体可能较少寻求媒介信息，从而获得较多的幸福体验。时下，媒体不断传来大米有毒、菜里的农药超标、肯德基染苏丹红、疯掉的牛肉、禽流感的鸡等消息，纷纷扰扰，令人真假难辨，似乎什么都不能吃了。记得2010年的春晚有一则小品：苹果皮最有营养，而苹果皮又有残留的农药，吃皮及不吃皮都很纠结。心理容忍度高的受众可能一笑而

---

[1]　参见 Latour, B. (1993), *We Have Never been Modern*, Harvard Univ. Pr. 。

[2]　参见李艳红、刘晓旋《诠释幸福：留守儿童的电视观看——以广东揭阳桂东乡留守儿童为例》，《新闻与传播研究》2011年第1期，第70—78页。

过，对生活依然持有乐观的态度；而心理容忍度低的受众，因之而对生活充满了焦虑。其实，我们只是消费者，不是消费专家。近些年来，随着媒介对心理健康知识的宣传和普及，人们知道了强迫症、抑郁症……许多人开始对号入座，变得疑神疑鬼，惶惶不可终日。

（二）心理控制感

媒介信息越来自官方权威，越能使人获得一份控制感。对环境有较强控制感的人是轻松自如的，比如平时学习成绩优秀的人不太容易体验到紧张。这种心理控制感与个性特征有关，同时也是对其所经历事件的后果之间的关系所形成的总体的概括化期望，这反映了个体内部控制和外部控制的一种倾向性。在现实生活中，若个体对客观环境具有较强的控制感，往往会比较乐观和主动。在与媒介的互动中能较客观地看待媒介信息，从而有益于身心健康。而心理控制感较弱的受众往往采用情绪应对的方式，如一些文化层次较低的网民经常发表偏激的言论，既不利于生存境遇的改变，也无法解决现实问题。这仅是一种现象学的推导，相关研究十分有限，因此所得结论有待进一步的验证。

二　媒介内容

（一）相关性

受众的某些特征与媒介具有一定的相关性，受众就容易对媒介产生亲近感。在大众传播中，这是一种接近效应。在新媒体时代，公众不再渴望信息，也不是媒体说什么就是什么。因信息太多，公众首先会有一个判断：这是谁说的？什么时候说的？与我有什么关系？因为信息传播速度太快，情绪也容易受到感染。像地震发生后，政府应第一时间公布相关信息，我们的救援物资够不够？还会不会发生次生灾害？及时将相关的内容进行发布将有助于人们掌握事实的真相。有心理学研究地震灾后时广播的语速与心理安抚的关系。一般情况下，播音员正常语速是每分钟 300 个字左右，而在灾难发生时，为稳定情绪，播音员适当降低语速，因为较慢的语速能给人心理上的安抚。

电视情感访谈节目直到 20 世纪 90 年代后期才缓缓登台，如山东电视台的《午夜相伴》、北京电视台的《说你、说我》。另外中央电视台的《半边天》《实话实说》等类似节目也属此类，风靡一时，引起观众的广泛共鸣。《心理访谈》节目则通过主持人"说服"访谈对象克服各种心理藩篱，讲述真实曲折动人的人生故事，并通过专家或主持人的总结来升华出有启迪的人生哲理，使人们在认知上产生共识，在情感上达到共鸣，为受众带来心灵的慰藉，促使失意者达到心理平衡并促进人心向善。[①]

为了使媒介内容与受众具有更强的相关性，媒介对受众的定位应进一步细分。一是有重点心理或精神需求的受众，他们对相关的媒介内容感兴趣，对媒介接触比较敏感；二是普通受众。要使媒介能更有效地提升受众的幸福感，就要在媒介品牌建设方面取得成效，媒介要有好的宣传效果，产生较大影响力，必须以受众导向为指引，紧紧抓牢核心受众，广泛影响和带动其他普通受众，拓宽覆盖领域。要做到这一点，必须在吸引更多受众上下功夫。为此，要让理论贴近百姓，走进生活。在媒介正能量的宣传方向上要强调权威性、指导性、前瞻性，在媒介受众视野上要突出贴近性、服务性、有用性，使媒介能更好地为和谐社会服务，营造良好的心理文化氛围。

（二）紧急性

新媒体具有多向互动性、网络全球性、信息海量性，普通受众能借助新媒体成为信息的参与者及制造者。近年来，因互联网和手机短信所引发

---

① 参见赵建国《双重说服情理交融——从说服学角度谈电视情感交流节目中的对话艺术》，《现代传播》1998 年第 4 期，第 61 页。

的公共事件已非个例。防止和遏制谣言，保持公共秩序的最好办法，就是及时将发生的紧急性事件向社会公开，以获得公众信任。尤其是事关民生的食品安全等问题，只有及时排除相关事件的模糊性及不确定性，才能使公众摆脱恐慌。面对危机，英国公关专家里杰斯特提出的"3T"法则，即掌握主动权（Tell your own tale）；尽快地公布真相（Tell it fast）；客观地提供全部情况（Tell all）。重大媒介事件发生后，24 小时以内是公布真相的黄金时期，逾期不公布将会出现大量捕风捉影的猜测，相关的损失也将呈几何级数放大。以广元柑橘大实蝇疫情的处置为例。四川省农业厅在事件发生后，在召开的新闻发布会上称："仅有 68000 多株柑橘树发生大实蝇疫情。"并言辞确切地说疫情已经得到有效控制。而事实上，手机短信已经到处传播"广元爆发蛆虫橘子"，甚至相关的照片也在网上流传，一时呈现"发酵"态势。2008 年四川地震中，中国政府第一时间将灾情进行及时直播，既为抗震救灾赢得了时间，同时也为稳定民生提供了心理安慰。

（三）依存性

媒介影响力一般与其覆盖面成正比。为此，媒介幸福感的营造不能光讲理论，也要选择民众喜闻乐见的内容，不能离普通百姓太远，应找到一个好的切入点，把准时代的脉搏，抓牢社会热点，把握老百姓关注点，让事实贴近百姓、让幸福走进生活，让普通受众感到媒介信息可亲可用。

为此，我们应积极探索媒介传播的新途径，创新媒介内容的新体裁，运用多种方式，强化媒介幸福感的气氛营造。媒介幸福感的营造，发布的并非仅仅是信息，而是一种世界观和新的社会状态；从某种意义上说，媒介带给我们的不仅是基本的信息内容，还有新的人际关系和感知模式，从而推动家庭和社会传统结构的改变。比如现在智能手机普及，大家聚会时常见的情景是，每人一部手机，有人看新闻，有人刷微博，有人浏览朋友圈，面对面的交流减少，而网络上的互动增多。

要发挥媒介对受众幸福感的积极促进作用，应进行多方面的努力。首先要精心设计相关的话题，紧紧围绕"幸福"这根主线。电视、报刊及网络设立幸福感相关的专题，让媒介成为提升人们幸福感的好助手。比如江西卫视开设的《金牌调解》让嘉宾"有问题来调解，来调解没问题"，将家长里短的矛盾得到解决，受众在观看的过程中也受到启发，得到教育；江苏卫视频道力推《人间》《世间》《幸福晚点名》等栏目，并将定位从"情感"升级为"幸福"，紧扣时尚潮流，谈论恋爱、买房、减肥等年轻人关注的话题，以吸引大量的观众的关注。其次，让媒介成为实际工作者的好助手。从媒介方向要做好超前策划，精心编排，媒介内容的安排方向要准确、迅速、及时。让媒介成为实际工作有力的理论支持，发挥媒体的监督作用，使相关的信息得以被公开、共享。使社会矛盾在受众与媒介的一次次互动、澄清中得以解决，让受众的权利与权力在公共舆论场上得到意义深远的良性互动，激发公众的参与意识，并以一种新颖的方式走向以信息化为核心驱动的幸福新时代。

（四）积极性

人类的大脑不接受负性刺激，拒绝否定性的信息。举一个简单的例子即能说明这个问题：如若去餐馆吃饭时，服务员问你吃什么，你说不吃这个不吃那个，服务员永远不明白你究竟要吃什么；反之，你直接说吃什么，服务员立刻就明白了。积极的正向的信息既具有意义也具有重要价值。中央电视台《开讲啦》栏目，当事人通过极为浓缩的经历进行主题演讲，主持人进行积极的概括，现场嘉宾进行热情的互动，使节目无论是从内容还是形式都蕴含着正能量，充满温暖、智慧、力量，观众从中汲取正能量。[1]

《午夜相伴》是山东电视台较为有影响力的节目，从创办至今，一直为当下焦虑的人们解除心理困惑，重建心灵精神家园。该节目的目标观众群多为失意困惑者，他们都有一定的精神需求。本书认为，媒介应成为这个时代的精神导引者，在社会转型期，许多人都会面临挫折及压力，而媒介要以各种形式，或倾听或对话或演绎，如春风化雨般给人们心灵的关怀，使困惑者得到帮助，使焦虑的人们得到慰藉。

媒介是受众提升幸福感的主渠道，既要有力地宣传和谐大局的意识，通过事实和道理把幸福和谐的精神气质宣传到位，同时又要立足于实际，紧密结合一般的情况，促进人与人之间的和谐。上下结合，整体联动，既全面、生动、准确、完整地传递相关理念，又联系地方实际，有力地为营造社会的和谐气氛服务。2012 年，"正能量"得到了媒体前所未有的关注。杭州"最美司机"吴斌在肝脏破损的生命危急时刻，保全了 24 名乘客的生命，各类媒介对他事迹的广泛宣传，渲染一种大爱的人性光辉，为这个时代带来了精神上的鼓舞，也为我们带来了心灵上的震撼。[2]

三 媒介形式

（一）相融性

社会认同理论的核心假设强调了人们会为正向自我评价而努力，注重从"我"到"我们"的自我延伸及自我认知再定义。[3] 许多电视节目是通

---

① 参见周晓懿《真，传递无限正能量——以〈开讲啦〉节目为例》，《青年记者》2013 年第 23 期，第 88—89 页。

② 参见张嘉曦《新闻"正能量"，传播能量有多大？——2012 年"最美"人物"正能量"社会影响探析》，《中国报业》2013 年第 1 期，第 67—68 页。

③ 参见陈浩、薛婷、乐国安《工具理性、社会认同与群体愤怒——集体行动的社会心理学研究》，《心理科学进展》2012 年第 20 卷第 1 期，第 129 页。

过迎合受众对优越感和成就感、英雄感的精神崇拜获取关注，总是试图通过各种方式来满足受众，大部分优越感和成就感都是脱离于观众现实生活之外的虚幻性存在，因而它对受众来说，只是一种虚幻的融合、替代性的满足。

媒介可通过以下三种形式达到情景相融、心意互通：一是形态的相似性。从信息的传导来说，因为不同的系统对信息的解释是不同的，系统与系统间信息是很难传导的，这类似于翻译界的"译不准原则"。例如，一个不懂网络的人，去理解网络的时尚用语会存在一定的困难。二是利用群体的可渗透性。受众群体期待自己获得优势地位，通过越位帮助别人来感觉自己的重要，获得权威感，获得被感激、被喜欢的感觉。网络中的意见领袖会忘我地参与公共事件的讨论，其目的之一是获得身份，通过自我身份向弱势群体进行渗透。三是超越性共享。受众群体的社会地位具有一定稳定性，但同时具有可变性。如传统媒体曾经红极一时，现在新媒体逐渐有取代传统媒体的趋势。从更长远的视角来说，所有的媒体都是一个整体，而所谓第一、第二、第三媒体是我们人为的划分。超越性共享是打通所有媒介形态的界限，促使信息能量在各种媒介形态上的流动，如网络媒体的信息被广播、电视等媒体所采用，不仅使弱势群体获得更多信息资源，同时也让政府决策者了解民意民情。

（二）接受性

心理学认为，我们有很多防御体系，例如看到令自己害怕的东西就闭上眼睛，遇到危险就逃跑，这都是一种不由自主的心理防御体系，这样的防御是一种本能，协助个体应付焦虑，避免遭受心理打击，以获得心理的幸福。

接受性有三层意义。一是用平等的视角进行传播。随着生理机能的衰退，通过广播获取信息是大多数离退休老年人的选择，所以，广播应尊重老年人的身心特点进行平等的传播。二是平民化。平民化就是要关注老百姓的衣食住行，关心老百姓的生活方式。《江南都市报》以"关心都市冷暖，关心百姓疾苦"为宗旨，获得读者的广泛好评，从而成为中国报业"三十强"。三是应用通俗的语言。无论是从文字稿件的写作、后期图像编辑到解说词，都尽可能通俗易懂。在实践中，我们发现使用礼貌语和规范语更易使人产生距离感。如许多人很喜欢湖南卫视的《都市一时间》，首先是电视这一形式，以图文并茂的方式满足了公众的感觉需求；其次是节目内容关注的是与老百姓利益密切相关的现实问题；再次是主持人语言通俗，亲切朴实，既向公众传递媒介信息，又给予公众人文关怀。

（三）相近性

首先，同类媒介容易引发相同媒介的受众共鸣。例如，轰动一时的李天一事件引发网友对"富二代""星二代"教育问题的深切关注。杨澜发微博称"劳教一年对一个因为冲动打人的未成年人来说是否惩罚过重？被贴上标签的孩子很容易破罐子破摔。真替李老师感到痛心！"此言一出，立即受到网友广泛质疑，引发网友的群起攻击，最后被迫道歉。其次，媒介社会地位感知的相近性。在社会转型期，贫富差距不断扩大，弱势群体渴望更多的关注和实际帮助，如若媒体通过夸张的快乐来掩盖底层群体的失落与悲伤，那么弱势群体无法在实际中得到满足，也无法在媒介中得到认同，内心压抑的怨恨将有可能会随之爆发。有一项调查显示，全国有近千家电视台，但针对农村、留守儿童、离退休老人的栏目只有1%。① 印制极其精美的各种 DM 杂志如《瑞丽》《时尚》《都市丽人》《地铁时代》等，无论是从刊名还是印刷质量来看，都不难看出它们所服务的对象是高端受众群体。

---

① 参见陈崇山《谁为农民说话》，《现代传播》2003 年第 3 期，第 35—37 页。

四　媒介接触

（一）环境氛围

麦克卢汉曾经提出"媒介即信息"的假设，在他看来，人类所从事的生产及行为活动推动了媒介的发展，而媒介的具体形态也促进了人类的社会活动。当前，新技术不但直接创造了互联网络等全新的媒介形态，同时也促进了传统媒介如报刊、广播、电视等传播方式，如当下的报网互动模式，将报纸的内容放在网络上，将网络的新闻放在报纸上，这就使得媒介以更加强大的整合力量渗透于社会系统的每一个角落。各类媒介都拥有相应的受众，媒介编织了整个社会系统；各类群体也都有相应的媒介。大众传媒正以一种前所未有的方式影响着我们的生活，不仅给我们带来新观念，也向我们显示了新的行为方式。

首先，媒介所营造的一种氛围是群体精神的具体体现。群体氛围有积极的和消极的、健康的和不健康的类型划分。在媒介良好的氛围里，我们会无形之中修改自己的行为，努力保持和群体的氛围一致，同时还避免侵犯性行为，减少冲突性事件。为此，营造良好的氛围，对于和谐社会的构建，对于个体心理健康水平的提高，都有很大的帮助。近年来，随着城市化进程的加快，拆迁及新生代农民工问题越来越成为社会关注的焦点，媒介应正视现实，就"和谐拆迁""新生代农民工"等问题进行正确的引导，及时准确、通俗易懂地阐明正确的立场，同时在解疑释惑中统一认识，推动社会的发展。

其次，创造良好的舆论环境。大众传媒是社会符号最重要的生产、传播和赋予者。媒介通过各种形式营造一种和谐的氛围，从而使大众媒介与社会、个体之间形成良好互动。第一，应当建立公平的信息平台，大众传媒应尽可能及时、有效地为普通大众提供各类信息，使之能按需选择相关信息，如求职、就业、培训等信息资源。第二，应主动搭建沟通交流的平台，尤其要巧妙地处理与政治场域之间的关系。第三，应建立信息对称体系，尽可能消除"认知障碍"及"污名化"现象，改变其符号资本的赤贫状态和符号权力的缺失①，使公众能平等地得到关注和认可。这些措施都将有助于促进普通大众的归属感、安全感和情感慰藉感，促进主观幸福感的提升。

（二）社会支持

心理学认为，与他人建立联系是一种获得社会支持最省力、最有益的办法，个体通过分享获得一种快乐。Wellman 和 Wortley 研究发现，个体只有在获得社会支持时才能体验安全感，获得幸福感。概括来说，社会支持分为物质性支持、情感性支持。②

首先是物质性支持，也叫客观支持。这种支持包括物质上援助和社会网络、团体关系的直接参与。通过社会直接支持的方式让人们对获得相应的资源，以满足人们对赖以生存的社会、生理等重要资源的需要。③ 许多媒介经常举办公益捐助活动，如李连杰发起的壹基金行动对弱势群体是一种实际的社会支持。其次是情感性支持。情感性支持指安慰、倾听、理解及交流等。孤独的人打个电话，言谈之间就找回了自己。在社会转型期，尤其是网络媒介将人与人之间的关系切割后，我们人际关系相对疏远，人们渴望更多相互理解和交流。大众传媒开辟相关公共区域，比如网上聊天室、网络社区等都在不同程度上承担着满足公众精神及情感需求的功能。本书发现，同质性团体通过这个平台进行广泛的交流，但个体的心理往往

---

① 参见袁靖华《大众传媒的符号救济与新生代农民工的城市融入——基于符号资本的视角》，《新闻与传播研究》2011 年第 1 期，第 60—69 页。

② 参见 Wellman, B. & Wortley, S.（1990），"Different Strokes from Diffeent Folks：Community Ties and Social Support"，*American Journal of Sociology*, 96（3）：pp. 558–588。

③ 参见纪梦楠《大学生社会支持研究现状》，《精神医学杂志》2008 年第 21 卷第 6 期，第 477—479 页。

与媒介行为并不一致。艾滋病患者、同性恋者通过建立 QQ 群或网络虚拟社区得到了广泛的情感支持，但现实生活中却可能表现出与社会疏离的行为。另外，在现实中服从规则的人，在网络中思想却是自由的，有时甚至走向极端。一些弱势群体在现实中表现为唯唯诺诺，在网络的世界里，可能一反常态，肆意妄为。所以，媒介是一种特殊的公共平台，这个平台既是公共舆论的晴雨表，同时也可直接或间接地起到培植伦理道德和社会凝聚力的作用。在这个社会转型期，价值观念的多元化，使利益冲突及价值观充满了困惑。情感类节目通过关注人的命运、精神世界和生存状态，辅之以心理专家的干预，通过媒介平台的作用为受众搭建一个人文关怀和情感交流的平台，许多有类似遭遇的受众会产生一致性的情感体验，从而通过媒介接触满足了自身的精神需求。①

（三）社会认同

媒介具有社会凝聚功能，个体通过媒介构建社会网络，为个体提供参照，增强归属感，这是一种社会认同。社会认同从本质上来说是一种集体概念，与社会支持相比，社会认同更注重归属感，因而社会认同具有相对稳定性。个体是孤独的，只有从属于一定的群体之后，才能找回归属感。有时候，我们在人群中对自我的身份认识缺乏一定的判断，身处理性社会，人人变得合乎规则。

对个体身份的认同，包含双重认知构建过程。首先是我们在确认"我是谁"这个身份时有信息寻求的需要；其次是媒介将根据社会属性所确认群体所持的立场来构建。从这个意义上来说，受众可从媒介赞赏的倾向上获得一种群体归属感。大学生这个群体曾被誉为天之骄子，许多人为之感到骄傲。如今，媒介一次次报道"大学生最难就业季"，大学毕业生似乎

---

① 参见范愉《社会转型与公众精神需求——谈情感类电视节目的功能与规范》，《现代传播》2004 年第 6 期，第 82—84 页。

与失业者联系在一起。由此看来，这种社会认同感似乎具有一定的时代性，在某种特定的情境中出现，又可能会随着时代或情境的变化而转变。但这种身份认同一旦出现，个人的言行将会与他所属的社会群体规范保持高度一致，并配合相关的情景采取行动。举例来说，"我们都是中国人"这一点，在平常的日子里，我们似乎没有太强烈的意识，而在 1999 年北约轰炸中国驻南使馆时，经各媒介铺天盖地地报道后，大家群情激昂，同仇敌忾，游行示威，展现出强烈的国人意识。

在受众社会认同的过程中，媒介扮演着重要的角色。首先，描述群体与议题的相关性；其次，媒介议题与受众所持的意见具有一致性；再次，媒介构建的共同体对受众具有感知存在意义；最后，受众将更加自觉地维护社会规范。

幸福感的研究获得了相关学科的前所未有的关注。然而，从受众的视野对如何从媒介中寻求信息以获得幸福感的研究仍存在许多明显的不足，需要未来更进一步的系统深入的研究。

首先，需要对媒介幸福感的信息寻求的类型进行更科学的划分界定。工具性、利益性及自我保护性动机是个体信息寻求的重要动机？但这能否全面涵盖媒介信息寻求动机？未来研究需要通过实证的方式进行验证。

其次，未来需要进一步拓展影响信息寻求的中介模式及关联机制。尽管从媒介心理学及认知视野得到一些证据，但这种中介模式似乎只阐释了信息寻求与幸福感之间的关系。为此，有必要通过文本分析的方式进一步深化中介机制的探讨，探讨更微观、更具体的中介机制，这对于这个课题的研究及实践非常有价值。

最后，需要开展跨文化和本土化研究。信息寻求是人类与媒介互动中共有的积极动机，具有文化普遍性，更有文化特殊性。

第九章　拥有与超越：媒介幸福感的促进路径

有句古老的格言，谁控制了思想，谁就有可能无须动用武力而控制人们的行为。这充分说明了媒介的重要作用。我们共同观察到的是外部世界的客观存在，但我们并不是根据客观现实做出反应，而是根据大脑里所建构的主观世界做出反应，主观世界与客观世界的差别是，主观世界是软的，而客观世界是硬的。根据媒介互动理论，人类创造了媒介，创造了文化，而媒介及文化又把自然人改变成文明人。原始自然人与文明人最大的区别在于是否遵循社会基本规则，在现实生活中表现出来的个体行为，只是个体在某种文化观念下的角色面具。我们在头脑里形成的自我图景，与客观现实存在着一定差距。迄今为止，持不同论调的学者均通过实证研究为自己的观点找到了相应的佐证，比如，我们为什么追求幸福？策略是什么？在幸福感的促进过程中，认知出现的偏差如何改进？幸福感促进是成本与收益的亏损还是另有其因？大量的研究和争议引发了相关学科的思考：一、从传播学角度来说，幸福感是如何促进的？换言之，媒介幸福感的促进是否具有潜在的适应价值及具体的训练策略？二、如果媒介幸福感的促进策略是一种利弊参半的动机，那么它在何时有利，何时无益？三、了解媒介幸福感促进的适应价值将对现实生活产生怎样的指导意义？

令人欣慰的是，来自心理学领域的相关假说与实证发现，媒介幸福感可以通过情绪共享、成本收益平衡及认知负载理论进行解释；具体训练的策略有媒介学视野、受众视野及文化视野。

第一节 媒介幸福感促进

在世界一体化、信息网络化的进程中，网络已是影响受众世界观及心灵的旗舰，塑造着人类的灵魂，肩负着改造世界观和增强受众幸福感的重任。为此，研究媒介如何促进受众的幸福感，是当前媒介理论研究及现实应用的一项十分重要的内容，也是当前提升受众幸福感，提高媒介幸福能力的必经路径。媒介传播以人文内容为基调，以和谐心理气氛的营造带动受众心理健康的提高，这是媒介应用和研究的一个重要经验和有效途径。如江苏卫视一直以情感为主线，重视家庭和谐，注重情感关怀，以传递人与人之间的温暖作为提升收视率、提高影响力的重要内容。一些人文、情感、和谐特色媒介所打造的品牌强势，是媒介提升受众幸福感方面所取得的丰硕成果。从 2011 年开始，中央文明办、全国总工会等组织的"道德模范评选"已经形成了广泛的影响力，并且构成人类文明特别是精神文明的重要内容。这些都是媒介幸福感促进的具体措施。

第二节 媒介幸福感促进的相关因素分析

如果媒介幸福感可以通过其他途径进行促进，那么哪些理论可以尝试对此进行解释？

一　共情共享：促使情感的流转

共情原来是作为一种人际互动的心理现象而存在的，史占彪等学者用同感、移情、共感、情绪共享、替代性内省、心理共鸣等词语来表示这种心理现象。① Jeannerod 等认为情绪共享是共情的前提基础，而情绪共享是个体与他人之间的情绪共鸣现象。② 共情包括认知和情感因素，认知共情需要一种换位思考的能力，而情感共情仅需要在情感层面做出反应。喜剧涉及一个重要概念就是精神动力学的概念宣泄，即通过表达我们抑制的感情感受到的一种情感的释放。③

第一，媒介延伸是共情的基础。无处不在的媒介已潜移默化地塑造了我们的感觉器官，并成了我们感知现实的过滤器。"媒介即隐喻"是波兹曼从"媒介即讯息"发展出的，这是一种媒介认识论。媒介具有类似感官过滤器的作用的基本特性，它可塑造我们的理性思维，还可培育人格的力量和智慧。

第二，表征自己或他人意图的心理活动是情绪共享的必要条件，并据此来推断个体所具有的媒介信息处理能力。个体的内心有一套系统，如积极的人凡事就会朝积极方向去构建，这是一种"社会智能"（Social Intelligence），社会智能的发展依赖于认知系统（Singer，2006；张蛲蛲、徐芬，2005）。④ 媒介知觉和心理理论都是情绪共享的必要条件。波兹曼通过心理理论向媒介延伸的隐喻方式向我们揭示了我们认知媒介的基本形态。

---

① 参见史占彪、张建新、陈晶《共情概念的演变》，《中国临床心理学杂志》2007 年第 6 期，第 664－667 页。

② 参见 Jeannerod, M. (1999), "To Act or not to Act: Perspective on the Representation of Actions", *Quarterly Journal of Experimental Psychology*, 52A, pp. 1－29。

③ 参见［美］Richard Jackson Harris《媒介心理学》，相德宝译，中国轻工业出版社 2007 年版，第 43—45 页。

④ 转引自刘聪慧、王永梅、俞国良、王拥军《共情的相关理论评述及动态模型探新》，《心理科学进展》2009 年第 17 卷第 5 期，第 964—972 页。

第三，通过情境的营造达到共情。如在北京奥运、汶川地震等一些划时代的直播事件中，媒介通过各种形式引发人们共同的关注，把这些现实中的事件变成大家共同的感情记忆，"同一个世界，同一个梦想"。在基斯洛夫斯基的一部电影中，主人公突然想起一些事，于是他就努力奔跑，努力追赶正加速前进的火车，这种情形让很多人产生了身临其境的感觉。这是一个隐喻，对此可以有不同的解读：身处信息化的时代，时时面临被抛弃的危险，我们必须不停地奔跑，焦虑是与生俱来的。

第四，大环境的营造。在举世瞩目的经济高增长背后，许多人心态也产生了失衡并引发社会问题，媒介有责任以平民的视角来解读社会事件，为受众提供服务性和实用性知识，承担营造"大环境"的责任。如中央电视台《心理访谈》栏目，以嘉宾心理困境为切入点，心理专家针对个案问题进行分析，并提出解决问题的具体措施。许多观众通过收看《心理访谈》节目，获得更多的感悟，产生心理的共鸣。可见电视节目以一种独特的方式破解社会焦虑，因这些节目的内容有权威性，指导性强，有理论新意，用创新的心理学理论武装了人们的头脑，提升了媒介的影响力，从心理科学的角度以通俗的方法帮助大家调整认识，提升积极的情绪，并能够给予适当的方法和建议，通过营造心理和谐、健康幸福的社会心理环境，让公众过上幸福有尊严的生活。

第五，要进行适当的定位。根据受众心理需求及知识层次进行媒介学的定位，这是培育媒介幸福感的重要前提，也是培养受众对媒介忠诚度的基础。为此，要大力推动媒介理论研究，深入研究受众的接受心理和接受方式，做到有的放矢。媒介要对受众进行科学分析，针对不同年龄、不同行业、不同层次、不同背景受众的知识特征及心理需求进行调查研究，准确把握他们不同的精神需求和接受方式，及时调整媒介内容及传播方式，使媒介提升受众的幸福感能更富有成效。

二　收益平衡：保持发展的动力

获得价值最大化是心理分析中"趋乐避苦"理论的延伸，收益最大化的适应价值依赖于投入与收益的矛盾统一。投入是与收益紧密相连、难分难解的一个概念，它在这里指的是受众在与媒介互动过程中倾注时间、精力等趋向。

Rusbult 在研究情感关系时指出，彼此的联结是由满意度、替代性以及投资量等因素共同决定的。满意度取决于心理预期及现实结果，如若预期越低，实际结果越好，则满意度会越高。而受众与媒介之间进行的资源交换行为，若受众心态达观，生活满意度高，拥有强烈的掌控感，有较高的自我效能感等，都可提高收益的成本。投资量包括有形的物质投资和无形的时间、精力等投资。以报刊为例，制作简明醒目的标题可以起到化整为零的作用，在快节奏的社会生活中，读者可以通过浏览标题掌握文章的主要观点，既方便了读者阅读，同时做到了收益的最大化。

三　负载拓展：容纳信息与超越

不同的媒介可以激发不同类型的认知过程。如：利用广播和电视两种媒介分别给孩子们呈现一个不完整的故事，然后让孩子们给出一个结尾，发现广播媒介比电视媒介更能让孩子们给出许多原创性的结尾，因为广播比电视更能激发孩子们的想象力。[①] 这里涉及知觉负载的理论，该理论认为，受众在当前任务知觉负载所承受的极限决定了选择性注意过程中的资源分配。假设当前的媒介信息太大，而受众资源不够，多余的信息就会自动溢出。在互联网信息的海洋里，全民焦虑，是这时代的必然，因为，多

---

① 参见［美］Richard Jackson Harris《媒介心理学》，相德宝译，中国轻工业出版社 2007 年版，第 25 页。

余的信息会成为干扰刺激，从而产生干扰效应。如果能拓展知觉负载能力，那么个体将对媒介具有更多的选择。①

首先，信息溢出。若个体能量是有限的，只要受众在进行信息选择时，所消耗的资源不超过可利用的资源，就可以同时接收更多的信息，或者从事两种或多种活动。以互联网为代表的媒介，信息呈几何级数增长，浏览网页、在线交流、微博等工具容易诱发"信息焦虑症"②。铺天盖地的广告，让我们产生不满足的感觉，从而影响到我们的幸福。传媒与广告的共谋改变了读者的心理结构。广告会诱发我们的消费欲望，但同时又无法满足我们当前的需求，导致我们内心情感超载。《道德经》中所说的"少则得，多则惑"，说的就是信息量的增加不仅不会提高我们的幸福感，反而使我们更加迷惑。电视、报纸、网络上各种广告无所不在，造成了视觉信息的繁多和杂乱，并且已远超出了受众感官的承受能力。为此，我们生活在这种环境下感受到空前的焦虑与迷惘，经常采用的认知加工策略是整合或抛弃相关信息，以此形成认知"格式塔"。因为人的知觉从根本上是需要一个完美的形式的，这样有结构的刺激信息能更好地满足我们的心理需求，使我们不会感到迷乱。③

其次，负性情绪超载。快乐是一种内心的资源，人们却偏向关注那些负面的、痛苦的消息。一些媒介为了抓住受众的目光，喜欢突出一些真实但令人感到不愉快的新闻事件，甚至会对各种细节进行过分渲染，借以"感动"观众和"打动"读者。不幸福其实不是我们缺乏快乐的能力，而是我们接受了太多负面的情绪。与其渲染人间的苦难，传播痛苦的事情，不如发现正面的、积极的人生意义，让人内心多一分温暖和希望。

---

① 参见魏萍等《从知觉负载理论来理解选择性注意》，《心理科学进展》2005年第4期，第413—420页。

② 参见李存《微博文学的定义、发展、类型及特征》，《贵州社会科学》2010年第10期，第65—72页。

③ 参见张磊参见《"少则得，多则惑"——谈广告视觉传播效率提升与完形原理》，《剑南文学（经典教苑）》2011年第4期，第56页。

第三节　媒介幸福感的促进策略

媒介通过什么样的途径让我们变得更加幸福，又是如何让我们变得焦虑？ Sirgy Metal 等研究者发现，电视节目和广告所传递的富裕和舒适的生活情景，会让受众高估现在社会的生活状态，从而使他们对自己生活的满意度降低而产生不幸福感。[①] 通过媒介来促进幸福感的研究对原有的认知理论以及相关理论模型提出了挑战，为媒介学理论运用于心理健康水平的提高提供了实证支持，也为促进幸福感开辟了新的方向。

一　媒介学视野的具体促进措施

媒介应通过各种具体措施，传递一种理念，营造积极健康的生活方式，传达一种快乐幸福的生活状态，使受众通过媒介获得幸福体验才是媒介以人为本的基本要义。

（一）媒介发挥焦虑缓冲器的作用

临床心理学家发现，媒介具有焦虑缓冲器效应，这是一种安慰剂作用。安慰剂效应是指由象征性意义而不是特定的药物学或生理学特性引起的心理、生理变化。[②] 让一些有焦虑、恐惧的神经症人格的观众观看电影，通过情景诱发情绪或释放情绪，能达到很好的心理疗愈的效果。如让生活

---

① 参见 Sirgy Metal (1998)，"Does Television Viewership Play a Role in the Perception of Quality of Life"，*Journal of Advertising*，27（1）：pp. 125 – 142。

② 参见张文彩、袁立壮、陆运青等《安慰剂效应研究实验设计的历史和发展》，《心理科学进展》2011 年第 8 期，第 1115—1125 页。

困顿的人们观看喜剧电影，以此来激发他们对成功与幸福的联想。张爱宁认为，在美国经济大萧条时期，失业人员大幅增加，许多工厂纷纷倒闭，但美国的各大电影院的观影人数反而增加，有人认为电影具有情绪宣泄作用，也有人认为电影会诱发观众的情绪。[①] 我们的生活经验也证实了这一点，焦虑过后，我们会有一种解脱的快慰，就如伸一个懒腰，经过长长的呼吸，内心会溢满一种绵延不断的舒畅与惬意。

通过以上分析及相关领域的实验证明，媒介对焦虑具有一定的安慰剂效应，这是客观存在的心理生物学现象。[②] 为此，媒介不仅带给我们感官的刺激与享受，更应以情绪缓冲器的方式带给我们幸福。以《欢喜冤家》栏目为例，该栏目通过呈现普通夫妻幸福婚姻生活，让观众明白家庭生活中有欢乐，也会有悲伤的真相。这些日常生活事件与我们每个人都有关系，尽管来到节目的夫妻是幸福的，但也经常会有争执，这并不妨碍家庭幸福的营造。节目中时常出现的小争执、小摩擦，也是夫妻角色边界不断消融的过程。几位明星嘉宾和一些普通夫妻分别从不同的角度进行幽默、睿智的点评，让观众看到解决问题的多种可能性，从而使观众能够享受幸福美满的婚姻生活，也能够容忍生活中偶尔出现的痛苦与悲伤。

美国心理学家 B. 勒温提出"场域"的概念，认为个体都不可避免受到社会"场域"的影响，而这个所谓的"场域"就是由社会成员及媒介共同营造的社会空间。[③] 受众对媒介环境所营造的"场域"具有依赖性，若媒介所营造的"场域"能作为个体心理和行为的参照，个体能从中找到归属感和认同感，就会感觉被接纳，这是个体适应社会极为重要的身份认同。若受众的心理感知与媒介所营造的"场域"相矛盾，这会导致认同困

---

① 参见张爱宁《观影疗心——电影在心理咨询与治疗中的应用》，博士学位论文，华东师范大学，2008 年，第 48 页。

② 参见 Zubieta, J. K. & Stohler, C. S. (2009)，"Neurobiological Mechanisms of Placebo Responses", Annals of the New York Academy of Sciences, 1156 (3), pp. 198 – 210。

③ 参见 [美] 皮亚杰《儿童心理学》，吴福元译，商务印书馆 1980 年版，第 87 页。

感与身份焦虑，甚至会产生一系列的社会问题。从这个意义上来说，媒介应发挥焦虑缓冲器的作用以促进受众的幸福感。

（二）媒介应为受众提供社会支持

许多研究者认为，社交网络为人们提供了交友平台，提供了信息分享的渠道，这种情感分享及信息互动将有助于受众塑造积极心态。如 Facebook 的使用，与大学生的社会适应性及积极的情绪体验存在着正相关的关系。[①] 但是，社交网络作为一个虚拟的平台，它的使用与主观幸福感的关系到底如何，目前仍没有统一的结论。Jinliang Wang, H. W. 认为存在置换假设和增益假设。[②] 置换假设认为网络交往使受众的幸福感降低，因为受众将较多的时间用于网络中而忽视了现实中的人际交往，从而降低了幸福感。增益假设则认为，网络是一种新型的交往渠道，可以突破时空的限制，弥补现实中面对面交流的不足，使人际交往得到进一步的拓展。[③] 本书认为，网络只是一种工具，如何使用网络将会影响受众的幸福感。网络具有一定的隐匿性，在网络中可以不暴露自己的真实身份，因此使用者就能无所顾忌地表达自己真实的感受，甚至在现实中得不到的可以通过网络达到一种补偿作用。在这个虚拟的世界里，受众彼此可以引发共鸣，得到情感支持。[④]

心理学认为，人是关系的高等动物，只有在与人互动中才能确定自

[①] 参见 Maria Kalpidou, Dan Costin and Jessica Morris (2011), "The Relationship Between Facebook and the Well – being of Undergraduate College Students", *Cyberpsychology, Behavior, and Social Networking*, 14 (4), pp. 183 – 189。

[②] 参见 Jinliang Wang, H. W. (2011), "The Predictive Effects of Online Communication on Well – Being among Chinese Adolescents", *Psychology*, 2 (4), pp. 359 – 362。

[③] 参见 Katz, J. E. & Rice, R. E. (2002), "Syntopia: Access, Civic Involvement, and Social Interaction on the Net", In C., Haythornthwaite and B., Wellman (Ed.), *The Internet in Everyday Life*, Malden, M. A.: Blackwell, pp. 114 – 115。

[④] 参见梁栋青《大学生网络社会支持与主观幸福感的相关研究》，《中国健康心理学杂志》2011 年第 19 卷第 8 期，第 1013—1015 页。

己。但现在许多人在现实生活中不太与人交往，而网络则为人们探索自我提供了一条重要途径，网络中的虚拟的人际关系为人们寻求替代性的社会支持提供了一条道路。比如，在现实中不愿交往的人，可以在网络中自由地表达，体现出人际交往的自主性，并且在网络中可以按照一定社会规范来管理自我，这样就提升了我们的社会认知和信息沟通技能。

媒介的社会支持作用可通过正向的情感诱导来实现。以幸福定位的江苏卫视于 2010 年 9 月 24 日推出一档幸福夫妻博弈挑战秀节目《老公看你的》，每期选择四对夫妻，通过脑力和体力比拼决胜出最后的强者，其核心看点是两性之间平常而又稀奇古怪的纷争，以夫妻间的小矛盾衬托人生大幸福，使观众在观看节目的过程中，体味爱情的美好及家庭的幸福和谐。媒介通过晒恩爱、秀幸福，诱引我们获得幸福的心理体验。

随着中国的现代化进程的加快，信息化、城市化的不断推进，人们心理问题也比任何时代更加突出，许多事业成功人士并没有感受到幸福，甚至得了微笑型抑郁症。更有甚者，如富士康连跳事件、校园弑童案，一个个案例，都反映出我们的时代充满了焦虑和痛苦。相关的媒介应广泛宣传心理健康的知识，传播心理调适的技巧，运用多种方式方法，在媒介宣传方向既要顶天又要立地，围绕人文关怀、服务受众的总体大局，上下联动，形成有广泛社会影响力的态势，以此铸造媒介幸福感。

在 2009 年冻雨的时候，在街头随处可见绿丝带，这些绿丝带是志愿者行为的典型代表。小小的绿丝带会带给大家信心，能给灾区的人们带来温暖的感觉，使他们感受到"一方有难，八方支援"，满足了灾民内心的安全需求和归属需求，这是一种强大的社会性支持。

（三）媒介应及时提供相应信息

媒介是我们获取信息的重要来源。为此，媒介应找准受众定位，强化媒介内容的精准性，培育特色栏目，重视人文关怀，增强受众对媒介持久的支撑保障。

受众在特殊时期，尤其是安全感受到威胁时，对信息的需求尤其迫切。媒介所提供的信息支持，可让受众在第一时间获取全面、准确的信息而不至于引发恐慌情绪。犹如个体在黑暗的房间里，不清楚到底会发生什么状况，就会担心害怕；如在光线明亮的房间里，就会感到更加安全。在汶川地震灾难发生后，灾民关注眼前，更关心未来，灾难还会持续多长时间？相应的物资够不够？若媒介不及时地告知其全面准确的信息，将会使公众产生疑惑。公众的疑惑感容易诱发小道消息，并导致焦虑、抑郁情绪急升。① 因此，相关部门要及时召开新闻发布会，新华社、中央电视台等权威媒体要向大众发布精确、清晰的信息。及时告之最新信息是消除疑惑稳定公众情绪的重要方法。对于普通受众来说，最为可靠的途径就是关注权威机构发布的消息，以保护自己的认知判断不被侵扰，使自己保持一个良好的心态以应对现实的困境。

二　受众视野的具体促进措施

（一）通过拓展受众认知以促进幸福感

20 世纪 60 年代，社会心理学家班杜拉从刺激—反应行为主义心理学发展出社会认知理论，该理论认为媒介中的角色成为人们观察学习、模仿的榜样。从媒介中观察学习有四个条件。首先，接触媒介是观察学习的前提条件；其次，人们必须能够对看到的东西编码成信息符号，并记住它，包括建构呈现和进行再次表现；再次，必须能够将这种形式理念转化成合

---

① 参见舒曼《从社会学视角看灾后创伤应激障碍的干预策略》，《江西社会科学》2009 年第 7 期，第 196—200 页。

适的行为；最后，通过内部或外部的强化（或奖赏）形成动机。① 认知是受众对客观事物的内部加工过程，是对感觉信息进行编码、接收、解码的心理过程，是一种信息传播和加工的心理过程。个体运用感觉器官把媒介信息摄入脑中，我们的认知系统对所摄入的信息进行过滤而决定其意义，因为我们的认知系统是主观的，所以媒介所呈现的客观信息经由头脑过滤后也是主观的。因此，认知世界是由大众媒介能发挥信息功能的客观因素和一个人原有的知识结构交互作用的结果。由此，拓展个体的认知系统，个体对世界的态度也就会发生相应的改变。也就是说无须改变外在客观的世界，只要改变一个人的认知系统，受众的心理体验便会发生改变。

拓展认知系统有以下几条具体途径：一是本人亲身的体验，如观看恐怖片后体验到害怕，从此不敢观看恐怖片，如若多让其看几遍，使其明白恐怖片里的情节不过是虚假的想象情景，其也就不那么害怕了。二是媒介的影响，如在第二次世界大战时期，德国军队有一个违反人道的实验：先给战犯观看用放血的方法处死犯人的影片，然后用布蒙住战犯的眼睛，用冰块在犯人手腕处轻划一下，并告诉犯人现在在抽他的血，并让犯人可以听到有滴血的声音，数小时后，那个犯人已经死去。反之，如果改变实验的顺序，先让犯人观看"用流水声来代替抽血"假设情景，犯人则会变得坚定自如。一个人经历了经验之后进行反省，会不断拓展自己的认知系统。三是应该创造新的认知系统。仔细想想，媒介信息带给我们的价值是非常多的，有正面的，有负面的，按照价值排序可分为正负及轻重缓急。创造新的认知系统就是创造媒介信息带给我们的价值，对贫困可建立"自古雄才多磨难"的认知，这样就会对艰难困苦有愉快的接纳。四是改变原有的认知系统。坚持无效的做法只能得到重复无效的结果，改变原有的认知系统，就是要改变原有的做法，如经常观看暴力影视使孩子有攻击倾

---

① 参见［美］Richard Jackson Harris《媒介心理学》，相德宝译，中国轻工业出版社 2007 年版，第 28 页。

向，改变做法，让孩子欣赏歌剧，培养孩子乐感，或许会使孩子对世界产生全新的认知。每个人的认知资源是有限的，若受众将所有的认知资源都投入某一种媒介中，也许会带来痛苦。如过于沉溺网络给人带来负面情绪，若合理地减少上网的时间，多花些精力与人交往，受众通过对认知系统进行调整，其所依存的精神生活也将发生改变。

（二）增强受众对媒介的认同以促进幸福感

"认同"是心理学上的核心概念之一，也是受众在媒介中自我定位的一种策略。首先，是情感的认同。受众通过媒介情境的关系决定认同对象，如影视里角色的好与坏，会引起观众的好恶。实际上，受众会对媒介信息产生相应的情绪反应，比如认同或拒绝过程，这时受众表现出来的是一种心理自居过程。"自居过程"不是一种观念或态度，而是在比较过程中通过认知加工策略构建自己身份的过程，一个认识到自己同影片中某个角色或情境有共同之处的过程。情感认同的过程是一系列的情感投射过程，包括移情、卷入、同化……也是受众对传统文化精神认同。

其次，认同是受众社会存在的一种方式。媒介中叙事策略与受众想象会构成共同体，受众之间会产生"同形同体"的心理感受。如一些网络社区，经常会在网络之外的现实生活中，组织志同道合的网友定期参加聚会活动，这种独特的群体文化及社交网络所提供的归属感，是媒介认同的一种现实社会存在方式。

再次，是一种集体想象与自我欲望的认同。媒介承载各种意义，诱使受众产生心理的欲望，进而诱使受众向想象世界认同。这种欲望的达成通常不仅是建立在受众意识的层面上，而且也是建立在其潜意识的层面上。现实生活中，一些潜意识的欲望很难在现实层面得到呈现，但在媒介叙事规则的包装与校正下，则能够被人们所接受。

三　文化视野的促进策略

（一）应构建和谐文化以促进幸福感

幸福感是主观的，受众在体验幸福时，不可避免地会带上文化的烙印。① 文化对媒介对个体幸福感关系的调节作用存在两种可能的模式：其一，媒介作为一种文化体验，不仅可以缓冲客观刺激对主观幸福体验的消极影响，还可起到韧性保护作用，这是一种类似雪中送炭的模式；其二，媒介同时可以加强积极事物对主观幸福体验的促进作用，这就是锦上添花模式。具有相似的文化和较强的心理认同感的民族容易合作，因为价值观接近，容易产生共鸣。个体在所处的媒介文化中若遭受不一致、带有差异性、排斥性的文化距离，会使受众在心理上体会到异文化压力感，从而在内心产生失衡及缺失性自卑感，表现为情感上抵制、行为上排斥，甚至造成孤独自卑与人格障碍。如新生代农民工从农村来到城市，对"乡巴佬""外地人"等媒介污名化现象极为敏感和厌恶。为此，媒介应考虑到这种文化差异，尽量创造一种和谐的文化氛围。

（二）应启动文化的提醒功能以提升幸福感

首先，应从媒介信息中获得基本的民意民情。在一个现实的社会里，只有政治上自由，人才能作为一个真正的人，去实现自己的价值。不言而喻，与传统媒体比，互联网拥有更加广泛的受众，这是一个不争的事实，网络为人们提供了更便捷的交流互动方式和更易转化出正能量行动的场

---

① 参见李儒林等《影响主观幸福感的相关因素理论》，《中国心理卫生杂志》2003 年第 17 卷第 11 期，第 783—785 页。

所。① 同时，网络还具有预警的作用，互联网上的信息犹如汽车仪表盘上的汽油警示灯，通过警示灯可以了解汽油量的多少，相似地，通过网络上的信息可以了解普通受众的心声。网络为人们提供了前所未有的媒介参与度。从这个意义上说，互联网因在这方面所具有的社会和政治潜力获得了较高的地位，它是独一无二的"民主化媒介"。

其次，从个体的感受来反映整体的幸福感受。有人说"媒介是人体的延伸""媒介是人体功能的拓展"，这无疑是对媒介的价值及地位极大的肯定。媒介原本为公共话语平台，在互联网发展以后，已延伸到了纯粹个人化的空间，这是对媒介高度社会化的个性化关注。而环境对人具有潜移默化的塑造作用，"近朱者赤，近墨者黑"，良好的环境对人的作用是巨大的，而媒介是环境中的一部分。因此，通过媒介营造良好的环境，对于培养公众良好的社会生活习惯，使公众形成健康科学的社会观、人生观和价值观具有重要的意义。

再次，通过媒介具体文化情境为受众的幸福感进行一种提醒。勤俭节约是中华民族的传统美德，2011 年河南卫视针对当前小富即安、挥霍浪费的现象推出的《钢镚大才神》节目受到大家的热烈追捧，这是一档新派智慧服务类节目，该节目与大家分享如何更好地掌握相关的资源，学会理财，同时又过上时尚的生活。中国的传统文化注重家庭的幸福与和谐，针对现在许多人们不健康的生活方式，中央电视台推出的生活服务类节目《家有妙招》以其平民化的视角，让每位受众都能从中获得新的体验，因为所有的选材都符合我们对健康生活的追求。受众看完节目后，相关的经验及感受可以移植到现实生活之中，从而使幸福感潜移默化地提高。

本书从受众视野出发，分析媒介对受众幸福感的具体促进路径。本书借助于心理学的理论，从媒介学出发，运用一般性的情绪共享理论、成本

---

① 参见王培志《网络媒体如何托起百姓的"中国梦"》，《中国记者》2013 年第 5 期，第16—18 页。

收益平衡理论、认知负载拓展理论，探讨媒介幸福感的具体促进策略，这有助于对媒介幸福感的认识，但我们仍然感到意犹未尽，因为研究应在实证的基础上进行调查，从数据中获得规律性认知，从中总结出媒介幸福感的具体促进路径。

传播学研究的根本任务就是要促进人类的幸福感。实践领域的传播学研究者对幸福感的积极探索将有利于我们更为全面深入地了解媒介对幸福感的促进的适应性及应用价值。传播学的研究更要把研究对象放到社会背景下，通过实践检验、考察并发现其一般性的规律。

第十章　回归与呼唤：媒介幸福感的干预策略 *

社会是由正常群体和各种处境不利群体共同组成的一个大系统。如果把和谐社会群体比做木桶，那么最短的那块木板是什么？毫无疑问应是社会中的弱势群体。因此，研究媒介幸福感就是要在社会大系统下，从人文关怀的立场，加强对弱势群体幸福感的研究，并提出改善他们不利境遇的方法和措施。①

当前，国内外媒介幸福感的干预研究多从外围进行，包括建立媒介信息公平，填平受众知识沟，确立媒介干预的相关影响因素等。促进弱势群体的幸福感仍是媒介学的重要任务。在社会转型期，我们也面临着很多挑战，例如，文化差异、相对剥夺感、媒介信息有效传播等对弱势群体幸福感问题的研究。

改善弱势群体的生活处境，提高受众的幸福感既是本书研究的终极目标，也是社会和谐的基本要求，更是指导相关领域的研究者进行持续深入探索的动力之所在。尽管目前为止，我们对媒介幸福感的研究还处于初级阶段，本书试图通过总结国内外媒介学及心理学近年来有关幸福

---

　　* 注：本章基于笔者发表在《江西社会科学》（CSSCI）2013 年第 8 期文章《弱势群体怨恨及媒介疏导研究》及《新闻爱好者》（北大核心）2013 年第 4 期《论生态学视角下对弱势群体恶性案件的报道》两文扩展而成。

　　① 参见林崇德《"心理和谐"是心理学研究中国化的催化剂》，《心理发展与教育》2007 年第 1 期，第 1—5 页。

感方面的研究的最新进展，以恶性媒件的报道为例，针对媒介幸福感的干预提出建议。

第一节　媒介干预因素分析

施拉姆认为大众传播应担负相应的社会责任，具体体现在媒体、政府与大众三种力量之间的和谐平衡。① 因此，政府的无序、媒介生态的失衡、受众幸福感的降低，政府、媒体和受众都要承担起各自的责任，只有从整体视野加以考察，才能更好地解决现实中的问题。在新媒体时代，传媒业面临重新洗牌、新格局的构建。在恶性案件发生后，公众对媒介有着前所未有的关注和依赖，这是众多媒体赢得受众的契机；媒介在报道上也呈现出更加多元化的态势。第一，满足型报道。从人性论观点来看，受众是趋乐避苦的，追求新鲜与刺激，追逐另类和娱乐。为此，许多媒体为赢得受众常以另类视角进行报道甚至不惜捕风捉影，对恶性事件以情景的再现方式进行详尽的描述，赚足了受众的眼球，也使一系列惨痛的事件具有了娱乐化、媚俗化、平庸化色彩，误导了受众，也失去了传媒本身的道德良知，使媒介生态学失去平衡。第二，控制型报道。与上相反地，媒介对社会危机信息进行掩盖或弱化，不仅受众知情权受到损害，而且会导致政府声音误读。从生态学角度来看，公众处于媒介消费的末端，他们希望知道身边发生了什么新闻，及时了解到自己所处的生存环境发生的事情，从而更好地认识环境。第三，偏见型报道。媒介在恶性事件的报道细节及报道

① 参见［英］施拉姆《大众传播生态学》，张国良编《20世纪传播学经典文本》，复旦大学出版社2003年版，第128页。

方式上站在客观、公正的对立面，引导受众产生社会错觉和偏见。引发媒介偏见的原因既有媒介逐利的本性，也有社会刻板印象的思维定式。

本书发现有四种理论可解释这种困境产生的缘由，它们分别是：需要威胁理论、知情冲突理论、社会影响理论、生态因子理论。其中，前三者是社会心理学研究的成果，后者是生态学在媒介学领域的最新研究成果。

一　需要威胁：冲突下的和谐

邵培仁认为，社会是一个有机的结构，个人、群体、媒介及其他社会系统具有相互依赖关系。这种关系表现在媒介影响个人及群体，个人及群体为了达到相应的目标，也会积极地对媒介发生关系。① 这就意味着，媒介与个人、群体彼此相互需要，一旦需要受阻或受到潜在的威胁，个体就会为保护自己免受伤害而采取相应的行动并对媒介产生影响。Williams 提出需要威胁理论，该理论指出反射刺激、反省以及退避三个阶段。② 恶性事件发生后，个体对负性刺激具有一种侦察机制，对相关事件进行积极关注，并随之对恶性事件发生的原因和影响因素进行评估并反省。媒介在有诸多不确定因素的情况下，容易产生错误知觉，并且很容易夸大这一类群体的破坏性，往往会采取较为偏激的言辞来描述。而事实上，并不是人们所想象的这一类群体都具有反社会性。因此，媒介会进行积极反省，在这种心态的驱使下，媒介会对此采取退避的态度，甚至也会对这些行凶者抱有同情，认为他们也是"脆弱群体的一员"。

---

① 参见邵培仁《论传播生态规律与媒介生存策略》，《新闻界》2001 年第 5 期；《新闻与传播》（人大复印资料）2002 年第 1 期。

② 参见 Williams, K. D. (2009), "Ostracism: A Temporal Need – threatmodel", *Advances in Experimental Social Psychology*, 41, pp. 275 –314.

二　知情冲突：自我身份迷失

知情冲突理论讨论影响媒介事件报道的究竟是人们对这些事件的看法还是社会情绪。这个问题我们追本溯源，向久远的哲学家们和伦理学家寻求答案，具有代表性的有休谟（David Hume）和康德（Immanuel Kant）。休谟认为，人生而有道，情感是自然发生的，简言之，情感会影响人类行为。[①] 康德则认为，影响人类行为的首要因素是理性判断，这是人区别其他低等动物的重要标志，理性判断经过严谨推理形成判断决策，最终影响人类的行为。[②] 这两个看似截然相反的观点，对后人研究情绪和认知如何影响人类的行为产生重大影响。

具体来说，道德直觉是一种行为的潜在动机，恶性案件发生后，如校园凶杀案后，人们对行凶者残杀幼童有一种本能的愤怒，并汇聚成社会情绪，这是一种人心所向。为此，许多媒体为迎合社会期望，常以大篇幅报道恶性案件新闻，通过详尽的描述、情景的再现还原案件的基本过程。格林（Greene，2007）沿袭康德的观点并对此展开批评，情绪在行为中的确有巨大作用，但人是有思维的高级动物，因此行为不只依赖情绪。作为社会公器的媒介，更应该审慎地思考，深刻反思这一行为背后的动因。

三　社会认同：促进和谐氛围

社会认同理论认为，个体为维护自己正面的良好的形象，常自觉不自觉地按照相应社会标准进行归类。当个体行为与社会伦理表现不一致时，会产生社会焦虑感，并采取策略来降低这种焦虑威胁。从心理生态平衡的

---

① 参见 Sam Rayner（2005），"Hume's Moral Philosophy"，*Macalester Journal of Philosophy*，14（1），pp. 6 – 21。

② 参见 Johnson, R.（2008），"Kant's Moral Philosophy"，In EN Zalta, S. Abramsky（Ed.），*The Stanford Encyclopedia of Philosophy*，Metaphysics Research Lab 2010。

视野来看，个体都有保持自己原有的认知倾向，当他们所处的环境带给他们与自己不一样的认知，个体要么修改事实，要么改变自己，与环境保持一致，这是一种动态平衡。根据这一理论，个体可能会对恶性事件的信息视而不见或夸大曲解，使其能够与自己原有信息保持一致。[①] 与此同时，在恶性案件发生后，人们同时表现出两种不同的心理力量，一是社会焦虑产生的力量，二是增强社会责任的力量。尽管社会焦虑是一种负性情绪，但也可能导致积极的社会结果。恶性案件发生后，媒介通过问责行凶者的恶行展现了正面的力量，以获得社会认同，体现社会责任。然而，社会焦虑也可能引发极端的情绪和行为，这显然和社会责任相悖。

四　生态因子：整合差异视野

所谓媒介生态因子理论，是指在一定的时间和空间内人、媒介、社会、自然四者之间通过物质交换、能量流动和信息交流的相互作用、相互依存而构成一个动态平衡的统一整体。[②] 媒介生态系统是一个各因子相互影响的生机勃勃的整体生命系统，媒介在其中起着物质交换、能量流动和充当信息交流的枢纽的作用，媒介需要对各影响因子进行评估和监测，最终避重就轻取得相应平衡。因此，媒介生态系统是开放的、动态的、平衡的预警系统。本书将媒介生态因子分为外因子和内因子，外因子生态环境包括政治、经济及文化生态；内因子生态立足媒介自身传播内容、传播结构、传播形态等问题。外因子生态为媒介提供了生存的土壤及广泛的信息资源，媒介应有倡导人文关怀的价值导向的社会责任意识。而媒介本身具有内在的商业化趋利性倾向，在激烈的市场竞争中保持内部及外部的生态

[①]　参见罗伯特·杰维斯《国际政治中的知觉及错误知觉》，秦亚青译，世界知识出版社2003年版，第27页。

[②]　参见邵培仁《论媒介生态系统的构成、规划与管理》，《浙江师范大学学报》（哲学社会科学版）2008年第2期，第1—9页。

的平衡与协调，既能推动社会走向文明和谐，又能促使整体效益与社会生态效益共赢共进。

第二节　媒介干预的原则

一　及时应对原则

首先是要及时。互联网具有超强的互动性，互联网上的一条新闻，如经过微博、微信的转发，会产生极大的影响，类似于引发互联网上的"蝴蝶效应"。在现实生活中，一些弱势群体的期望落空或权益诉求无法通过现实的途径予以表达，就容易转向虚拟的网络，引发的关注中既有不明真相的"围观"与喧嚣，亦有借此表达的愤怒、嘲讽与无奈，怨恨由此产生。怨恨作为一种情绪状态，是延续一段时间的心境，而且怨恨会交叉感染，这是一种情绪共同体。如若发生重大突发事件后，尤其是弱势群体的利益受损的公共事件，相关部门人为地设置信息传播障碍，将可能产生难以预料的后果。为此，应建立健全重大危机事件的快速反应及舆情反馈机制。在四川汶川特大地震抗震救灾中，新闻工作者提交了一份满意的答卷，许多媒体及时、准确报道了灾区及救援情况，四川电视台、中央电视台进行了 24 小时不间断的直播，对社会动员发挥了极为重要的作用。

其次是要准确客观。社会转型期社会各种矛盾更加趋于集中，许多遭受挫折的受众，因挫折及生存性焦虑长期潜抑于心，任何激惹都会使其产生攻击或敌意的行为反应，极有可能会因为一个小事件而引爆出群体性事件。因此，相关媒介要特别重视把握准确客观的原则，既要客观反映事实的真相，同时要切实维护社会稳定的关系，切忌在一些突发事件或敏感事件中，以偏概全，以片言只语推断整体。这无异于火上浇油，会进一步激化社会矛盾。"江苏丹阳爆炸西瓜""避孕药黄瓜""催熟香蕉"等公共事件，曾掀起一次次食品安全风波，引起社会广泛关注，引发公众的担忧。

二　动量缓冲原则

动量缓冲实质上是借用了物理学的概念。运动物体具有一定的惯性，如果在一定的时间及空间不给予适当的缓冲，消除多余的能量，运动着的物体将会产生自伤或伤及碰撞物的后果。媒介事件的发展如果不加以干预，将会保持一定的惯性，继续向前发展，甚至会导致不可预见的后果。

首先，要培养信息的过滤机制。媒体为我们提供的过多的信息让我们感觉特别无助，让我们越来越焦虑和恐惧。网络上大量的信息往往让我们窒息，我们被信息所冲击，我们所拥有的信息不是正常人可以接受的。我们不知道该怎样来面对这种信息潮，因为不了解我们需要了解的知识而恐惧，因为不能抓住我们需要的信息而恐惧。我们往往对信息产生了焦虑。[①]互联网的发展使得各类信息飞速增加，广告信息也铺天盖地，信息泛滥的后果是信息超过个人或系统能力所能接受的范围，给受众造成巨大的心理压力而使受众产生各种各样的信息疾病。[②] Annie Lang 认为受众在处理媒介信息时存在一个有限容量模式，即人们信息处理的能力是有限的。速度过快和过多的刺激性内容会增加受众的认知负担。[③]

其次，要用多元化的视野来构建问题。在互联网时代，信息多元化，这给受众营造了一个宽松的环境，可让受众从中受到启发，得到心理上的缓冲。为此，媒介报道要注意政府、公众、专家等多种要素，且各要素之

---

① 参见［美］特里·K. 迈克尔·甘布尔《有效传播》，熊婷婷译，清华大学出版社 2005 年版，第 452 页。

② 参见邵培仁《传播学》，高等教育出版社 2000 年版，第 114—116 页。

③ 参见［美］Richard Jackson Harris《媒介心理学》，相德宝译，中国轻工业出版社 2007 年版，第 38 页。

间是相互联系、相互作用、相互依赖的一个完整的系统。大众媒介营造了解决问题的多元选择，对于促进社会和谐起着非常重要的作用。个体的精神困境犹如现实困境。如平常所走的道路上有障碍物，则产生道路障碍，如果还有更多的选择，就不会被困住，精神上的困扰与现实类似，如果媒介能给受众多元化的信息，受众就能很好地选择所需的资源来解决问题。恶性案件的显著性、震撼性、接近性和重要性等多重新闻价值，是促使媒介工作人员争先报道这一事件的直接原因。但仔细看这些媒体的报道，却发现这些新闻大同小异，主要还是从新闻的五要素的角度简单地陈述事件，各大媒体互相转载、引用，造成媒体的轰动效应。并且传统媒体和网络媒体联动，这种联动必然形成集中效应和放大效应。在新闻报道竞争日益激烈的今天，作为媒体不仅要及时、准确地把握具有新闻价值的事实，并且以最快的速度传播给受众，而且要避免报道雷同化，力求做到"人无我有，人有我新，人新我变"，充分显示自己的个性。

再次是缓冲化。这种缓冲是媒介根据受众的心理阈限所能承受的程度为其提供相应信息。如在现实生活中，告诉对方一个不幸的消息，采用循序渐进的方式容易被对方所接受。传播活动中因传播方法生硬或进行强行灌输容易引起受众的反感。媒介信息传播对受众有一种培养过程，没有道德约束的虚拟网络媒介给受众带来较大的负面影响。另一个相反的情况是，媒介以公平正义的名义，过度渲染社会存在的丑恶现象，也会无形中对受众的消极情绪有一种培养过程。[1] 为此，媒介在报道的导向上应以积极向上的态度不断引导恶性事件向良性健康的方向发展；在价值引导上要注意保持不断缓冲，切记要顾及受众的心理惯性，不可贸然进行主观判断。在以往的案例中，曾有一些媒介以头版显著位置以大篇幅、图片报道恶性案件，吸引了公众眼球，也造成洛阳纸贵之势，貌似有力推动了媒介

---

[1] 参见袁爱清《弱势群体怨恨及媒介疏导策略研究》，《江西社会科学》2013 年第 8 期，第218—222 页。

的发展，但对于媒介新闻的普适性和持续性是一种隐性的伤害，从整体效益及生态平衡上来说，无助于和谐社会人文关怀理念的构建。

三　最小伤害原则

作为媒介，不仅要关注事件的本身，更应该关注一些深层次的原因。找出产生这一问题的各种环境因素。当然，这里主要指的还是社会环境，贫富悬殊、社会保障体制的缺陷、权利诉求自由表达的不畅等是问题的根源。同时还应该关注受众的心理，因为有些底层的弱势个体可能具有人格障碍，性格偏执或近于偏执，他们因为一时不能化解心中的矛盾，便产生报复社会的邪念。所以，要从根本上改变这一现象，除了政府进行宏观调控外，媒介注意这些方面的报道。媒介应遵循最小伤害原则，可以开辟心理专栏和专版来让心理失衡者倾诉，由专业的心理咨询师加以引导解惑，让同样受到伤害的人在心理上得到慰藉。引导负性情绪的释放，还应该提供相关的信息教会受众如何去释放情绪，以及时宣泄累积的不满情绪，保证心理的健康，促进社会的稳定。

遵循最小伤害原则，还要注意以防范为主体。例如，在台湾，当小孩受到安全威胁时，他们可以到路边贴有爱心标志的商店求救，或者向对孩子安全隐患高度关注的妈妈志工团求助。媒体可以对类似这样的信息给予一定的关注。也可以通过采访相关的安全专家，提醒政府和教育机构做好防范措施。报道司法机关的处理策略，给潜在的犯罪分子以强烈的震撼。

四　整体平衡原则

"高者抑之，下者举之，有余者损之，不足者与之"，古代孔子提出的"中庸"体现的就是不可过和不可不及的状态。当然，和谐平衡是相对的，不和谐平衡是绝对的。社会需要和谐平衡，家庭也需要和谐平衡，人体也需要和谐平衡，一切事物都需要和谐平衡。

首先，要有人文关怀。大众传媒在报道恶性案件时要有所节制，不应该对犯罪分子的作案过程及现场惨状进行过度渲染，同时要注意对受害者的隐私予以保护。恶性案件的报道是把双刃剑，对作案动机、作案手段等的报道不宜过于细化。

其次，适度调控。适度调控包括在内容和形式上对恶性案件冷处理，使其始终沿着平衡和谐、良性循环的轨道前进。培养理论认为，媒介对大众价值观的构建有一个潜移默化的影响。媒介谴责犯罪嫌疑人这种行为的不道德、非人性，让大家认识到这些是反社会、令人不齿的行为，而且必将受到法律严惩，可对那些有心效仿的人起到震慑作用。在形式上也应低调处理，如不要采用大字号、大标题，不要将报道排在报纸的醒目位置上。

再次，应遵循真相原则。媒体报道应在把握真相的基础上探究此类事件背后的原因，提供全面深入的事实。并且媒体在报道这些事件时要有鲜明的立场，不能含糊其辞或者混淆是非，须营造一种同仇敌忾的气氛，在具体的报道中拒绝出现任何为犯罪分子开脱的语言。《中国青年报》记者刘杨总结他的报道经验时提出：在转型时期，面对弱势群体权益受到侵害的事件，我们既要尊重事实及时报道，同时要注意报道要有利于问题的解决，促进社会的稳定和发展。

第三节　建立媒介干预策略

一　针对媒介内容的干预

（一）正能量的传播

德国学者 Neumann 在 1974 年提出了"沉默螺旋"理论。本书借用"沉默螺旋"喻指若媒介进行大量积极正能量的传播，而负面消极的信息自然就会减弱。如此一来，就形成了正能量汇集效应，形成"强者越强，弱者越弱"的良性循环态势。媒介本身也具有自身的权威性和传播力。江苏卫视最初以情感为定位，逐步增加"幸福"栏目，最后的战略定位发展为"情感世界，幸福中国"，让受众备感温暖，也体现出江苏卫视高远的视野。

（二）设立问题的解决路径

首先，应在相应的媒介上呈现一般性问题的解决路径。媒介功能的延伸就是要把媒介聚焦于普通受众的家长里短的困惑，通过问题的呈现及矛盾的解决，使公众普通的诉求得到直接的解决。[①] 如《江南都市报》所设立的"市民热线"栏目，用一根电话线架起普通市民与政府的沟通桥梁，赢得了受众尤其是弱势受众的普遍赞誉，因此连续多年被评为"中国新闻名专栏"。

其次，媒介应为解决问题提供思路。弱势群体在现实中有可能被堵住了宣泄通道，而媒体却能给他们想要的东西，因此给了他们找到出路的希望。[②] 近年来，一些互动求助类的电视节目引起人们的关注，这些节目通过公共化媒介平台，呈现纯粹私人化的心理困惑问题，这是对于媒介功能的一种新的延伸，关怀被物质化所淹没下孤独精神与灵魂，让受众从中得到启发，受到鼓舞。此外，手机、网络电视等新的传播媒体，正逐渐走向大众，走进社区，服务家庭，媒介对人类幸福感的构建正发挥着越来越重要的作用。

再次，媒介应提供安全自由、充满人文关怀的心理环境。人本主义有一个基本假设，个体犹如一粒种子，只要能给予其最温暖的关怀、最为合适的

[①] 参见郝雨《公共领域展开的私己空间——从纯个人问题求助类电视节目看"媒介功能的延伸"》，《上海大学学报》（社会科学版）2008 年第 1 期，第 26—31 页。
[②] 参见刘辉《情感类电视节目的社会学解析》，《现代传播》2011 年第 9 期，第 79 页。

环境，其就会生根发芽，开花结果。所以，媒介要具有人文关怀，关心弱势群体利益诉求和生活境况，为他们的不平遭遇喊与呼，与他们一起在这种相互尊重、彼此信任的心理环境中，体验生活的乐趣，体现生存价值。

（三）媒介救济

我们比任何时候更渴望安全感，因为这个多元化的时代令我们缺乏安全感；我们同时从来没有停止寻找幸福的脚步，在这个物质相对丰溢的时代，人们比任何时代更关注内心的需要，关注内心的情感。那么，从媒介救济的视野，如何帮助人们获得幸福感体验？

首先，要关注弱势群体，对其进行心理援助，以形成示范效应。在全球化的信息传播系统中，任何一个微小的初始信息，通过报纸、广播、电视、网络等媒介系统，迅速膨胀并不断聚集能量，最终都可能引发很大的改变。[①] 关注弱势群体，就是要走进他们孤立无援、心无所依的心理世界，为他们搭建一座与社会沟通的桥梁。江苏卫视的《超级调解》栏目就是让当事人来到这个栏目，平心静气地道出事情原委，充分表达自己的观点，而媒介则充当中间人的角色，专家及主持人悉心调解，使矛盾双方冰释前嫌，化解矛盾，得到心灵的慰藉。媒介要加强心理疏导相关知识的宣传和普及，广泛传播心理调适的技巧。一旦弱势群体掌握了相应的心理健康知识，遇到重大问题时就可自行调节排解，从而不断优化心理品质，提高心理健康水平，及时预防怨恨、心理扭曲。媒介应与其他机构密切合作，建立心理危机干预机制。弱势群体缺乏相应的资源及情感支持系统，所以具有脆弱的特质，并且容易在诱因下产生病态的心理及行为。媒介建立心理危机干预机制，就是设立教育、宣传、服务及救助多维一体的模式，建立相应的服务平台，及时有效地为弱势群体提供相应的援助，防止其自杀或攻击他人与社会

---

① 参见刘京林、牛新权、石慧敏《心理效应的内涵及其在传播活动中的应用》，《浙江传媒学院学报》2009 年第 2 期，第 3 页。

的问题行为的产生。

其次，进行新闻救济，以媒介报道、互联网宣传为手段保障弱势群体的基本权益。① 普赖斯（1988）认为大众传播媒介在新闻救济时，一方面通过营造良好的社会环境及社会舆论起到一种社会支持作用，另一方面起到一个桥梁的作用，即协调沟通的作用。② 例如，帮农民工讨薪、新闻助学等都是一种新闻救济行动。

再次，要构建良性的社会符号。大众传媒作为社会符号最重要的生产、传播和赋予者，符号救济是给予相应的群体以积极信息标签，改变其符号资本的赤贫状态和符号权力的缺失现象。③ 如，称农民工为"乡下人"，就是一种符号障碍，将农民工称为"城市建设者"则是一种符号救济。

二　针对媒介形式进行干预

（一）设立个性化专题

在社会转型期，阶层间隔的加剧，贫富差距的加大，使得社会群体发生分化，这是不争的事实。一些弱势群体因为外界不正常的关注加固了弱势印记及地位，许多人经常自称"草根阶层"或"弱势群体"。电视情感节目的当事人，几乎都是被飞速前行的社会抛出既有轨道的"原子化"（atomization）④ 的社会人，经济、社会地位的低下共同阻止了他们通过其

---

① 参见朱至刚《论新闻救济》，《当代传播》2009 年第 4 期，第 46 页。

② 参见［美］沃纳·赛弗林、小詹姆斯·坦卡德《传播理论：起源、方法与应用》，郭镇之等译，华夏出版社 2000 年版，第 220 页。

③ 参见袁靖华《大众传媒的符号救济与新生代农民工的城市融入——基于符号资本的视角》，《新闻与传播研究》2011 年第 1 期，第 60—69 页。

④ ［美］克恩豪塞（William Kornhauser）在《大众社会的政治学》一书中，弗里德里希（CarlJ, Friedrich）在《极权主义社会的独特特征》一文中，均对"原子化"的问题进行了比较详细的解释。在他们看来，这种社会的一个突出的特征就是，个人之间的联系是很少的，而这些个人之间的联系也主要是通过与一个共同的权威的联系才得以建立，而不是个体之间直接发生联系，不是生活在一个互相依赖的群体之中。

他路径获得情感平衡与满足。弱势群体本来就较为自卑，一旦在现实生活中碰壁，很难寻找到出路。而媒介能满足他们的诉求，让他们在这里得到他们所要的信息，从而看到出路与希望。①

应根据媒介议程设置理论，设立相关的议题供弱势群体进行选择性使用。媒介不仅是社会价值观的反映，还是导致这些价值观发生变化的一种催化剂。一部优秀的娱乐教育节目可以提高受众的自我效能（self‑efficacy），即相信自己具有控制生活中重大意义事件的能力（Bandura，1997），从而促进受众的亲社会的行为。②

（二）进行换位思考

首先，要设身处地地关心弱势群体，为他们的切实利益进行鼓与呼。社会底层人群中产生的社会动荡是由一种相对剥夺感激发的，即个体在应该拥有的和所拥有的之间产生的不平衡感。沃克和帕蒂格路（Walker & Pettigrew，1984）认为当个人现实所得和愿望之间存在一个巨大的鸿沟时，个体会产生要通过自己的努力为自身寻求改变的动力。而当剥夺被认为是一种集体命运（而非个人原因）时，则集体骚扰和社会动荡更有可能发生。③

其次，在媒介内容上要视角下移。仅报道和谐幸福的欢乐场面是不够的，媒介既要关注社会精英，又要关注普通群体，尊重他们的内心感受。媒介对社会精英的报道也不应把他们描述成不食人间烟火的圣人，而是要让大众感到，他们也是有七情六欲的普通人，使得普通公众产生幸福与成功的联想。媒介应怀着深厚的感情、学习的态度，着眼群众需要，以群众

① 参见刘辉《情感类电视节目的社会学解析》，《现代传播》2011年第9期，第79页。
② 参见［美］Richard Jackson Harris《媒介心理学》，相德宝译，中国轻工业出版社2007年版，第329页。
③ 参见 M. 艾森克主编《心理学———一条整合的途径》，阎巩固译，张厚粲校，华东师范大学出版社2000年版，第635页。

喜欢的方式深入基层，深入一线，以饱满的热情、务实的作风，走进群众，写百姓故事，为人民放歌①。

三　针对媒介接触进行干预

（一）通过媒介接触进行情绪宣泄与行为塑造

班杜拉通过让小孩子观看电影的方式探讨媒介对孩子学习的影响，以及模仿在学习中如何起作用。他让两组孩子观看不同类型的电影：一组孩子观看的是成年人粗暴地对待孩子们喜欢的充气玩偶波波，那个成年人粗暴地打波波甚至坐在波波的上面；另一组孩子观看不同的情景，那位成人极为温柔地对待波波，和波波友好相处。两组孩子分别看过电影后，让孩子们有机会接触电影里的玩偶波波，前面那组孩子表现出更多的攻击性行为。② 实验表明媒介对孩子的行为具有行为塑造的作用。

按照弗洛伊德的心理分析理论，"本我"与"超我"始终处于相互冲突之中。个体发展的层次越高，超我的力量越强大。本能欲望就更多地被压抑，人格在不断趋向完美，接近"超我"。但心理学认为，一个人在现实生活中表现得越完美，阴影部分就越大，正如阳光越强烈，阴影就越大。媒介越是用夸张的信息表达幸福，往往就越压抑了弱势群体正常的情感欲望。其实，每个人都有七情六欲，负面的情绪也是人类基本的感觉成分，这些都属于接近本能欲望的低层次情绪，经相关媒介信息的激发后，个体反而会获得与众不同的心灵体验。比如生活富足的人看一部悲情片，在掬一把泪水中获得愉悦感，而这种方式是社会法律和道德规范所允许

---

① 参见刘云山 2011 年 1 月 26 日在"迎新春，走基层，送欢乐，下基层"座谈会上的讲话（节选）。

② 参见 M. 艾森克主编《心理学——一条整合的途径》，阎巩固译，张厚粲校，华东师范大学出版社 2000 年版，第 721 页。

的。每个人都有宣泄内心压力、调整精神状态、缓解内心矛盾的内在需要。许多人喜欢讲述爱恨情仇的影视作品，其实它们都是人性本能中的欲望、攻击性本能欲求向较高层次移置后的替代对象。受众在现实生活中，体验到诸多的焦虑与迷惘，这就迫切需要媒介通过各种途径为人们解除心灵的困扰。[①]

（二）谨防媒介的过度使用

网络时代是一个意象富有争议的时代，它的美好前景和病态后果总是众说纷纭。使用与满足理论认为受众对大众传播媒介的使用是有目标导向的行为，他们往往将"需要的满足与媒介的选择联系在一起"[②]。

互联网对受众是低门槛甚至是无条件的，个体不需要付出特别代价就可以得到想要的信息等，这无形之中会助长受众对媒介的依赖。在传统媒介时代，这种依赖关系主要表现为信息依赖，还有娱乐依赖及物质依赖。而新媒介时代不但延续了这种依赖，还表现出更多的精神依赖，而且这种依赖更为强烈[③]。

有相关研究表明，网络使用时间与生活满意度之间有相关性，正常媒介使用可提高生活的满意度，而重度媒介使用行为则可能导致生活满意度下降。Turow 则在美国通过实证研究的方法，得出相应的结论，超过一半以上的父母对青少年网络使用问题表示忧虑，认为长时间上网可导致孩子反社会性行为，在情感上与人较为疏远。有 40% 的父母坚信孩子过度上网

---

① 参见赵建国《面对焦虑的时代——心理卫生传播与中国式电视情感交流节目的主持艺术》，《现代传播》1999 年第 5 期，第 79—83 页。

② 参见［美］沃纳·赛弗林、小詹姆斯·坦卡德《传播理论：起源、方法与应用》，郭镇之等译，华夏出版社 1999 年版，第 323 页。

③ 参见王怀春《新媒介时代受众对媒介依赖的变化》，《当代传播》2009 年第 2 期，第 90—92 页。

会导致反社会行为的产生。① 金兼斌等人研究结果表明，媒介的拥有与使用对生活满意度有显著的影响，对网络的过度使用会降低生活质量，对电话、手机等媒介的使用会提高生活满意度。以儿童为例，生活在不同经济文化背景下的儿童，他们媒介接触的种类、数量和内容偏好是不同的，最终带给他们的幸福体验是不同的。一般来说，过度使用电脑，会降低儿童的生活满意度。为此，我们要警惕过度使用媒介。

四　针对受众进行同质化干预

在中国社会转型时期特殊背景之下，社会人口流动加速，城乡二元社会结构被打破，中产阶级阶层崛起，导致贫富差距进一步扩大。不同阶层的人在生活方式、教育医疗等方面也存在着明显的差别，从而产生了弱势群体，弱势群体也呈现出明显的时代特征：同质性、群体性和集中性。② 根据这三个特性，在进行媒介接触干预时，应注意以下几点。

首先，媒介应该针对不同群体进行相应的干预。社会群体可按年龄划分为儿童群体、青少年群体、中年群体、老年人群体。儿童类的媒介应关注儿童的行为养成、道德培养问题；青少年群体媒介无论是媒介形式还是媒介内容，都应是活泼大方、积极向上的；受众定位为中年群体的媒介应更多关注家庭教育、事业发展问题；而受众定位为老年群体的媒介应立足老年人最为关注的健康养生、颐养天年等问题。还有各种不同划分，比如性别上有男性群体和女性群体；根据社会经济地位的强弱，可划分出强势群体和弱势群体；等等。为此，媒介应根据不同的受众的群体进行不同的干预。

其次，针对共同性的问题应有主题性传播。例如，在灾后援助针对灾

---

① 参见 Turow，J.（1999），*The Interet and the Family：The View from Parents，the View from the Press*，The Annenberg Public Policy Center of the University of Pennsylvania，pp. 11 – 42。

② 参见路俊卫《透视转型时期中国大众传媒与弱势群体的关系》，硕士学位论文，武汉大学，2005 年，第 12 页。

民进行灾后信息传播，在社会转型期关注弱势群体的生存处境，在春节期间为全社会营造欢乐的氛围。

五　针对受众负性情绪进行干预

受众的怨恨是与幸福感背道而驰的一种极端负性情绪。针对受众的不良情绪的疏导本身是一个系统工程。

第一，要消除媒介偏见。以往相关研究较少从媒介偏见的角度讨论受众的怨恨情绪，Brown 认为媒介偏见可解释个体的自我调整和压力体验过程，遭受偏见的个体容易感受排斥，体验焦虑。[①] 一旦某些特殊群体被排除在正常的社会利益之外，他们会通过各种方式对这种媒介偏见进行反抗，甚至可能会采用极端的方式报复社会，从而导致社会动荡。

第二，要避免媒介的污名化和标签化。美国社会学家戈夫曼认为，对弱势群体的偏见是贬低性、侮辱性的污名化。媒介对弱势群体的污名化和标签化现象会降低其自尊，降低其在社会中的地位。消除媒介污名化和标签化现象首先要从法律政策层面入手，英国对新闻工作者的生产和传播内容的倾向性十分重视，规定了禁止媒介传播民族、宗教、性别歧视的内容。其次，要加强媒介自律。要抵御媒介污名化和标签化现象，媒介应加强自我约束，牢记使命，促进社会的公平正义。对媒介约束的外部力量与媒介自律的内部力量共同作用，才能更好地控制污名化和标签化现象。

第三，受众要增强主动适应能力。强势与弱势是一个广泛博弈的过程，Arends 对穆斯林青年群体的研究，发现消除偏见的重要性及主动适应

---

① 参见 Brown, R. (2005), "Acculturation and Contact in Japanese Students Studying in the U-nited Kingdom", *The Journal of Social Psychology*, 145 (4), pp. 373 –389。

能力与怨恨程度呈负相关。① 主动适应是一种理性的选择，在"排斥—接受—认可—改变—适应"的路径中，强调了主动融入的重要性。罗尔斯认为，要整合一个社会，就必须依靠他所称的合理的和理性的行动者。理性行动者的最佳阐释，也是避免偏见的最好途径。② 掌握相应的信息，可增强对环境的心理适应能力，在以往的研究中，发现有城市生活经验的外来民工以后在城市工作中生活适应性更好。

第四，要提高受众的媒介素养。媒介素养教育实际上是一种社会学习理论，能提高受众对新闻中偏见的分析和鉴别能力，使其对于明显的偏向性，能够做出分辨。"它代表着偏见矫正的知觉性策略，即个体通过社会学习获得的偏见态度，可能会由于学习了新的更积极的态度而改变。"③ 培养具有开阔视野，拥有自我判断能力的受众既是要求也是期望的目标。"身处知识经济时代下，更应拥有高度媒介素养，来判断犹如知识洪流的信息，如此不但可以免于自我罹患知识焦虑症，更可做一个拥有多元视角，自主判断的现代人。"④ 从另外一个角度来说，受众也应提高自我修养，提升自己的仁德，在自我提升净化中，摒弃滋生的怨恨。这一点也得到了儒家的认同。《论语·述而》曰："求仁而得仁，又何怨?"说的是，只要我们心中有仁德，怨恨情绪自然就难以形成。而《礼记·礼器》云："君子有礼，则外谐而内无怨。"是说"礼"对于"止怨"的重要性。

---

① 参见 Arends, T. J., Fons, J. R. & Vijve, V. D. (2008), "Family Relationships among Imigrants and Majority Members in the Netherlands: The Role of Acculturation", *Applied Psychology: An International Review*, 57 (3), pp. 466 – 487。

② 参见［英］尼克·史蒂文森《媒介的转型：全球化、道德和伦理》，顾宜凡等译，北京大学出版社 2006 年版，第 48 页。

③ 王沛：《现代人的心理迷信——偏执心理现象分析》，湖南教育出版社 2000 年版，第166 页。

④ ［台］张宏源、蔡念中等：《媒体识读，从认识媒体产业，媒体教育到解读媒体之本》，（台北）亚太图书 2005 年版，第 91 页。

六　针对信息贫困进行宏观干预

著名传播学家施拉姆指出，信息流动的失衡极其普遍，弱势群体因地域偏远、主动能力不足等因素较难得到信息。[①] 这种现象会进一步加大知识沟，造成了信息富人及信息穷人。邵培仁从媒介生态的和谐平衡，向良性循环出发，提出信息公平这一充满人文情怀的理想状态。[②]

首先，要营造信息公平的环境，最大限度地实现权利均衡。弱势群体由于自身处于不利境遇，对不公及歧视极为敏感。信息公平的重要目的就是让这些弱势群体掌握相关的信息资源，满足弱势群体的知情权和话语权。对信息公平进行媒介干预，其结果表现为两方面：一是社会机制为弱势群体提供一个利益表达渠道；二是增强其信心，改变软弱无力的现实处境。

其次，提高信息利用的效率。弱势群体的存在是一个客观社会现实，媒介要遵循有效性的原则，确保他们在获取信息的基础上，能正确地理解信息。这是保证弱势群体进行利益表达及对其进行有效疏导的基础。媒介要发挥议程设置功能，建立针对弱势群体信息援助的长效机制。针对涉及社会公平正义、公众生活的热点话题要切实加大关注力度，有效地聚合民意，提升民众对弱势群体的关注意识。

再次，要消除信息贫困。弱势群体在文化信息资源的获取和占有上明显偏少，而信息贫困一定程度上又导致经济贫困的代际转移现象。"授人以鱼，不如授人以渔"，所以让处于弱势的这个群体消除信息贫困是有效疏导的前提。要提高弱势群体的媒介地位，增强其参与意识。媒介自身的

---

① 参见 Wilbvr Schramm, *Mass Media and National Development*, The Stanford University Press & UNESCO, 1964。

② 参见邵培仁《信息公平论：追求建立世界信息传播新秩序》，《浙江传媒学院学报》2008年第 2 期，第 25—29 页。

逐利性使弱势群体长久地边缘化，弱势群体对媒介保持本能的距离并缺乏应有的信任，更不用说填平与媒介的鸿沟了。所以，提高弱势群体的主体地位，增强弱势群体参与的动机和兴趣，营造一个良好的媒介环境，有利于消除信息贫困。

最后，要消除弱势群体获取信息的障碍，逐步取消和降低其获取信息的门槛。媒介应充分考虑弱势群体认知能力及获取信息的水平。以计算机技术为特征的媒介客观上进一步加大信息贫困，应成立专门信息扶贫机构，建立信息扶贫的机制，以推进信息互助社区建设，设立网络教育培训，推进职业培训的社会化，改变弱势群体文化素质现状，增强其自我脱贫的能力。

我国经济在飞速发展，但我们真的幸福吗？如何实现精神上的自我调节、减压和救助？2010 年，南平杀童案经媒体报道后，人们纷纷谴责施暴者道德沦丧、心理变态，可这一报道却发生强大的示范效应，校园杀童案事件接二连三地发生，这就无法解释一些看似矛盾的现象：媒介的谴责为何不能阻止恶性案件的发生？

本书讨论了媒介学中的一个重要问题：面对弱势群体，媒介应从何种途径来进行干预。媒介干预是一个新的概念，本书通过对媒介干预理论的探讨，提出媒介干预的四原则，并在此基础上通过对相关现象的考察，提出了具体的干预策略。

第十一章　童年的回归：流动儿童媒介幸福感的研究

第一节　研究问题

儿童都有被"抱持"的需要，这种需要是与生俱来的。心理学家唐纳德做过一个实验，研究孩子在父母身边和不在父母身边两种情形下的创造力。结果表明，在父母身边的孩子更富有创造力。一种可能的解释是，孩子在父母身边感到安全，跌倒了会爬起来，因为他们知道能给予他们爱的人就在身边。父母似乎是孩子的能量基地，父母能给孩子更多的能量。这尽管是一种隐喻，但对于儿童来说，周围的环境给予他们足够的安全会给他们建设"安全圈"及"幸福圈"。

在互联网时代，媒介为儿童提供了丰富的信息，儿童被各种各样的信息包围。此时的儿童是幸运的，也是艰难的。幸运的是他们能轻松便捷地获取所需要的信息，还可以跨越空间的阻隔来交流，先进的媒介技术赋予了他们没有禁锢的思维空间将不可能转变为可能。同时，他们也面对着一个艰难的处境：在浩瀚的信息海洋中，到底该如何选择对他们成长有利的信息？许多儿童沉溺网络不能自拔。在面对学习、发展及娱乐信息时该如何取舍，这是他们所处的时代的困境。

本书以儿童中的特殊群体——流动儿童为分析对象，在实证研究的基础上，探究如何规避媒介给儿童带来的负面影响，促进儿童的幸福感。

一　流动儿童的界定

流动儿童是所有儿童中的一个特殊群体。"流动儿童"由"流动"和"儿童"两个概念组成，要想厘清"流动儿童"的含义，首先应该厘清"流动"和"儿童"的含义。"流动"代表的是性质，是不稳定的体现；而"儿童"是身份、年龄和能力的象征。本书根据1998年《流动儿童少年就学暂行办法》所提到的对流动儿童的界定，将"流动儿童"界定为6—14周岁有学习能力的儿童及青少年，他们的户籍并不在居住地，但随父母或其他监护人在流入地居住。

从流动儿童的界定可以看出，他们的生存面临一些现实的困境。尽管随父母生活在城市，但户籍不在城市，所以他们缺乏对城市的归属感；与城市孩子相比，他们感受到不平等的待遇，而且往往被歧视。这会导致他们自卑、孤僻、不愿与人交往，自然而然成了城市的边缘人群。

二　流动儿童与媒介

在分析流动儿童与媒介之间的关系时，本书先追溯儿童与媒介的渊源。

媒介对儿童的影响研究较早，其中较有影响力的研究是20世纪二三十年代美国佩恩基金会资助的电影与青少年研究。该研究指出，电影会改变青少年儿童的社会态度、道德观念和行为。梅罗维茨认为，电子媒介会引起社会角色模糊化，尤其是探讨了电视在"成人儿童化"和"儿童成人化"中所起到的作用。①

国内著名的媒介与儿童教育专家卜卫在其著作《大众媒介对儿童的影响》和《媒介与儿童教育》中，通过实证调查收集了有关儿童使用媒介的基础数据和分析数据，探讨了我国儿童的媒介使用情况及其影响因素等问题，并提出了研究界一致公认的"儿童参与权阶梯"理论。张令振的《电视与儿童》全面地探索了儿童与电视的关系，分别从儿童的电视收看习惯、节目喜好、认知形式等角度进行研究，并围绕儿童阅读、儿童学习行为和亲社会行为等方面进行了相关的实验研究。陈舒平（2003）在其《儿童电视学》一书中针对国外儿童电视使用的现状及发展趋势进行了比较详尽的分析研究，阐述电视在儿童心目中的价值、地位及作用，并探讨了电视与儿童成长的关系。

其他相关的研究成果散见于各种学术期刊，对这些研究成果的梳理，主要基于以下几个方面：（1）媒介接触。这类研究主要以调查为主，既有宏观的基于我国儿童媒介接触状况的调查，也有基于某个地区儿童媒介接触现状进行的调查，根据某一特定媒介接触状况进行的分析以及针对某一特定年龄阶段的儿童的媒介接触现状进行的调查。②（2）媒介影响。主要是分析了电视节目对儿童认知、心理、情感等多方面产生的影响，既有积

---

① 参见谭旭东《语境、文化实践与问题缘起——电子媒介对童年及儿童文学的影响之研究》，《现代传播》2008 年第 5 期，第 13—15 页。

② 相关研究主要有：卜卫《关于我国城市儿童媒介接触与道德发展的研究报告》，《新闻与传播学研究》1994 年第 1 期；刘澜《西部农村儿童媒介接触状况调查》，《传媒观察》2008 年第 12 期；江林新、廖圣清、张星《上海市少年儿童媒介使用状况数据报告》，《新闻记者》2009 年第 6 期；王春燕、张晋平《对学前儿童收看电视状况的调查》，《山西大学师范学院学报》1998 年第 1 期；邱霞、唐菲《儿童媒介接触状况调查报告》，《大众商务》2010 年第 8 期；传力媒体（上海）Insights《中国儿童生活、消费与媒介接触习惯研究》，《中国广告》2006 年第 6 期；周燕《广州地区儿童媒介接触影响因素的调查》，《学前教育研究》2009 年第 7 期；郭鉴《e 时代的儿童网络媒介接触行为探查》，《新闻界》2006 年第 6 期；陈国钦等《农村小学儿童电视收视状况调查——以四川省两所农村小学为例》，《重庆邮电大学学报》（社会科学版）2010 年第 4 期。

极的影响，也有消极的影响。① （3）儿童电视的发展，包括发展中存在的问题、发展现状及发展趋势。② （4）儿童媒介素养教育研究，包括实施儿童媒介素养教育的紧迫性和重要性，以及如何实施等。③ （5）个案研究，包括国外儿童节目对我国的启示以及对国内某个成功节目的分析。④ （6）其他研究，包括新媒介给儿童的媒介使用、儿童发展等带来的变化，儿童

---

① 这类研究主要有：沃建中《电视对儿童成长的影响》，《电视研究》2004年第1期；赵润红《大众传媒时代的儿童社会化——从大众传播媒介对儿童歌曲的影响谈起》，《学前课程研究》2008年第3期；侯莉敏《童年的"消逝"与大众媒介对儿童生活的影响》，《广西师范大学学报》（哲社版）2007年第1期；卜卫《电视与儿童社会化》，《青年研究》1994年第10期；邹定武《电视对儿童成长的影响》，《中国广播电视学刊》1992年第5期；王艳《大众传播媒介在儿童社会化中的作用》，《济南教育学院学报》2001年第5期；张千山《试论媒体暴力对青少年的影响》，《当代青年研究》2000年第6期；卜卫《媒介暴力与儿童》，《政工研究动态》2007年第11期；杨悦《电视对儿童认知发展的影响》，《中国健康教育》2004年第1期。

② 相关研究主要有：卜卫《儿童电视：谁是主体？——兼论我国儿童电视的成人化问题》，《新闻与传播研究》1998年第2期；余培侠《我国少儿电视发展现状和趋势》，《电视研究》2005年第2期；余培侠《世界儿童电视的新走向》，《中国广播电视学刊》2001年第5期；衣新发《世界儿童电视的新发展与走向》，《中国电视》2005年第8期；宋蕙芳《我国儿童媒介发展现状及其分析》，《青年研究》1997年第10期；郭明杰《我国儿童电视节目发展策略》，《新闻前哨》2010年第2期；格根图雅《国内儿童真人秀节目的思考》，《电视研究》2007年第5期；文世力、左眩《儿童电视节目中儿童视角生成的探讨》，《电视研究》2008年第6期；褚庆《品牌战略——儿童电视发展的必由之路》，《新闻大学》2009年第4期；倪娜《少儿电视节目制作应体现"全纳教育"思想》，《中国电视》2004年第10期；王利剑《国产儿童电视剧存在的问题及未来发展浅议》，《当代电视》2010年第8期。

③ 这类研究主要有：初晓《央视儿童频道与媒介教育谈》，《当代电视》2005年第2期；李昱《试论儿童媒介素养及其培养》，《学前教育研究》2008年第5期；曾鸿《卡通暴力影响下的儿童媒介素养教育》，《现代传播（中国传媒大学学报）》2008年第3期。

④ 相关研究主要有：李燕舒《引领成长——〈智慧树〉创造中国幼儿教育新智慧》，《中国电视》2007年第10期；陈芳《巧借妙用别有新意——卡通轻喜剧〈动画城里新故事〉观感》，《电视研究》2002年第10期；宋毅《儿童对电视的使用与满足分析——以中央电视台少儿频道〈大风车〉为例》，《电视研究》2008年第6期；束继东《美国尼克儿童频道（Nickelodeon）制作理念分析》，《电视研究》2009年第3期；郝静静、米博《寓教于乐和而不同——〈芝麻街〉的节目特点要素分析》，《中国广播电视学》2009年第1期；王琰《从德国儿章节目"电梯"看儿童电视连环画故事的魅力》，《电视研究》2008年第4期；王可《儿童电视节目国际新趋势——2010慕尼黑国际青少年电视节的启示》，《电视研究》2011年第2期；王琰《挪威儿童杂志型节目"工厂"的启示》，《电视研究》2008年第7期；苗新萍《从澳大利亚少儿电视节目——看我国少儿电视节目的发展》，《中国广播电视学刊》2008年第5期；张志君《呼唤中国的"尼克罗迪恩"——世界各国已建儿童电视频道整体扫描及其对中国同行的启示》，《中国电视》2004年第1期；李盛之《美国儿童电视节目法律规制初探》，《中国电视》2010年第10期。

媒介权利保护，儿童与电视的互动关系研究等。①

从综述可以看出，媒介既是儿童认知、情感、能力培养的工具，同时也是儿童亲密的伙伴，更是提升儿童幸福感的途径。在以互联网为主体的新媒介时代，媒介无处不在，儿童无法逃避，儿童的发展也离不开媒介。流动儿童既具有儿童的共性，也具有这个群体所特有的特性。流动儿童随着父母流入城市，离开了熟悉的环境，面对与家乡不同的生活环境，迫切需要归属感的满足。大众媒介向城市流动儿童提供各类信息资本，在一定程度上填补了流动儿童与城市的社交沟壑，拓展了流动儿童的交往渠道以及交往经验；尽管其中部分经验最初只存在于虚拟之中，但其最终有可能影响到流动儿童的现实行为，并延伸了其对外部世界的感知。另一方面媒介还承担了流动儿童情感替代的角色。从这个意义上来说，社会及媒介应了解并尊重流动儿童的基本特点，这是研究流动儿童媒介幸福感的基本前提。

尽管儿童与媒介之间的研究已经受到了传播学及心理学相关学科等各个领域研究者的普遍关注，但流动儿童作为一个特殊群体，媒介使用的情况如何？流动儿童媒介使用与主观幸福感之间具有怎样的关系？诸如此类问题，由于受研究对象、研究目的和时间等因素的影响，目前还缺乏对其的实证性探讨。

---

① 相关研究主要有：黄若涛《新媒介时代下阅读对儿童的意义》，《中国出版》2005 年第 6 期；陈钢《媒介变迁对儿童同伴关系的影响》，《中国儿童文化》2010 年第 10 期；卜卫《媒介传播与儿童权利保护》，《新闻与传播研究》1997 年第 3 期；陈磊《儿童与电视的互动关系》，《当代传播》2003 年第 1 期；罗闪、刘怡《少儿节目：电视化与儿童化》，《现代传播》1998 年第 3 期；曹刚《电视娱乐不应误导儿童》，《新闻界》2005 年第 5 期；刘真真《少儿电视节目主持人的角色定位》，《视听界》2008 年第 5 期；文享艺《做孩子们的好朋友——少儿节目主持人初探》，《东南传播》2007 年第 6 期；张向葵、曹华、刘志《中国儿童的电视环境与儿童成长》，《东北师范大学学报》2006 年第 6 期。

第二节　研究方法

一　调查对象

本书针对江西省南昌市某农民工子弟学校进行调查，采用分层随机整群抽样的方法，随机抽取了 14 个班（因一、二年级学生的文字理解及书写能力有限无法填写问卷，故只针对三年级以上的学生进行调查），从小学三年级到初中三年级，每年级各 2 个班。此次调查针对流动儿童共发放了 410 份调查问卷，剔除无效问卷，得到的有效问卷是 375 份，合格率91.5%。被调查的学生中，男生 211 人，女生 164 人。被调查的学生大部分因父母来南昌务工而就读于该学校，调查对象的基本情况见表11－1。

表 11－1　　　　　　　　有效问卷的频次分布

人口统计学变量		频次	比率（%）	人口统计学变量		频次	比率（%）
性别	男生	211	56.3	家庭出生地	农村	34	9.1
	女生	164	43.7		乡镇	50	13,4
					县市	291	77.6
是否为独生子女	是	72	19.2	爸爸文化程度			
	否	303	80.8		小学及以下	46	12.3
					初中	179	47.7
					高中或中专	108	28.8
年级	小学三年级	56	14.9		大学及以上	42	11.2

续　表

人口统计学变量		频次	比率（%）	人口统计学变量		频次	比率（%）
年级	小学四年级	55	14.7				
	小学五年级	56	14.9	妈妈文化程度	小学及以下	94	25.0
	小学六年级	57	15.2		初中	151	40.3
	初中一年级	47	12.5		高中或中专	99	26.4
	初中二年级	55	14.7		大学及以上	31	8.3
	初中三年级	49	13.1				
爸爸职业	正式工作	10	2.6	成绩情况	优秀	64	17.1
	无稳定职业	206	55.0		良好	164	43.7
	自谋职业	159	42.4		一般	109	29.1
					较差	38	10.1
妈妈职业	正式工作	19	5.1				
	无稳定职业	223	59.4				
	自谋职业	133	35.5				

从表 11-1 可以看出，流动儿童的父母的文化层次总体偏低，而且只有不到 10% 的流动儿童父母有正式稳定的工作。这会进一步导致流动儿童家里穷，地位低，没面子。罗杰斯认为，良好的自我效能感是幸福感的核心要素，而自我效能不仅影响个人对环境的知觉，而且决定着个人对于环境的行为反应。[1] 在调查时，本书也发现流动儿童与城市儿童相处时表现得比较敏感而自卑，不愿也不敢与城市儿童交往，往往采取逃避、自闭的做法。这些负面的情绪与行为都会影响流动儿童对自身及

---

[1]　参见王旭丽《社会转型期儿童幸福感的影响因素及其实现》，《中州学刊》2013 年第 7 期，第 82 页。

家庭的评价，由此使他们产生相应的主观被歧视感及相对剥夺感，这种过于敏感的假想的负性情感会使流动儿童对城市产生一种敌视态度，进而影响其幸福感的培养。由于此，媒介在流动儿童的日常生活中扮演着重要角色，成了流动儿童的交往替代性对象。

二　研究工具

调查问卷编制主要有以下几方面的内容。

（1）流动儿童的背景资料，如年级、性别、是否为独生子女、班级成绩排名、出生地、家庭情况、父母文化程度等。

（2）流动儿童的媒介接触情况调查，包括流动儿童接触电视、网络、广播、报刊等的时间及流动儿童使用媒介的目的调查。问卷中采用了许多封闭式问题进行调查，当然也有少部分答案难以限定范围，则采用开放式问题。

（3）主观幸福感量表。采用 Diener（1985）的主观幸福感量表，包括三个分量表，分别为生活满意度量表（5 个题项）、积极情绪量表（6 个题项）和消极情绪量表（6 个题项）。此量表在不同国家被试中有过很广泛的使用，经 Diener 等人研究，该量表具有较好的信度和效度，重测信度为0.873，三个分量表的同质性信度分别为 0.85、0.79、0.81。

三　调查程序与数据处理手段

通过对班主任进行简要的培训，使之熟悉调查过程的各个环节及可能遇到的各种问题的解决方法，然后由他们去各个班级进行调查；使用统一的指导语，说明本次调查全面采用匿名的方式，而不是测试学生成绩，以打消学生的顾虑；调查全部采用纸笔作答的方式完成。

收集完问卷后，首先剔除无效问卷，并对问卷进行统一编码，将相应的文字转化成可以量化的数字。

采用 SPSS for Windows 17.0 软件，将全部数据输入计算机，并加以整理分析和统计运算。

第三节　研究结论

一　描述性结论

如上所述，本调查主要是了解流动儿童媒介使用情况及与主观幸福感之间的关系。为了便于本研究与已有的研究进行对照，并且更加清楚地了解流动儿童的媒介使用情况，先将一般性的结论进行介绍。

（一）流动儿童的媒介使用情况

根据调查，本书发现流动儿童通过媒介获取信息的主要途径有如下几个：流动儿童主要是通过电视和网络获取信息，其次是通过报纸、手机，再次是通过杂志、广播。其选择媒介的百分比如图 11－1。

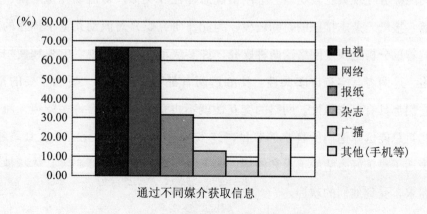

图 11－1　流动儿童获取信息的媒介选择的百分比

表 11 - 2　　　　　最近一个星期平均每天接触各类媒介所花时间的人数百分比

	30 分钟以内	30—60 分钟	60—90 分钟	90—120 分钟	2 小时以上
看电视	33.6	36.8	14.7	4.5	10.4
上网	44.5	30.1	10.4	4.1	10.9
听广播	81.1	12.0	1.5	4.3	1.1
看报纸	79.7	15.7	4.0	0.3	0.3
读杂志	74.1	18.9	4.5	0.8	1.6

　　由表 11 - 2 可以看出，流动儿童接触媒介的方式主要是看电视和上网，而且每天时间长度存在差异，平均每天看电视在 30—60 分钟的有 36.8%，有 33.6% 的流动儿童看电视时间不到半小时。也就是说，有一半以上的流动儿童每天会看电视约一个小时。但在访谈时他们表示，周一至周五看电视的时间较少，主要是双休日看电视的时间比较多，平均下来每天的看电视时间就有半小时以上。在调查时，有流动儿童表示现在功课较多，学校压力比较大，而电视又是在家里观看，看电视的时间受到父母的控制。但也有 10.4% 的流动儿童平均每天看电视在 2 小时以上。而平均每天看电视时间在 60—120 分钟的流动儿童只有 19.2%。可见，流动儿童接触电视时间两极分化现象比较明显。上网情况总体比较类似。对流动儿童来说，广播、报纸、杂志接触的时间较少，为此，研究媒介对流动儿童幸福感的影响着重分析电视及网络这两种媒介。许多流动儿童喜欢观看电视和使用网络，这两者其实有许多共性。比如这两者都容易接触到，更为重要的是，它们都具有可选择性。网络的交互性就不再赘述；电视有许多频道，流动儿童总能选择他们所喜欢的节目，许多儿童频道的节目充满了童真童趣，表达了对美好生活的追求和渴望，俯下身子贴近流动儿童心灵，体味他们需求，受到他们的欢迎。

（二）流动儿童媒介使用动机分析

根据调查，再结合流动儿童的媒介使用与满足方式，我们将媒介使用动机分为六类：1. 与学习有关；2. 娱乐；3. 了解新闻；4. 方便生活；5. 增加聊天话题；6. 无所事事打发时间。在调查流动儿童媒介使用动机时，本书发现：看电视、上网、读杂志、看报纸、听广播时所持的基本动机所占人数的百分比见表 11 - 3。

表 11 - 3　　　　　　　　　　　媒介接触的动机人数百分比

	与学习有关	娱乐	了解新闻	方便生活	增加话题	打发时间
看电视	8.3	45.6	19.5	7.1	1.9	17.6
上网	33.6	41.1	2.4	3.2	7.4	12.3
听广播	13.6	14.4	29.3	13.6	2.1	26.9
看报纸	8.8	11.2	52.3	8.5	2.7	16.5
读杂志	13.9	41.3	8.8	7.5	9.0	19.5

结果可以看出，流动儿童使用不同的媒介是基于媒介本身的功能与特性，如：报纸、广播是以新闻为主体，电视是以娱乐、新闻为主体，有 45.6% 的流动儿童看电视动机是娱乐放松心情，有 19.5% 的流动儿童看电视动机是了解新闻；网络具有交互动态性及信息海量性的特点，流动儿童用来娱乐及学习居多，有 41.1% 的流动儿童运用网络是进行娱乐放松，有 33.6% 的流动儿童使用网络的动机与学习有关。在调查时，有流动儿童表示，现在网络非常发达，许多在学习上不懂的问题可通过网络获取相关资源，甚至有老师在网上布置作业，说明网络使用已经在学生中较为普及。从这个意义上来说，网络应提供更多与学习有关的信息，尤其要注意将有用的学习信息进行分类管理，既能方便满足流动儿童使用网络，又能有效预防流动儿童接触网络不良信息。

美国传播学者施拉姆以弗洛伊德的人格理论为基础，将儿童选择媒介的目的概括为两大类：一类是以情感满足为基础，充当了幻想性质的材料，具有娱乐等情感满足作用；另一类是以认知学习为基础，充当了现实性的材料，具有学习性质。[①] 这与本书的调查结论较为一致。由此可见，媒介除了能满足流动儿童学习的需要，同时还能满足流动儿童快乐、放松等情感需求。

（三）流动儿童总体主观幸福感情况

针对主观幸福感的情况进行调查，主观幸福感由生活满意度量表（5个题项）、积极情绪量表（6个题项）和消极情绪量表（6个题项）三部分组成，每个问题的设计采用了7分制（即明显不符合为1分，不符合为2分，有些不符合为3分，介于中间为4分，有些符合为5分，符合为6分，明显符合为7分）。将相关的题项得分按量表组合进行相加。生活满意（Life Satisfaction，LS）的计算方法为：流动儿童在生活满意度上得高分表示，流动儿童在各方面的需求和愿望得到了满足，对自己生活生存状况满意；若得低分则相反。流动儿童在正性情感（Positive affect，PA）量表上，得到高分表示经常能体验到高兴、愉悦、幸福等积极情绪，低分者则相反。流动儿童在负性情感（Negative affect，NA）量表上，得到高分表示经常体验到焦虑、烦恼、抑郁等消极情绪，低分者则相反。

表 11 - 4　　　不同性别的流动儿童的主观幸福感比较（M ± SD）

项　目	男生（n = 211）	女生（n = 164）	t 值
生活满意度	4.83 ± 1.22	5.03 ± 1.20	1.609 **
积极情绪	4.76 ± 1.33	4.78 ± 1.15	0.164
消极情绪	2.81 ± 1.23	2.71 ± 1.10	0.864 *
主观幸福感	4.10 ± 0.75	4.12 ± 0.63	0.453 **

注：*** p < 0.001，** p < 0.01，* p < 0.05（下文同）。

[①] 参见 W.，Shram，J. Lyle & W. B. Parker（1961），"What a Child Uses Television for"，*Television in the Lives of Our Children*，California：Stanford University Press，pp. 61 - 69。

从表 11 - 4 可以看出，女性流动儿童的生活满足度要显著高于男性流
动儿童的生活满意度。一种可能的解释是，在中小学阶段，女性流动儿童
学习成绩要比男性流动儿童的学习成绩好，而较好的学习成绩对于中小学
阶段的流动儿童来说是生活满意度的重要来源。从主观幸福感的比较来
看，也发现了这种现象，女性流动儿童的主观幸福感比男性流动儿童的主
观幸福感高。但男性流动儿童主观幸福感标准差要稍高于女性流动儿童
（0.74927 > 0.63334），说明男性流动儿童在主观幸福感的体验上可能存在
两极分化的现象。

二　主要发现

经过上文分析，流动儿童接触的媒介主要是电视与网络，而较少接触
广播、报纸、杂志。为此，接下来主要分析网络及电视对流动儿童幸福感
的影响。

（一）流动儿童上网时间不同对幸福感的影响

在调查中发现，上网时间少于 1 小时的流动儿童生活满意度要显著高
于上网时间大于 1 小时的流动儿童（$T = 1.435^{**}$，** 表明 $p < 0.01$），而且
上网时间少于 1 小时的流动儿童积极情绪要高于上网时间大于 1 小时的流
动儿童（$T = 0.632^{**}$，** 表明 $p < 0.01$）。上网时间少于 1 小时的流动儿童
的主观幸福感要显著高于上网时间大于 1 小时的流动儿童（$T =
0.780^{**}$，** 表明 $p < 0.01$）。具体如表 11 - 5 所示。

表 11 - 5　　上网时间不同的流动儿童的主观幸福感比较（M ± SD）

项　目	小于 1 小时（n = 280）	大于 1 小时（n = 95）	t 值
生活满意度	4.97 ± 1.19	4.72 ± 1.30	1.435 **
积极情绪	4.79 ± 1.24	4.68 ± 1.30	0.632 **
消极情绪	2.68 ± 1.12	3.23 ± 1.25	3.300 **
主观幸福感	4.10 ± 0.67	4.18 ± 0.84	0.780 **

在调查时，有部分流动儿童表现出自卑的倾向，害怕被人贴上"乡下人"的标签。这种歧视性的认知容易导致流动儿童产生社会认同危机①，并迫使流动儿童同其他儿童保持了较大的心理距离，从而增加了他们的孤独感。本调查也发现，上网时间过多的流动儿童幸福感反而较低。说明，流动儿童应积极应对现实困境，积极融入环境。若流动儿童得不到城市人群的认同，从而产生社会认同危机。流动儿童的社会认同呈现出双重性危机，即城市认同和家乡认同。因此，要注重使流动儿童恰当地使用网络。流动儿童将有限的时间过多地投入虚拟的网络里，无法在现实生活中与人互动，则无法体会到城市里的温暖。因为，流动儿童的社会认同过程既是一个城市接纳、认可与融入的过程，又是一个流动儿童主动参与的与城市双向互动、相互信任的过程。消除孤独的有效途径是获得社会认同，得到周围环境的认可和接纳。当然，网络媒介也是环境中的一部分，流动儿童通过虚拟的互联网可以随心所欲地和陌生人交流，若合理地控制网络使用时间则有利于提高幸福感。

（二）流动儿童网络使用目的与幸福感的关系

本书在分析流动儿童使用网络的目的时，为了便于统计分析，将网络使用目的总体分为两大类：一是与自我发展需要相关的目的；二是与学习无关的需要（含娱乐、了解新闻、方便生活、增加聊天话题、打发时间等）。

若流动儿童使用网络的目的是学习，进行自我发展，则生活满意度要高于为娱乐等与学习无关目的使用网络，并呈现出极为显著性差异（T = 3.244**，**表明 p < 0.01）。流动儿童使用网络提高学习时的积极情绪体验也高于使用网络进行娱乐、了解新闻等动机（T = 0.238*，*表明 p <

---

① 参见戴斌荣《流动儿童的心理特点与教育对策》，《教育评论》2011 年第 3 期，第 35 页。

0.05）。消极情感也呈现一致性的结论，在主观幸福感方面，使用网络若主要是为了学习，则主观幸福感要强于使用网络进行娱乐（T = 0.651*，*表明 p < 0.05）。具体如表 11 - 6 所示。

表 11 - 6　网络使用目的不同的流动儿童的主观幸福感比较　（M ± SD）

项　目	自我发展需要（n = 126）	与学习无关的需求（n = 249）	t 值
生活满意度	5.15 ± 1.15	4.75 ± 1.23	3.244**
积极情绪	4.79 ± 1.28	4.76 ± 1.21	0.238*
消极情绪	2.64 ± 1.08	2.87 ± 1.21	- 1.945
主观幸福感	4.14 ± 0.70	4.09 ± 0.69	0.651*

由以上分析可以看出，流动儿童积极使用网络用于促进学习可以提高其幸福感。大部分的流动儿童都是随着父母离开了曾经熟悉的地方，城市儿童的歧视给他们幼小的心灵造成不同程度的伤害，使用网络促进学习，这样做的好处是既回避了可能遭受到的伤害，又提高了自己的学习成绩。调查说明媒介使用的目的与流动儿童的幸福感具有相关性。

（三）流动儿童观看电视时间的不同对幸福感的影响

在研究流动儿童观看电视时间的不同对幸福感的影响时，发现一个有趣的现象：每周平均一天看电视的时间大于 1 小时的流动儿童主观幸福感要高于每天看电视小于 1 小时的流动儿童（T = 0.874**，**表明 p < 0.01）；看电视时间小于 1 小时的流动儿童在积极情绪方面要差于看电视大于 1 小时的流动儿童（T = 0.187*，*表明 p < 0.05）；在生活满意度方面，看电视时间小于 1 小时的流动儿童要高于看电视时间大于 1 小时的流动儿童。具体如表 11 - 7 所示。

表 11-7　观看电视时间不同的流动儿童的主观幸福感比较（M±SD）

项　目	小于 1 小时（n = 301）	大于 1 小时（n =74）	t 值
生活满意度	4.94 ±1.25	4.85 ±1.12	0.645*
积极情绪	4.76 ±1.25	4.78 ±1.26	0.187*
消极情绪	2.71 ±1.17	2.93 ±1.18	1.746**
主观幸福感	4.09 ±0.71	4.15 ±0.67	0.874**

电视是家庭的象征，一家人其乐融融地观看电视，令人感受到家庭的温暖，因此，流动儿童观看电视的时间越多，幸福感就越高。这符合流动儿童的基本生存状态。流动儿童随着父母来到一个陌生的城市，却有着与城市儿童不同的待遇，导致流动儿童心理归属感差，安全感弱。同时，流动儿童耳濡目染了父母在城市从事着城里人不愿干的工作，受到了诸多不公平的待遇，比一般儿童有更强的自尊意识，对他们来说，在家里和父母一起观看电视，体验和城里人一样的感受，增加了他们的幸福感。宁敬武认为，影视构建了一种人文关怀。①

从另一个角度分析，电视应用儿童能理解的方式传递信息，一旦使用儿童能理解的方式来描写儿童及其生活，它所呈现出来的就是儿童眼中的世界，这就使儿童得到了充分的尊重。从这个角度来说，电视制作者应该蹲下来与孩子们进行交流，同时以成人的视野进行思考如何才能更好地让儿童更好地接受它，这是将目光投注在儿童的世界里，而思想却延伸至更广阔的人性空间。

电视不是一件具体的物品，而是一扇儿童了解世界的窗。对于流动儿童来说更是如此。我们要保护儿童的纯真与自然。尼尔·波兹曼曾说，一旦儿童开始接触之前密藏的成人信息的果实，这就意味着他

---

① 参见宁敬武《电影是一种关怀——〈成长〉导演阐述》，《电影艺术》1999 年第 4 期，第 57 页。

们已经被逐出了儿童的乐园。① 马歇尔·麦克卢汉在《理解媒介》中提到，儿童通过电视了解了外面的世界，并由此习得了一整套崭新的感知，这些认知情感体验有别于从家庭和学校中所获得的体验。② 对于流动儿童来说，电视也充当了他们心理预设内容者。乔治·萨杜尔也认为，儿童通过电视看到了一个奇妙科学的精彩世界。③ 在互联网高度发达的今天，如手机、网络等媒介已成为促进流动儿童认知发展、知识获取的重要途径。

（四）流动儿童观看电视目的与幸福感的关系

本书在分析流动儿童观看电视的目的与幸福感的关系时，同样参照上文的归类方法，将观看电视的目的分为与自我发展需要相关的目的及与学习无关的需要。相对于城市儿童而言，流动儿童的业余生活更加单调，媒介成为流动儿童度过课余时间的主要方式，尤其是电视，电视节目中的新闻、电视剧、娱乐节目等对儿童具有天然的吸引力。流动儿童选择观看电视的主要目的是满足学习和娱乐的需要。所以，总体而言，电视对流动儿童的身心健康、成长成才以及性格塑造有一定的促进作用。这可能与本书调查时，忽略了每天看电视时间远大于学习时间的样本有关，一旦观看电视严重影响了学习，则可能会降低流动儿童的幸福感。因为本书发现，流动儿童观看电视用于学习时主观幸福感要优于观看电视用于娱乐等目的时。具体见表 11 - 8 所示。

---

① 参见［美］尼尔·波兹曼《娱乐至死·童年的消逝》，章艳、吴燕莛译，广西师范大学出版 2009 年版，第 252 页。
② 参见［加拿大］马歇尔·麦克卢汉《理解媒介》，何道宽译，译林出版社 2011 年版，第 351—379 页。
③ 参见［法］乔治·萨杜尔《世界电影史》，中国电影出版社 1995 年版，第 29 页。

表 11 - 8　观看电视目的不同的流动儿童的主观幸福感比较（M±SD）

项　　目	自我发展需要（n=31）	与学习无关的需求（n=344）	t 值
生活满意度	5.12±1.14	4.89±1.22	0.987*
积极情绪	5.02±1.23	4.75±1.25	1.202*
消极情绪	2.72±1.24	2.77±1.17	-0.237
主观幸福感	4.24±0.71	4.09±0.70	1.110**

　　由此可见，媒介不仅对于流动儿童而言，对于所有的儿童来说，从诞生起，就始终秉承以传播知识为主的教育功能。17 世纪英国哲学家、教育家约翰·洛克（John Locke）认为，儿童天生带着一个有点像"白板"的大脑。这是比喻与儿童相关的环境可以在儿童心里留下预设的内容，将儿童塑造成为社会期待的人。① 洛克同时认为，流动儿童因其自身心理发育的特殊性，可能通过各种途径汲取各种信息，并学习多样化的社会技能，培养良好的生活习惯，在原先"白板"的内心世界刻上丰富多彩的内容。在一定程度上，媒介延伸与扩展了流动儿童的认知，这将有助于弥补现实中的不足，使他们可以通过网络和城市儿童一样感受精彩的世界。

第四节　促进流动儿童媒介幸福感的建议

　　童年是个体发展的重要阶段，应当是人一生中最快乐、最幸福的时期。流动儿童也应获得所应有的快乐。苏霍姆林斯基提出："儿童应该生

---

　　① 参见王迪《儿童健康信息认知的"知沟"研究——以电视广告为例》，博士学位论文，复旦大学，2006 年。

活在美、游戏、童话、音乐、图画、幻想、创造的世界里。"① 所以，儿童幸福感的本质是自由、快乐的。因儿童具有无限发展的可能性，增加流动儿童的幸福感，一方面要培养其快乐的个性和健全的人格，另一方面要帮助其感知当下的幸福。就流动儿童来说，其幸福感有以下基本特性：其一，有具体易得性。流动儿童的幸福体验较为简单、具体。他们离开熟悉的家园，电视及网络媒介可能最能带给他们快乐。其二，给予享有性。流动儿童因其自身境遇存在的不确定性，他们的物质生活及精神生活取决于周围环境的给予。其三，丰富完满性。② 为此，本书提出促进流动儿童媒介幸福感的如下建议。

一　以流动儿童为本，打造幸福圈

以流动儿童为本，就是要用流动儿童的视野来制作媒介信息。具体来说就是既遵循流动儿童的基本生理发展规律，又要从流动儿童的特殊处境出发，用他们的视野来观察社会，理解问题，这是提升流动儿童媒介幸福感的核心理念。③ 蒙台梭利也指出，儿童在这特殊的年龄阶段具有特殊的敏感性，这种敏感性促使他们从周围的世界中吸收所需要的能量，帮助他们适应生活。④ 2007 年央视春晚上最让人动容的节目当属诗朗诵《心里话》，由一群打工者子弟朗诵的诗歌让无数人为之落泪。⑤ 该诗歌原名《我是谁》，改编自 2004 年《新京报》上刊登的诗作《我是谁》。当一群生活在城市边缘的流动儿童用稚嫩的童声轻轻吟诵《心里话》，追问"我是谁"

---

① ［苏］瓦·阿·苏霍姆林斯基：《给教师的建议》，杜殿坤编译，教育科学出版社 1984 年版，第 202 页。

② 参见王旭丽《社会转型期儿童幸福感的影响因素及其实现》，《中州学刊》2013 年第 7 期，第 79—83 页。

③ 参见刘晶、王伟《从儿童认知理论看儿童电视节目的定位缺失》，《山西农业大学学报》（社会科学版）2012 年第 11 卷第 6 期，第 576 页。

④ 参见蒙台梭利《蒙台梭利幼儿教育科学方法》，任代文译，人民教育出版社 2001 年版，第 393 页。

⑤ 参见时艳钗《大众传媒视野下的农民工身份认同研究》，硕士学位论文，河南大学，2007 年。

时，他们及其父母的生存现状真实地呈现在了亿万电视受众面前。全社会都在关心关注流动儿童，这是一种无条件的爱。当我们感受到爱时，我们才感受到力量，这等于给流动儿童建造一个"幸福圈"。

在儿童新闻方面，《新闻袋袋裤》算是比较出色的一档栏目，它关注校园里的热点问题，播出新近发生的，适合儿童理解和接受的新闻事件，传递一些与儿童相关的活动、游戏、娱乐、学习等方面的信息。美国的"福克斯家庭"（FOXFAMILA）对儿童进行相应的细分，比如根据性别分别设置了男孩频道和女孩频道；日本的儿童电视节目根据年龄对受众对象进行细分。这些措施体现了以人为本，收效不错。①

大众传播媒介对流动儿童的影响是一个潜移默化的过程，而儿童时期是人的社会化发生和发展的重要时期，媒介在儿童的社会化过程中充当着重要的角色。② 但是，对于流动儿童来说，媒介同时充当了儿童初级社会化阶段主要的执行机构。那么该如何为流动儿童打造"幸福圈"呢？首先是通过电视、书籍、报纸、网络等媒介内容的表现，帮助流动儿童构筑一个现实的和虚拟的安全世界；其次，大众媒介为流动儿童提供一种社会规范或规则，使流动儿童可从中观察和学习相应的社会规则，由此建立起关于现实世界的概念和信仰。"我知道，我应该这样爱自己及爱身边的人"，这是最深也是最真的人格特性，其懂得了基本社会规范，学习到相应的伦理道德。③ 美国心理学家怀特等人认为，在媒介的影响下，儿童的社会化已经由原来的家庭和学校共同完成过渡到由学校、家庭及媒介来完成，尤其是电视在儿童社会化过程中所发挥的作用不可小觑。④

---

① 参见王慧敏、许燕钗《央视少儿频道的受众定位简析——以〈新闻袋袋裤〉〈音乐快递〉栏目为例》，《湖北广播电视大学学报》2011 年第 5 期，第 88 页。

② 参见［英］安东尼·吉登斯《社会学》，李康译，北京大学出版社 2009 年版。

③ 参见王芳等《"文化孤岛"中回族儿童的文化传承研究——基于五顷塬回族自治乡龙咀子村的田野调查》，《当代传播》2012 年第 4 期，第 74—76 页。

④ 参见方建移等《社会教育与儿童社会性发展》，浙江教育出版社 2005 年版，第 94 页。

　　美国尼克罗迪恩儿童频道是以"以儿童的独特眼光为主导，与儿童交流，为儿童提供精彩、非暴力、寓教于乐的精彩儿童节目"为宗旨，这种以儿童为本的理念体现在以下三个方面：一是以孩子为中心，把权利赋予孩子；二是建立平等观念，所有个体都是平等的；三是树立教育发展观，尽管快乐是重要的，但儿童更具有无限的发展性。① 为此，媒介应开展广泛的调研，了解流动儿童的品位和喜好，坚持遵循流动儿童独特的个性，坚持以流动儿童为本位。

二　应增强媒介互动，促进正能量流动

　　流动儿童需要与媒介保持持续的互动，以促进正能量的流动。首先，可以通过媒介策划相应的关爱活动。例如，中央电视台少儿频道《同一片蓝天》《快乐体验》等节目，曾鼓励城乡、东西部地区的儿童体验不同的生活情境，并从中获得不同的生活感受，从而使他们珍惜现有的生活，让生活在不同环境下的儿童体验到分享的快乐。其次，可以在感恩节、母亲节等特殊的日子，鼓励流动儿童给帮助过自己的人写感谢信，在信中可以分享自己的感受，表达感恩之情。这对于写信的人及收到信件的人，都是一种幸福的体验，它所代表的是一起共度的快乐时光。再次，要合理地使用媒介，将媒介作为幸福的催化剂。媒介的意义在于，它能够为流动儿童提供不可替代的幸福感。生活在互联网时代的流动儿童，一般的家庭都有电视、手机，而且报刊也很容易得到。但如过度地使用媒介，甚至沉溺其中，则未必会觉得幸福。或许对流动儿童来说，媒介最有用的功能就是，把他们未曾见过的世界上有趣的事物展现出来。② 恰当地使用媒介，从媒介获得幸福的感受，或者从媒介中获得的感

---

　　① 参见陈舒平《儿童电视学》，北京广播学院出版社 2003 年版，第 335 页。
　　② 参见 ［美］Gerald S. Lesser《儿童与电视——"芝麻街"的经验》，关尚仁译，远流出版公司 1994 年版，第 235 页。

悟，与身边人分享，既增加了交流和沟通的机会，同时也营造了一个欢乐的氛围。①

三　媒介应建立"游泳模式"

"游泳模式"是一种隐喻，游泳带给我们身心舒畅的愉悦体验，而溺水则令人痛苦，使我们奋力想挣脱出来。首先，对流动儿童来说，离开了熟悉的家园，离开了曾经的伙伴们，来到一个陌生的地方，与媒介的互动缺乏相应的议题，他们在媒介上发言的机会更是微乎其微，这是一种受众地位的严重失衡。他们有类似于学习游泳的体验，有被关注的需要，因此，媒介应给予他们适当的满足，而不是使流动儿童过度满足甚至沉溺其中。其次，游泳不仅可以促进我们的身心健康，同时也是一种新的技能。媒介应考虑流动儿童的心理需求，让他们在相应的媒介中获得成长，得到启发，享受到快乐。再次，不同的环境适合不同特征的游泳者，只有给予相匹配的游泳环境才能给予其不同的愉快体验。若让儿童在深水游泳池中游泳，带来的恐怕不只是恐惧，甚至有溺亡的危险。为此，媒介应注重研究流动儿童的心理需求、认知需求及发展需求，尊重流动儿童独特的成长状态和成长特征，以满足流动儿童需求为根本目的，以符合流动儿童基本的认知规律和审美情趣。②

四　媒介应守住流动儿童心灵的栅栏

流动儿童因其特殊性，往往比一般的儿童体验到更多的焦虑，他们需要更多心灵的慰藉。首先，媒介应充满生活气息，给流动儿童以欢乐。儿

---

① 参见赵亮、韩轩《儿童剧：最重要的是带给孩子幸福感》，《工人日报》2013 年 6 月 17 日第005 版。
② 参见王若霆、赵扬《树立儿童为本理念提高节目品质——以中央电视台〈智慧树〉为例》，《中国广播电视学刊》2011 年第 6 期，第59—60 页。

童不仅需要放松与欢乐，更需要朋友与支持。欧美有许多影视节目充满着生活情趣，如《芝麻街》（*Sesame Street*），展现的是孩子们在户外玩耍的活动，有欢快的音乐，有童真的笑声和欢呼声，儿童在观看中感受了生活的欢乐。[①]　其次，媒介应给予榜样。导演宁敬武执导的《无声的河》深受儿童喜欢，影片呈现了一群聋哑学生和一位实习老师在真诚的相处中帮助彼此找回梦想、找回信心的故事。法国影片《放牛班的春天》，讲述了一位才华横溢的音乐家在与许多老师眼中的"问题儿童"周旋之后，用音乐打开了他们的心灵，让他们感受到希望和信心的故事，许多儿童看完电影后泪流满面，备受鼓舞。中央电视台少儿频道以"引领成长，塑造未来"为宗旨，通过健康、有趣、益智的节目内容及形式，激发儿童参与的兴趣，发掘儿童自身的潜能，引导儿童快乐成长。再次，媒介应发挥其积极作用，关注流动儿童心理特征，唤起全社会来关注流动儿童这一特殊群体。针对流动儿童的媒介具有独特规律性，需要倾注更多的爱心。一方面，媒介应广泛宣传普及心理健康知识，应有基本的心理调适技巧的介绍，使流动儿童能从中获益，促进心灵的健康；另一方面，媒介作为一种信息资源应具有唤醒的作用，让社会、家庭、学校以平等、博爱的立场，关注流动儿童的生存处境，关心流动儿童的心理、成长及需求，但也不应过分夸大流动儿童羸弱的表面和困窘的境遇。多管齐下，让流动儿童拥有一个阳光心态，幸福人生。

---

① 参见陆晔《重新认识"儿童"——从 BBC〈天线宝宝〉看儿童媒介发展的理念和框架》，中国青少年社会教育论坛暨 2004 年媒体与未成年人发展论坛，2004 年。

第十二章　公平与正义：新生代农民工媒介幸福感的研究

痛苦和幸福是人类情感的两面，像轴线上的两个相对的极点。是痛苦把幸福变得迷人，是幸福把痛苦变得深刻。新生代农民工将面临凤凰涅槃般的苦痛，这个过程可称为成长或发展。如此看来，研究新生代农民工的媒介幸福感，不是要试图使其摆脱生活中痛苦的情绪体验，相反，从某种意义上来说，接纳现实的苦痛是新生代农民工自我成长的必由之路，因痛苦也是一种有效的成长资源。怎么利用现实的不如意表达对幸福的追求有赖于个体的心智，有人能有效利用相关的资源，在痛苦中获得成长，让阳光吹进心灵，幸福感也就日益增加。

研究新生代农民工的媒介幸福感，有没有一种途径，将研究过程变成增强新生代农民工幸福感的体验过程？大概研究者和被研究者都希望这样美好的事情发生吧。不为研究而研究，通过研究过程促进研究对象的幸福感，这估计是最幸福的事了。那么这不仅仅是研究的事，更要依赖于实践。

第一节　研究基础

一　新生代农民工相关研究

（一）新生代农民工的界定

中国科学院张雨林教授于 1984 年首次提出"农民工"这一概念。"农民工"是特殊身份的指代，其基本要义是：一是拥有承包集体耕地的权利，体现了他们在中国户籍制度下的农民身份；二是又拥有像城镇中的工人一样的职业。2001 年，学者王春光认为"新生代农民工"有三个核心要素，分别为"新""农""工"，并在此基础上提出这一概念，从此"新生代农民工"逐渐进入研究者的视野。他同时指出新生代农民工有以下两个基本特征：（1）25 岁以下外出务工经商的农村流动人口；（2）文化层次与老一代农民工相比普遍较高，相对来说都受过比较好的教育。[1] 中央于 2010 年正式出台《关于加大统筹城乡发展力度进一步夯实农业农村发展基础的若干意见》，文件中指出新生代农民工是一个新的庞大的劳动大军，并将新生代农民工分成两类：一类是在农村出生后来进入城市的；另一类是因父辈在城市打工而在城市出生，但户籍仍然属于农村。社会学家孙立平说，新生代农民工既是一种社会身份与职业的结合，同时也与时代相关。[2]

---

① 参见王春光《农村流动人口的"半城市化"问题研究》，《社会学研究》2006 年第 5 期，第 107 页。

② 参见孙立平《城乡之间的"新二元"结构与农民工流动》，李培林主编《农民工：中国进城农民工的经济社会分析》，社会科学文献出版社 2003 年版，第 152 页。

（二）新生代农民工的基本特征

如上所述，在社会转型期，新生代农民工的数量不断增加，并已成为当前农民工队伍的主流，成为我国产业工人的重要组成部分。这个新生的特殊群体引发相关研究者的广泛关注，学者们从不同角度进行了相关的探讨及研究。学者长子中认为新生代农民工具有以下基本特征：（1）较弱的农村情结，渴望融入城市；（2）急功近利，亲情意识较为淡薄；（3）有强烈的自我完善意识，但吃苦耐劳精神较弱；（4）维护自我权益的意识增强，但自我约束力较差；（5）追逐时尚消费观念较强，不太注重节约。他在研究了新生代农民工的基本特征后，分析了新生代农民工面临的主要困境，认为体现在为个人婚姻问题、身份认同问题、职业发展问题和由经济、素质和社会福利产生的落户"三壁垒"问题。① 许叶萍、石秀印研究认为，新生代农民工家庭取向在弱化，个人发展和城市融入的动力在增强。② 李向娟等认为新生代农民工因其所处的环境及时代，具有以下鲜明的特点：一是他们的职业期望值高，表现为从谋生型向发展型转变；二是物质和精神享受要求高，精神文化需求多元化，更渴望获得满足；三是受教育程度更高，渴望从农民工转变为"新市民"；四是工作耐受力低，既追求基本权益的保障，更追求拥有体面的工作。③

综上分析，新生代农民工由于其自身的特殊性，不可避免地面临种种不利的处境：（1）在制度认同上，新生代农民工具有"农民"身份的体制性标签，制度认同关乎新生代农民工的政治生命和话语权；（2）在自我群体归属上，新生代农民工仍很难准确将自己定义为"农"或

---

① 参见长子中《新生代农民工面临的城市困境》，《经济参考报》2010 年 1 月 12 日第008 版。

② 参见许叶萍、石秀印《新生代农民工的价值追求及与老一代农民工的比较》，《思想政治工作研究》2010 年第 3 期，第 11 页。

③ 参见李向娟、郑庆昌《新生代农民工的媒介供给缺失及其原因探析》，《福建农林大学学报》（哲学社会科学版）2012 年第 3 期，第 23—26 页。

"工"，"城里人"或"乡下人"，群体归属的困难使得他们缺乏归属感。媒介作为社会文化的重要载体，应在外来文化与本土文化、农村文化与城市文化中找到平衡，以减少新生代农民工在边缘文化与主流文化中的冲突。

二　新生代农民工与媒介

根据以上分析，新生代农民工面临身份认同问题，身份认同是社会接纳的重要依据。社会对该群体接纳根据程度的不同分为名称指代、政治法律、心理接纳。这三个层次是一个逐渐递深的过程，心理接纳是最高层次的社会融入。而媒介作为社会文化的一部分，是促进他们身份认同、社会融入的重要载体。这与普赖斯的观点极为一致，普赖斯提出媒介在现实社会促进社会认同、社会支持、社会融入的过程中扮演着极为重要的角色。[1]本书将基于此观点进行综述。

（一）媒介与新生代农民工

本书发现以往媒介与新生代农民工相关问题的研究主要包括两方面。

一是从媒介内容的呈现路径上进行分析。这部分的研究多采用访谈法、内容分析法，通过对媒介文本中的新生代农民工的形象进行分析，发现新生代农民工多半是以负面形象呈现。如许向东发现媒介对新生代农民工这一特殊群体存在不同程度的认知偏见，如身份污名化、特征标签化、印象刻板化等现象。[2]这在一定程度上会影响新生代农民工的自我认知。董小玉等从新生代农民工形象认知视野进行分析，探讨了新生代农民工群

---

① 参见［美］沃纳·赛弗林、小詹姆斯·坦卡德《传播理论：起源、方法与应用》，郭镇之等译，华夏出版社2000年版，第220页。

② 参见许向东《一个特殊群体的媒介投影——传媒再现中的"农民工"形象研究》，《国际新闻界》2009年第10期，第42—45页。

232   媒介幸福论:幸福心灵的媒介引导与构建

体在大众媒介中的缺失现状,并对其形象嬗变的原因进行剖析,且对新生代农民工的形象在大众媒介中的呈现及建构进行了伦理反思。对农民工的传媒再现不仅反映了城市居民对农民工的话语霸权,而且还体现了作为主流群体的城市市民对作为边缘群体的农民工的心理与行为上的排斥。一旦媒介为新生代农民工贴上了标签,就将他们排斥在正常的群体之外,会形成一种恶性循环。① 由此可见,媒介针对新生代农民工的报道呈现标签化趋势或媒介镜像被污名化倾向。

二是从媒介的具体行为上展开相关的研究。多半针对新生代农民工的媒介接触、媒介内容、媒介形式等方面进行研究。陶建杰从新媒介的角度探讨如何构建新生代农民工的社会关系,并分析新生代农民工社会观念的形成的影响因素。② 此外,杜忠锋等调查新生代农民工当前媒介素养基本状况,并根据调查结果进一步提出提升新生代农民工媒介素养的相关建议。③ 魏泓飞分析了新生代农民工的媒介话语权缺失现状,探讨了新生代农民工话语缺失的具体原因,从而深入探讨了新生代农民工媒介话语现状改善策略。④ 王士军等认为新生代农民工主要具有渴望信息和面对海量信息难以选择而焦灼的特征,提出以移动新媒体为基本技术手段,通过整合各种媒体资源,以培养新生代农民工的媒介素养为基本目标,实现以人为本,满足新生代农民工的信息饥渴需求。⑤

---

① 参见董小玉、胡杨《新生代农民工的大众媒介形象建构》,《新闻界》2011年第2期,第10页。
② 参见陶建杰《新生代农民工信息渠道使用意愿的影响因素研究》,《南京农业大学学报》(社会科学版)2013年第2期,第11—18页。
③ 参见杜忠锋、史晓宇《对农民工媒介素养现状的调查研究——以昆明大学城建筑工地为个案》,《东南传播》2011年第3期,第25—28页。
④ 参见魏泓飞《农民工的媒介话语现状分析及其改善》,《东南传播》2008年第7期,第71—73页。
⑤ 参见王士军、彭忠良《论移动新媒体破解新生代农民工信息饥渴的机遇与挑战》,《河北北方学院学报》(社会科学版)2013年第3期,第60—63页。

（二）媒介促进新生代农民工幸福感的研究

媒介能满足新生代农民工的基本需求。促进新生代农民工的幸福感研究主要体现在以下两方面。

一是新生代农民工对媒介需求现状的研究。郑欢、江颖红通过调查发现新生代农民工主要是通过网络、电视和报纸三种渠道获取信息，并呈现一定的差异，而且获取的信息内容主要为实用信息，如生活消费类信息。[①] 周全等认为，媒介内容与新生代农民工的现实生活产生了极大的反差，相关的内容多是与城市市民、城市白领、社会精英有关的内容，这会导致新生代农民工的自卑心理及对媒介的抗拒心理。[②] 郑素侠在调查新生代农民工的媒介内容需要时发现，新生代农民工比较关注与自身密切相关的新闻与消息，比如政府有关农民工的政策和措施以及有关家乡的新闻，而对娱乐和体育则不甚关注。[③] 李向娟和郑庆昌的调查研究结论除了跟上述的结论一致外，他们还发现新生代农民工接触大众媒介的主要动机依次为获取就业教育健康等方面信息、国内外大事、党和国家的政策与法规等，但因新生代农民工的媒介素养较低，难以从媒介中获得有价值的信息。[④] 贾毅也认为新生代农民工对媒介使用的三大主要目的是：娱乐生活、接收信息、学习提升。并针对各大媒体没有太多地关注和满足农民工这一群体提出了一定的反

---

① 参见郑欢、江颖红《新生代农民工的信息行为与传播责任》，《广告大观理论版》2012 年第 2 期，第 4—11 页。

② 参见周全、张国红、许藜《构建和谐社会中的城乡信息鸿沟问题》，《农业图书情报学刊》2008 年第 4 期，第 8—12 页。

③ 参见郑素侠《农民工媒介素养现状调查与分析——基于河南省郑州市的调查》，《现代传播》2010 年第 10 期，第 121—125 页。

④ 参见李向娟、郑庆昌《新生代农民工的媒介接触状况及评价——以福建沿海地区为例》，《福建论坛》（人文社会科学版）2012 年第 3 期，第 145—149 页。

思。① 陈芳在其研究中发现手机和网络是新生代农民工经常使用的媒介，他们通过媒介来了解新闻和增长知识，但往往有一定的矛盾心理，表现为不太相信媒介上的内容。② 从以上分析可以看出，当前媒介无法完全满足新生代农民工的基本信息需要，从而会影响新生代农民工的幸福感。

二是新生代农民工使用媒介提高幸福感的研究。如今，网络已成为新生代农民工满足多元化精神文化生活的重要途径。包凌雁认为，新生代农民工使用新媒体将直接促进经济的增长，推动媒介的消费，同时也进一步构建了新生代农民工的社会认同及现代性。③ 黄伟迪认为相对于报纸、电视这些传统媒体，新生代农民工更热衷于互联网和手机这些新媒体，而这些新媒体最大的功能是交友、娱乐和满足信息需求。④ 2012 年，铁道部开始全面推行实名制网络购票，新生代农民工对互联网的依赖性进一步增强。此外，媒介也对新生代农民工自我认知产生影响，这种影响将直接构建人们对新生代农民工的认知，同时也潜隐地影响着该群体在城市社会文化中所获得的认同和尊重。⑤ 通过上述分析发现，在当前社会转型期，新生代农民工对媒介的期待与媒介给予他们的尊重并不相符，这会直接导致新生代农民工幸福感的降低。

---

① 参见贾毅《新生代农民工媒介接触的状况与反思》，《新闻界》2012 年第 8 期，第 8—11 页。

② 参见陈芳《新生代农民工媒介素养对其城市融入的影响探讨》，《中国报业》2012 年第 24 期，第 161—162 页。

③ 参见包凌雁《新媒体受众：不能少了农民工——从宁波市农民工媒介使用调查谈起》，《新闻传播》2010 年第 7 期，第 89 页。

④ 参见黄伟迪《新媒体与新生代农民工的流动生活——比亚迪工业园的民族志调查》，《新闻与传播评论》2011 年第 12 期，第 111—127 页。

⑤ 参见 [英] 尼克·史蒂文森《认识媒介文化》，王文斌译，商务印书馆 2001 年版，第 156 页。

第二节　研究方法、研究过程及研究对象

一　研究方法

根据引言所述的研究思路，本书在研究过程中，运用焦点小组访谈法结合团体辅导的优势进行研究。

首先，运用团体辅导作为研究的辅助方式。团体辅导（group counseling），group 为群体、团体之意，是个体在遵循一定团体规范下组成的群体，counseling 是咨询与辅导的意思。本书运用团体辅导这一形式，是希望借助于团体辅导来营造温暖、安全的心理氛围。围绕健康成长的需要的主线，通过运用适当心理辅导的策略，使小组成员间建立良好的人际关系，借助于小组成员间的人际互动，促使他们敞开心扉，畅所欲言，从中得到启发和成长。

团体辅导这一辅助形式，优点极为明显。一是大多数新生代农民工在正式场合表现出较为害羞、自卑、内向等特点，而团体温暖互动的氛围可以促使小组成员开放自我，自由地表达真实的想法。二是团体辅导的过程，可以使小组的成员产生一致性体验。如若对单个成员进行访谈，他们可能难以暴露他们真实的想法，认为自己的感受是唯一的。在团体中，他们可能会发现，他并不孤单，许多人和他有一样的想法，这本身对他们来说是一种支持。在研究中，可以得到较为真实的信息。三是促进了他们的情感互动和相互支持。这个研究过程可起到增进友谊、促进学习、提升幸福感的作用。

其次，焦点小组访谈法是在团体辅导的基础上进行的。焦点小组访谈

法也称为专题小组访谈法。本次访谈针对媒介带给新生代农民工幸福感方面的问题，主要围绕媒介接触、媒介形式、媒介内容带给新生代农民工的益处进行探讨，同时研究媒介因素对他们幸福感的影响。通过给出相应的开放式问题让他们自由地探讨，通过他们自由探讨、相互交流与分析，本书获得许多有价值的资料和信息——就研究而言，这是一种自我探讨式、自我分析式的研究路径——然后根据这些信息进行定性研究。在焦点小组访谈时结合他们所喜欢的游戏形式，运用非专业术语。如将"互联网"直接用"电脑"或"手机上网"来代替，而"幸福感"直接用"开心还是不开心的情绪感受""带给大家什么样的益处"等来代替。这样通俗的语言便于他们理解和交流。在小组人员数量的选择上，Merton 认为 6—10 人为最佳。①

　　显然，焦点小组具有很多优点：一是快速高效，一次可以对多个访谈对象进行调查；二是实现双赢，因新生代农民工自身也有生活的压力，通过焦点小组访谈法结合团体辅导既对他们进行了心理辅导，给他们提供了情感支持，同时又获得了相关的资料，于研究者及被调查者而言是一个双赢的过程。

二　焦点小组访谈过程

　　首先，招募访谈对象。因本书的研究对象是新生代农民工，故在招募访谈对象时参照相关的条件进行招募。主要是通过以下三种途径：一是发布信息征集主动参加人员；二是与公司负责人联系，请他们推荐访谈对象；三是采用个别邀请的方式。共招募到 10 名新生代农民工。

　　其次，通过团体活动营造温暖的氛围。在一个较为封闭的团体活动室

---

① 参见 Merton, Robert K., Patricia L., Kendall (1946), "The Focus Interview American", *Journal of Sociology*, 22, pp. 12 - 13, 转引自刘建平等《基于焦点小组访谈法创新的大学生网络自助游市场研究》，《湖南财政经济学院学报》2013 年第 4 期，第 33 页。

（没有桌子，仅有椅子可供坐下），大家先围成一圈，随后播放欢快音乐，制造快乐的氛围。本书作者先进行自我介绍，说明此次聚会的目的与意义，并请小组成员相互微笑，用眼神打个招呼，然后请他们按照出生日期（月日）的先后依次站成一圈，以打破小团体建立大团体。最后，请大家依次报自己出生日期，看看有没有同月同日出生的有缘人，并请大家分别和自己的左手与右手边的成员打个招呼。正好当天是其中的一位新生代农民工的生日，研究者请大家一起为他唱首生日快乐歌，大家分别用一句话表达了祝福。这个环节令当天过生日的新生代农民工极为感动，他眼睛里含有泪水，感谢大家说："谢谢大家今天用这种方式给我过了一个特别的生日，这将是我一生最为难忘的记忆。"并向大家深深地鞠了一躬。大家热烈地鼓掌。随后，研究者请大家举起右手，并大声地说出承诺："我承诺，我会尊重并支持身边每一位朋友；我承诺，我会积极地参与每一项活动。"最后，大家手拉手同唱《朋友》，顿时气氛温暖而感人。

再次，请大家围绕相关的话题进行讨论，主题是"时间去哪儿了？"（1）请大家将左手的手模画下来，然后按照次序分别将自己认为对自己影响最大的媒介（电脑、手机、电视、广播、报纸、杂志）写在相应手模的位置上，并陈述理由。（2）请大家将一周平均在各自的受影响最大的媒介上所花费的时间也写在相应的媒介类型上。（3）请大家在纸上的手指的左侧写上这种媒介带给自己的好处，如令自己感到开心的事，让自己得到什么样的满足等。（4）在手指的右侧写下这种媒介带给自己的不利影响。（5）随后请大家自由地交流，看看有没有发现使用该媒介后生活有什么不一样，下一步该怎么做。在具体操作过程上，每完成一项，就拿出时间来组织小组成员讨论和分享，力争确保每个人都有时间来发言。

最后，运用头脑风暴的方式，组织小组成员为自己的生活提供改善建议，由大家自行拟定改善自己生活的计划。在整个过程中不断鼓励大家：媒介只是影响我们的一个因素，我们应该对自己负责。

活动的最后，大家齐唱《相亲相爱一家人》这首歌，焦点小组访谈及团体辅导在大家的依依惜别中结束了。成员们通过分享，交流了想法，得到了成长，收获了弥足珍贵的友谊，也为本书留下了珍贵的第一手资料。

三　研究对象

焦点小组访谈的成员对象来源地是江西省南昌市。首先，南昌是江西省的省会城市，城市是新生代农民工聚集所在地；其次，南昌是中部地区，经济既没有"北上广"一线城市发达，又比西部地区发达；基于以上，在此工作生活的新生代农民工有一定的代表性。

本次焦点小组访谈的对象共有 10 人，考虑样本的广泛性与代表性，在选择抽样时考虑以下几个因素。一是文化层次结构，小学、中学、中专、大学都有相应样本，因为不同的文化层次会影响媒介的使用；二是考虑月收入的不同，因精神文化需求的满足往往基于一定的物质基础；三是他们来城市的时间的不同，时间是影响新生代农民工融入城市的重要变量。基于以上考虑，本书选择以下 10 位新生代农民工作为访谈对象，受访者基本特征见表 12 - 1。

表 12 - 1　　　　　　　　　　受访者个人资料

（化名）	陈志	阿东	张新	阿华	刘群	王威	杨智	阿明	阿杜	阿袁
年龄	20	18	18	22	24	19	19	20	23	22
性别	女	女	男	女	男	女	男	男	男	女
来城时间（年）	4	3	3	3	2	3	1	2	6	5
文化层次	中学	中学	小学	大学	中专	小学	中专	中学	中学	中学
月收入（元）	1700	1800	1600	2800	2200	1300	2100	1500	3600	1600
职业	印刷	印刷	搬运	售楼	印刷	保姆	代课	宾馆	建筑	印刷

第三节　研究发现

一　新生代农民工所偏爱媒介类型

在进行焦点小组访谈时，对新生代农民工偏爱的媒介类型进行排序，首先是手机，其次是电脑、电视。现在智能手机上网的网速也很快，信息应有尽有。

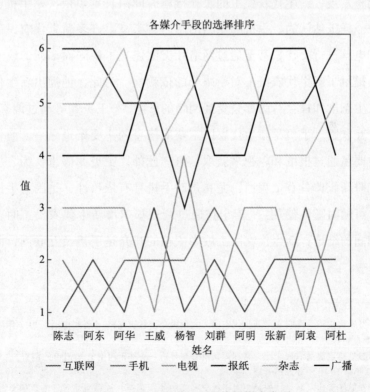

图 12－1　新生代农民工所偏爱媒介类型

注：纵坐标1、2、3、4、5、6，依次是排序第一、二、三、四、五、六。

由此可见，新生代农民工相对偏爱使用新媒体。在传统媒体偏好上，电视是他们比较感兴趣的媒介。这与相关调查研究较为一致，黄俊华等通过对河南工业大学附近 105 名不同行业的新生代农民工进行问卷调查及深度访谈发现，新生代农民工首先接触的媒介是网络媒体，其次才是手机媒体、电视、报纸和广播。[①] 郑素侠通过对河南省郑州市的新生代农民工调查发现，在媒介选择及使用上，手机和电视是他们最为偏好的媒介。[②] 一个可能的解释是，从媒介的易得性来说，手机及电视越来越便宜，而电脑相对比较昂贵。

二　新生代农民工的媒介接触时间

调查发现，新生代农民工的媒介接触时间由长到短依次是手机、电脑及电视。任玉达认为，手机和电脑信息内容丰富，许多新生代农民工通过手机和电脑进行交往，甚至通过网络社交圈建立了稳固而多元的线上社会网络，提示了新生代农民工对新媒介的依赖性。为此，他提出新生代农民工的人生态度和社会行为都会受到网络的影响。[③] 王炎龙等通过调查发现，电脑、互联网、手机是新生代农民工获取信息的主要渠道之一，而传统媒体中主要是通过报纸和电视来获取信息。此外，王炎龙等也认为，新生代农民工对新媒体具有依赖性，尤其是对手机具有依赖性，是因为手机极为方便，可随时随地使用。[④] 李宁在通过调查郑州市新生代农民工时，同样得出相同的结论：新生代农民工最为依赖的媒介是手机及互联网，而较少

---

① 参见黄俊华、许同文《新生代农民工大众媒介接触研究》，《新闻传播》2011 年第 12 期，第 27—28 页。

② 参见郑素侠《农民工媒介素养现状调查与分析——基于河南省郑州市的调查》，《现代传播》2010 年第 10 期，第 121—125 页。

③ 参见任玉达《新生代农民工对于社交网络的使用调查——对河北省迁安市的个案分析》，《东南传播》2012 年第 5 期，第 107—109 页。

④ 参见王炎龙、朱韫慧、王优《新生代农民工媒介接触与文化阅读调查分析》，《出版发行研究》2012 年第 4 期，第 12—16 页。

接触报刊等传统媒体。[①]

其次，本书发现，新生代农民工在传统媒介的接触上，表现出两极分化现象。有相当一部分新生代农民工投入比较多的时间在阅读报刊中。董迅石调查新生代农民工媒介接触的类型时发现，尽管手机和互联网等新媒体是新生代农民工媒介接触的主要方式，也是他们获得新闻、娱乐类信息的主要来源，但他们认为互联网的一些信息并不可靠，认为报刊的招工、招聘等实用信息更为真实可靠。[②] 一个可能的解释是，新生农民工的成长愿望较为强烈，希望通过报纸、杂志获得知识，得到成长，增长技术。

表 12 - 2　　　　　　　新生代农民工平均每天接触媒介的时间　　　单位：小时

媒介类型	手机	电脑	电视	广播	报纸	杂志
陈志	2.5	1	0.5	0.3	0.2	0.1
阿东	2	1.5	1.5	0.1	0.5	1.2
阿华	2.5	1.5	1.5	0.2	0.1	0.1
王威	2.5	2	3	0.1	0.2	0
杨智	2	1.5	1	0.5	0.2	0.2
刘群	2.5	2.1	0.5	0.1	0.1	1
阿明	2.5	2	1.5	0.5	0.3	1
张新	1.5	2	1.5	0.5	1	0.1
阿袁	3.5	1	1	0.2	0.1	0.1
阿杜	2.5	1.5	0.5	0.1	0.1	0.2

① 参见李宁《新生代农民工媒介使用情况调查》，《新闻爱好者》2011 年第 10 期，第 149—150 页。

② 参见董迅石《南京市区农民工媒介接触现状研究》，《新闻世界》2011 年第 9 期，第 214—215、262 页。

由此可见，在当前以新媒体为特征的社会转型期，手机已成为新生代农民工进城后必备的工具。但新生代农民工对手机及电脑的使用并不满足，他们存在发展的需求，希望通过各种媒介尤其是较有威信的传统媒介了解更加实用的资讯。李敬认为，网络为新生代农民工提供了更多的交往机会，促进了他们的情感交流，他们也更渴望融入城市，了解与自我发展相关的信息。[①]

三　媒介给新生代农民工带来幸福感及问题

表 12 - 3　　　　　　　新生代农民工认为媒介各种类型的优势与不足

	媒介带给他们的好处	媒介的问题
陈志	手机可以打电话,看时间,听音乐;可以收听各种有益微博;为联系带来便利。电脑可以看电影,可以让我不出门就能获取大量的信息。但是我觉得我的生活还是很空虚,我每天下了班之后不是看电影就是玩游戏,偶尔也会聊聊天。但是我实在想不到有什么更好的方式让我打发时间。	报纸信息速度慢,不怎么及时;电视商业化氛围太重,广告太多;基本是城市信息;手机浪费时间。
阿东	手机使人与人的沟通更快捷便利,遇到紧急情况可以快速联系别人。浏览信息更方便,电脑负面信息太多,垃圾信息太多。 我觉得手机让我感觉更幸福,我觉得跟家人在一起的时间是我最开心的时候,可生存的压力迫使我背井离乡,出来打工。但庆幸的是,我们有了手机,可以跟家里的人保持联系,我几乎每天都会打电话回家,我很享受这样的时刻。	相关信息里,家乡信息少;经常感到郁闷,无法排解;我喜欢网络心理测试,而长期上网对眼睛伤害大。

---

① 参见李敬《新生代农民工清苦 e 生活》,《计算机世界》2010 年 3 月 22 日第 018 版。

续　表

	媒 介 带 给 他 们 的 好 处	媒介的问题
张新	手机能使我更好地与人进行交流、促进感情；电脑有更多的信息，更丰富的资料；报纸和电视可以带来新闻资讯。手机可以提供资讯信息，使我了解大千世界的动态，净化心灵，知恩感恩，放松压力。	手机会产生依赖，并且对脖子有影响；电脑信息没有过滤，有很多负面消息。
阿华	手机可以联系家人和朋友；电脑可以看比赛直播，了解新闻资讯；广播和电视可以放松心情；杂志可以了解一些奇闻趣事，报纸可以了解时事信息。我觉得报纸挺好呀，可以给我们提供有用的信息。我刚来城市找工作的时候，我就去买了两份招聘报纸——《前程无忧》《智联招聘》，一个个找，我现在的工作就是通过报纸找来的，我觉得现在的工作挺好。	报纸上有些新闻把我们称为"乡下人"，且电视广告多，报刊传播时事速度慢，电脑有些信息不真实。
刘群	网络有大量的信息，玩游戏时放松心情，电视能获取大量的信息、新闻，手机联系交流。我是个性格相对内向的人，我给别人当保姆，不太愿意与人交往。我喜欢生活在自己的世界里，平时喜欢看看电视，上上网，听听音乐，我觉得也挺好的，所以我觉得这些媒介还是给我带来幸福感的。	痛苦无法排解，只有玩游戏；电视商业化氛围太重，广告太多；报刊信息量小；电视节目播放有顺序性、时效性，无法保存。
王威	手机可用于沟通交流，可联系家人朋友；网络信息即时，同时代替部分工作，提高效率；报刊丰富业余生活；电视娱乐；手机了解资讯更加便捷，与外界联系更加方便。	手机垃圾信息多，占据空余时间；网络信息虚假，使人消沉。

	媒介带给他们的好处	媒介的问题
杨智	手机携带方便，使联系较为快捷，可以和家人朋友联系；电视了解时事；报刊了解各地要闻、政策变动；电脑打游戏，听歌，看电影；手机通信方便，找资料方便，节省时间。手机可以帮助自己更好地联系他人，可以拍照片，打电话；网络可以让我了解和掌握信息；电视可以观看新闻和电视剧，报纸可以了解工作信息，掌握城市信息。电脑可以看电影，听音乐，看新闻，电视可以放松心情，调节情绪，充实生活，了解新闻资讯。	手机会产生一定的依赖，并且对脖子有一定影响；电脑信息没有过滤，有很多负面消息；报纸信息传递速度慢，不怎么及时。
阿明	我觉得手机和网络都能很好地提升我的幸福感，我是个外向的人，我喜欢与人交朋友，平时上班很忙，没有时间，下班后我就喜欢通过手机或者网络与我之前的好朋友联系。而且我很喜欢关注她们的微信，及时关注她们的生活，而且我自己也经常发微信，把我的生活状态通过微信的方式呈现给她们。看到她们的回复我很开心，我觉得自己有被关注的感觉。	网络信息多但缺乏真心交流，让我沉迷游戏；手机方便联系，但产生依赖；报纸及时了解各种最新资讯，但媒体爱夸大，炒作信息多。
阿杜	手机方便我与他人联系，不用出门，就可以买自己想要的东西；电视打发时间；报刊了解世界各地动态。网络拓展我们的视野；听广播比较轻松，能了解很多最新动态。手机使人与人的沟通更快捷便利，浏览信息更方便，遇到紧急情况可以快速联系别人。 我也觉得媒介可以给我们的生活带来便利，我也是通过网络找到工作的，我不是通过报纸，我通过网络上的前程无忧、智联招聘还有58同城招聘和赶集网招聘等相关招聘网站，那个时候我在很多招聘网站注册了账号并发了简历，我都不知道我是从哪个网站上找到工作的。	上网会消磨意志，易让人着迷，对颈椎影响不好，会成"低头族"，看久了，对眼睛不好。网络信息量大，但影响身心健康，报刊了解时事政事，每期都得买，浪费时间，浪费钱。电脑负面信息太多，垃圾信息太多。

续　表

	媒 介 带 给 他 们 的 好 处	媒介的问题
阿袁	手机可以打电话，看时间；电脑可以看电影；网络能让人不出门就获取大量的信息。网络把世界更好地展现在我们的面前；电视把不同的情感呈现出来，带来娱乐；手机有助于更好地联系和问候沟通、看新闻、查资料、听音乐；购物方便，沟通方便。	大家一起玩的时候都只看手机了，真正沟通的时间变得越来越少；视力下降了。

（一）媒介应给新生代农民工更多娱乐资讯内容

从访谈信息可以看出，新生代农民工使用新媒体的主要目的大多是聊天、在线听歌、看电影和电视剧、玩游戏等，同时很多被调查者表明使用网络后，自身的生活发生很大的变化，如可以获取更多的信息，使人际交往更具广泛性，生活上也更便捷、方便。新生代农民工渴望媒介带给他们最多的信息，次序尽管有些差异，但大致为：娱乐、交往、实用相关的资讯。结合媒介偏爱及媒介接触来看，尽管手机是他们所偏爱的媒介，但手机会影响他们的身心健康，尤其是对眼睛的伤害。说明新生代农民工一方面对手机的依赖性极强，另一方面比较反感手机这一媒介带给他们的不利影响。[①] 对手机的过于依赖，反映出他们对交友的渴望。有不少访谈对象表示，过度使用手机会影响现实中的人际交往。这与黄俊华等研究较为一致，黄俊华等认为新生代农民工在紧张的工作之余，对媒介具有较强的需求，尤其是人际交往的需求。[②] 杨英新研究通过调查发现，新生代农民工对网络媒体接触较多，而且偏看信息性及娱乐性信息，既关注城市又关注

---

① 参见郑素侠《媒介使用与新生代农民工的城市融入》，《当代传播》2012 年第 5 期，第 42—45 页。

② 参见黄俊华、许同文《新生代农民工大众媒介接触研究》，《新闻传播》2011 年第 12 期，第 27—28 页。

农村相关题材的信息，尤其对本地信息的关注以及对社会问题的关注度高。① 同时还可以看出，他们对媒介的信用度方面存在差异，传统的三大媒体在新生代农民工眼中可信度较高。从媒介参与角度来说，新生代农民工的媒介参与度较低。

（二）媒介应给新生代农民工更多心灵的关怀

新生代农民工处于城市和农村的边缘，特殊的处境使得他们表现出相应的特点：（1）平时工作劳动强度较大，但生活环境不尽如人意；（2）新生代农民工基本为"80后"，长期受到父母照顾，离开父母后，缺乏必要的亲情交流，表现出比较强的和父母沟通的欲望；（2）新生代农民工有强烈的自尊心，而现实压力又比较大，城市对他们的接纳程度不够，使他们感到自尊心受挫；（3）缺乏情感关怀，经常感到苦恼，不知如何倾诉。本书认为，在社会转型期，新生代农民工对心理健康存在一定认识的误区，许多人对心理疾病讳莫如深，认为心理疾病是可怕的，看心理医生是见不得人的事。但他们并不排斥媒介给他们宣传和普及心理卫生知识，相反，他们对媒介上所刊载的心理调适的技巧及相关的心理测试表现出欢迎态度。在问到这些知识的来源时，受访者普遍表示，现在手机微信是一个非常好玩的工具，摇一摇就可能找到可以聊天的网友；微信里有很多幽默笑话，心情郁闷的时候看一下；还有很多短小精悍的好文章，比如《25个能长寿的好习惯》《哪些让你目瞪口呆的保健知识》……

在小组访谈时，所有接受访谈的新生代农民工都表示：由于远离家庭，在工作之余容易产生孤独空虚感，经常会产生郁闷等情绪，和家人沟通是最开心的事。为此，媒介应针对新生代农民工发挥媒介传播的宣泄抚

---

① 参见杨英新《农民工媒介接触行为与大众传媒的关怀》，《时代文学（上）》2010年第5期，第218—220页。

慰的作用。① 当然，媒介对他们的心理抚慰应讲究策略，否则干预便成了干涉。首先，心理抚慰应针对不同受众进行有针对性的干预。因新生代农民工媒介素养普遍较低，可采用不同的宣传普及策略。因其心理困扰程度和表现形式也不一样，他们对媒介的使用习惯也不尽相同，大多数新生代农民工选择手机和电脑这两种媒介形式，其他的报纸、杂志及广播较少接触，媒介在针对新生代农民工进行心理干预时应考虑这些因素。为此，可利用手机网络平台，在微信朋友圈推出一些情感关怀、心理疏导的知识，或者在相关的社交网站或设立交友社区，如建立新生代农民工 QQ 群，由专家进行引导，普及心理卫生知识，开展心理健康教育服务；也可通过微信平台，随时为新生代农民工提供个性化的心理咨询服务，营造良好的心理环境，传播心理调适技巧，使他们的心理问题得到及时排解。

（三）新生代农民工渴望得到媒介平等尊重

在访谈时，访谈者表示，新生代农民工之所以对网络新媒体的使用持欢迎态度，是因为他们感受到网络促进他们对城市的融入。因为互联网作为开放的、相对自由的、去中心化的信息传播工具，可以为他们提供社会参与和话语表达的机会。不像报刊，他们讨厌媒介对他们的报道，尤其是冠他们以"被关怀者""城市破坏者"等，这种俯视的视角，让新生代农民工感受到自己是被歧视、被遗忘的边缘人，从而保持着与城市居民的距离。这就提示媒介应以人为本，尊重公民的主体意识、平等意识和参与意识。

其次，新生代农民工有着强烈的自我认同愿望，渴望寻求表达"我想要成为谁"的话语空间。而目前来说，媒介在这方面是比较缺失的。许多媒介关注的是城市群体，即使对新生代农民工的关注，也多倾向于同情、

---

① 参见蒋晓丽主编《传媒宣导抚慰功能研究》，四川大学出版社 2008 年版，第 3 页。

支持或轻视的态度。这就使得新生代农民工作为传播主体来说处于缺失状态。许传新认为，大众传媒"是受众宽容态度的培养者"，是"和谐社会的构建者"，应将新生代农民工作为城市中的一个正常群体平等对待。媒介应为他们加强教育，输入新观念，促进现代性发挥积极意义，增进新生代农民工这一特殊群体的幸福感。①

（四）媒介应消除对新生代农民工报道上的偏差

从访谈中本书发现，新生代农民工一方面生活在城市中，被城市所认同的渴望和利益表达诉求极为强烈，不断通过互联网等新型媒介来表达心声，另一方面，现实的困境又使得他们难以完全融入城市。说明在社会转型期，以新媒体为特征的媒介转型促使新生代农民工对媒介有旺盛的需求，同时他们渴望得到更多的媒介信息以提升自己的精神文化生活水平，这一点应引起政府及大众媒介机构的充分重视。相对于城市市民，新生代农民工普遍收入水平较低，社会影响力较小，而大众媒介具有商品的属性，往往着眼于较高购买力的受众群，而忽略了消费能力较弱的群体。而从我国目前大众媒介的传播状况来看，媒介传播内容城市化现象明显，与新生代农民工相关的媒介信息相对较为缺乏。从这个角度来说，大众媒介在针对新生代农民工的供给方面存在一定的缺失，这反映了当前大众媒介社会责任的缺失。② 叶继红等也认为，新生代农民工的传媒话语的缺失，会造成"集体无语"状态，而这种"集体无语"会影响人们对新生代农民工的关注。③ 为此，本书呼吁，相关媒介应重新构建新生代农民工的话语权，将话语权还给新生代农民工，使他们能够快速地融入城市。之所以得

---

① 参见许传新《新生代农民工的身份认同及影响因素分析》，《学术探索》2007 年第 3 期，第 61 页。

② 参见李向娟、郑庆昌《新生代农民工的媒介供给缺失及其原因探析》，《福建农林大学学报》（哲学社会科学版）2012 年第 3 期，第 23—26 页。

③ 参见叶继红、王元元《城市融入进程中的农民工传媒话语缺失与重构》，《重庆社会科学》2009 年第 10 期，第 37—40 页。

出媒介在新生代农民工报道的问题中存在着议程设置偏差的结论，是因为许多新生代农民工对当前的媒介并不满意。他们对当前的媒介信用度存在质疑；他们反感当前的媒介对新生代农民工的具体呈现；他们一方面依赖手机，另一方面又反感手机会影响他们现实的人际关系。从某种意义上说，这体现了媒介对新生代农民工问题的忽视；对他们形象构建的失真，甚至对他们存在一定的歧视。希望媒介给予他们更多的关注，赋予他们更多的话语权。

从另一角度来看，本书反思新生代农民工话语权缺失既是媒介产业化、商业化的本性使然，同时也由于新生代农民工文化知识的相对匮乏，自尊心过于强烈。这些因素都会导致新生代农民工对媒介议程及信息的认同危机。新生代农民工抱着强烈的"脱根"和"从乡下人变成城里人"的诉求来到城市，然而他们面临的问题是，户籍上依然是农民，但是居住空间、生存环境、生活方式、思想观念等渐趋于城市化。这使得新生代农民工很难在短时间内完成对自我社会身份的准确定位，摇摆挣扎于"农民"与"市民"之间。动机越强，心理断裂及落差越大，我们应加强对新生代农民工的媒介素养教育。芝加哥学派 Park 等人就注意到了传统媒体的社会整合作用，通过研究揭示了报纸阅读在培养社区居民的参与意识与社会认同中的作用。① 研究表明，阅读报纸的时间与新生代农民工与市民之间的心理距离呈负相关，即阅读报纸的时间越长，与城市的心理距离越大。一个可能的原因是许多都市类报纸大多以城市居民的生活和需求为中心，而较少关注新生代农民工这一特殊群体的喜怒哀乐。媒介应发挥积极的作用，促使新生代农民工以一种积极主动的心态与城市居民进行互动，以促进社会和谐。②

---

① 参见 Park, R. E., Burgess, E. W. & McKenzie, R. D. (1925), *The City: Suggestions for the Investigation of Human Behavior in the Urban Environment*, Chicago: University of Chicago Press。

② 参见郑素侠《媒介使用与新生代农民工的城市融入》，《当代传播》2012 年第 5 期，第 42—45 页。

（五）媒介应给新生代农民工带来实际的帮助

所有的受访者都表示，尽管渴求娱乐放松信息，但他们还渴望媒介能给他们带来实际的帮助。比如有人表示想通过报纸得到一份理想的工作。大部分受访者渴望过上城里人的生活，不愿意回到农村，但同时又表示在城里生活存在相当大的困境。新生代农民工面对相对陌生的城市，要适应不同于农村的生活方式，以及要面临在城市中生活的压力，无论是否愿意，城市化是他们必须面对的一个问题。

媒介应提供的实际的帮助是两方面的。首先是实际的支持。比如有人表示通过微博进行了维权，得到了社会的广泛关注，促进了他们与政府的沟通。其次，新生代农民工渴望同类群体带给他们的影响，这是一种间接的帮助。这是新生代农民工改变以前的价值标准和行为模式，适应城市，融入城市生活方式的过程。2011 年农民工歌唱组合旭日阳刚演唱了一首《春天里》，用歌声表达他们质朴而坚强的生活态度，令众多的新生代农民工产生共鸣，也使人们对新生代农民工群体的精神文化需求有了更多的了解。旭日阳刚通过《春天里》感动了许多人，这展现了人们对新生代农民工最温暖的情怀，呈现了底层群体最真挚的灵魂。

媒介要完善社会公共服务体系，要为新生代农民工提供更多展示才华的机会，积极组织各种文艺活动，将优秀的文艺作品送到社区，送进基层，使新生代农民工享受到和城市居民一样的文化大餐。媒介应通过这些努力不断缩短"城市人"和"农村人"之间的距离。

新生代农民工是社会分层体系中的弱势群体，他们具有无限的发展性。"少年强则国强"，他们代表社会的未来，代表祖国的希望。在和谐社会里，他们应受到平等的尊重。媒介作为社会的公器，不仅是纯粹的娱乐消遣，还应积极应对社会现实，为社会和谐稳定保驾护航。正如普利策所说，作为媒介工作者，要为社会守望，确保社会这条大航船的安全，保护每一个船员的生命与财产。① 为此，关注新生代农民工问题，既有利于保障他们基本的权益，提高他们的幸福感，同时也有利于社会的和谐稳定。

媒介应以平等的视角，以人文的情怀，以多元化的视野来塑造新生代农民工的新形象，并以此向市民展现新生代农民工群体的众多特征，促进彼此的交流和互动。媒介更要以宽容的胸怀容纳新生代农民工，以潜在隐忍的传播方式承载将新生代农民工看作社会组成部分的信息内容。② 以往的研究表明，媒体中的新生代农民工多是外地人形象，并存在一定的模式化。本书在调查中也发现，相当一部分新生代农民工认为，媒介对新生代农民工形象的刻画以负面居多，这容易导致怨恨和不满。媒介应发挥想象建构作用，以促进认同感。

本书的研究发现，新生代农民工对媒介的期待较低，只需要媒介放低身段，与他们平等对话，就很容易得到他们的认可。无论是媒介形式还是媒介内容都应考虑到这一点。

在具体的研究路径上，本书提供了一种基本的思路：使研究过程与研究目的相互促进，将外显的研究与内隐的研究进行融合。这样的研究体现了一定的责任意识，是对以往研究的一个有力的补充和借鉴。但是否具有一定的推广价值，有待商榷。因为新生代农民工这一群体具有不稳定性，而且运用团体辅导需要研究者具有较高的心理辅导技巧。

---

① 参见郑杭生《关于和谐社会建设的几个问题》，《江苏社会科学》2005 年第 5 期，第 1—5 页。
② 参见李红艳、曹文露《浅析社会变迁中大众媒介的社会责任——以〈中国农民工〉中农民工电视形象塑造为例》，《电视研究》2011 年第 5 期，第 48—50 页。

第十三章　健康与幸福：离退休老人 媒介幸福感的研究

第一节　问题的提出

随着时代的发展，老年人口数量正在不断上升，我国正逐渐进入老龄化社会，离退休老人的幸福感问题越来越受到学界及社会的关注。在新媒体时代，媒介环境也以各种方式影响离退休老人的生活方式，甚至从某种程度上来说，离退休老人的生活幸福感与媒介存在多向互动的关系。由此带来的问题是，政府及媒介必须研究如何通过调整媒介形态来提升离退休老年人的幸福感，这些调整会引发一系列的变化，其中一些观念和媒介政策方面的变化甚至是革命性的。这不仅会对离退休老年人的幸福感产生重大的影响，而且使媒介的发展面临着重大的挑战。

离退休老人活动重心从社会转移到家庭，社会活动范围缩小，但时间及精力而又相对过剩，并且他们都具有一定的文化水平。这些特点及老年人的身心特征导致媒介是影响离退休老人幸福感的关键因素。在新媒体环境下，研究如何使媒介依赖与媒介的使用满足之间取得动态平衡，提升离退休老年人的幸福感则显得极为迫切和重要。

　　离退休老人离开工作岗位，社会地位和家庭地位也相应地发生了一定程度的变化，与同事接触的机会减少，社交活动也相应减少，活动范围缩小，信息获取量减少，这样容易产生一种社会疏远感。① 离退休老年人经济收入减少，想再就业却又受到生理条件及社会条件的制约，心理难免产生无力感、无助感等消极的情绪体验。

　　为此，离退休老人能合理地、主动地参与和运用媒介，通过媒介了解社会动态。事实上，媒介对离退休老人具有广泛的影响力，甚至传播学者认为，媒介对社会具有决策意义，包括改变认知、定义事物，在媒介的影响下，离退休老人能够积极地生活，主动参与社会事务。

　　离退休老人的幸福感从心理学角度说是一种对自我生活的感知，包括积极的情绪体验和生活上的满足感。所谓积极情绪体验是个体对客观事物所产生的一种情绪体验，这与主观认知有直接关系，可以说媒介提供的认知是中间变量。此外，媒介具议程设置功能，根据离退休老年人的身心特点提供相应的媒介内容，使之从中得到满足。从这个意义上来说，媒介与离退休老年人的幸福感有着直接的关系。

　　因此，在当前社会转型期，研究媒介对离退休老人的幸福感的影响具有重要的理论及现实价值。只有及时调整当前媒介形态、媒介内容等，才能配合社会的各种要素整体提升离退休老人的生活幸福感，这是顺应时代和社会发展的要求。为此，在新媒体环境下，如实、客观地探究媒介对离退休老人的幸福感现状及影响因素，这是一个非常重要的研究课题。此外，本研究还希望为离退休老人的媒介素养培育提供现实的依据。

---

　　① 参见曹新美、刘翔平、唐宏《赣州市老年人主观幸福感影响因素研究》，《赣南师范学院学报》2007 年第 2 期，第 70—74 页。

第二节　研究文献综述

在国内外的相关研究中，针对媒介与离退休老年人的研究较为零散。在研究方法上，调查研究较多，而理论研究较少；在研究路径上，表现为从不同的维度进行研究，有学者从媒介使用视角来研究老年人媒介偏好，也有学者从媒介接触频率出发研究媒介兴趣。离退休老人与社会接触的方式发生很大变化，媒介将成为他们幸福感的一项重要来源，对媒介的接触行为会导致一系列心理及生理反应。概括而言，当前研究对媒介带给离退休老人的幸福感的影响，主要从媒介形态、媒介内容及媒介接触三个层面进行考察；离退休老人对媒介的接触、频次、类型及媒介认知往往会影响个体心理，对认知方式、角色认同、幸福感等方面具有相应的影响。

从研究现状来看，已有的研究多从社会学、心理学视野研究老年人社会地位的变化、生理特征的衰退，或从活动理论来研究老年人幸福感获取的途径。鉴于离退休老年人擅长表达、喜欢倾诉的基本特点，本书试图从传播学视野采用深度访谈法了解媒介对离退休老年人幸福感的影响。

一　媒介形式对老人幸福感的影响

张硕（2013）通过对北京朝阳区 1963 个样本（年龄为 60—92 岁）调查发现，使用新媒体最积极的老年人通常年龄较低，视力较好，受教育水平较高并且经济状况较好。陈勃等（2003）在调查中发现，大多数被试者认为现在的电视、广播、报纸与杂志中适合老年人的内容偏少，其中以电视最为突出。

中国老年学会的一次调查显示，70% 的老年人想上网，老年人"退而不休"心态较为普遍，极其渴望融入社会。北京大学人口学教授蒋末文表示：没有老年人参与的网络世界，是一个有缺陷的世界；老年人较为理智、谨慎，考虑问题比较全面，老年网民这个特殊的群体也应引起社会的重视。山东烟台 2009 年进行"中老年无障碍上网"免费培训，《中国老年报》召开"老年人网络信息无障碍权益保障座谈会"，这些行为都旨在呼吁政府要在宏观上指导并倡导老年人参与网络。

传媒接触是离退休老人闲暇活动的主导方式。电视、报纸与广播是当前我国老年人与社会互动的主要媒介，也是他们获得信息、愉悦身心、表达自我的重要渠道。张彩指出，老年人视力退化使得对广播的需求增强了，因广播是具有非视觉性、收听方式灵活、低门槛等特点的情感陪伴媒介，能较好地适应老年人的生理衰老的特点，满足其情感的补偿需求。①与其他年龄段的受众相比，老年听众对于广播的情感更加深厚。不仅是因为广播是平民化媒体，更是因为广播媒介具有便捷性，无论做家务、健身还是聊天都可以收听。由于特定的生理特点，老年人接触电视网络这些视觉媒体比较吃力，因而更加倚重伴随性强的广播媒体。②

研究发现，离退休老年人若对自身的状况有较好的了解，具有很好的自我评价和自我认同感，就能体验到较好的快乐，随之产生较多积极、正性的情感和体验，其主观幸福感就较高。因此，我们要通过提高老年人的自我评价和认同感等，提高老年人的主观幸福感。③

对离退休老人幸福感较早的一项研究也发现了与本研究类似的结论，该研究指出，与青年人相比老年人表现出较低的快乐情感成分、较高的生活满意度（认知成分）。离退休老人经历较为丰富，心态自然较为平和。④

---

① 参见张彩《老龄化社会与老年广播》，中国传媒大学出版社 2007 年版，第 55—58 页。
② 参见魏慧菊《老年广播节目的提升与完善》，《新闻传播》2012 年第 7 期，第 39 页。
③ 参见吴兰花《老年人主观幸福感与自我概念的关系》，《中国老年学杂志》2010 年第 13 期，第 1873—1874 页。
④ 参见池丽萍等《幸福感：认知与情感成分的不同影响因素》，《心理发展与教育》2002 年第 2 期，第 27—32 页。

而关于老年电视节目研究，针对某一媒介形式的老年节目的研究是研究老年节目的关键。学者主要从电视和广播的角度进行研究，尤其是针对电视的研究是研究的重心，事实上在第一点的老年节目发展研究上有很多文章就是从电视的角度展开的。

二　媒介内容对老人幸福感的影响

对离退休老年人来说，媒介内容越来越成为他们认知世界、感悟生活、寻求情感慰藉的来源。相关的研究也证实了这一点。王小斌认为，老年受众的需求主要集中在求知、求乐、求健康、求交流、求助几个方面。[①]陈健运用定量分析的方法，对老年受众的媒体接触行为做了调查，发现老年受众对新闻类、娱乐类、健康类、情感类传播内容的兴趣最大，这为媒体实现对老年人的人文关怀，开发老年经济提供了参考[②]。相关的文章主要从老年电视节目的不足、误区、定位、存在的问题及发展的现状、策略等方面进行研究，老年电视节目的伦理学思考及主持风格也是学者研究的一个方面。[③] 获得信息与娱乐是老年人电视接触最主要的目的，新闻、影视剧、戏曲曲艺及身体保健是他们最偏好的收视内容。使用与满足理论认为，随着需要层次的升级，人的幸福度也得到逐级拓宽和上升。幸福的层次越高，越能取得有益于公众和社会的效果。

《中国广播电视学刊》曾开设了老年节目专题，在内容方面契合了离退休老年人的需求，深受欢迎。该刊从当前老年节目的不足、老年节目的新闻价值、老年节目的风格地位及如何发展老年节目等方面综合论述。[④]

---

① 参见王小斌《老年受众群体的特征和需求》，《中国广播电视学刊》2002 年第 4 期，第 60 页。

② 参见陈健《老年受众的媒体接触偏好》，《东南传播》2007 年第 11 期，第 101—102 页。

③ 参见相关的研究主要有陈志峰的《转变观念与时俱进——〈夕阳红〉节目的改版与定位》，《现代传播》（中国传媒大学学报）2006 年第 3 期。

④ 参见第 2 期的文章包括李福成的《老年节目的新闻性如何体现》，《中国广播电视学刊》2001 年第 2 期，第 25 页。

崔健（2002）以自己在杭州电视台老年节目《金秋栏目》工作多年的经历认为要以积极的心态做好老年节目，同时认为做好老年节目必须依靠全社会的共同参与和支持，同时培养和造就老年文化的专业队伍也是当务之急。牛晨光认为老年节目能够创设一定的情景，激发老人的情感，并认为主持人的情感激发对老年节目具有很大的重要性。①

从媒介动机上，综观相关的研究，有以下几种类型：许丰采认为老年人有求助、求知、求益、求乐的需求。② 彭勃、王小斌从最易发生的最常见的兴趣和需求来看，认为包括求知、求乐、求健康、求交流、求助五个类型。③ 陈勃、樊国宝等在 2003 年对 557 位年龄在 60—91 岁的老年人进行了调查，认为老年人接触和使用媒介的主要动机有六大类型：了解国内外大事及形势政策、娱乐、增长知识、方便生活、增加聊天话题、打发时间。④ 吕琳认为老年人收听广播的心理动机主要体现为：获取信息认识环境；获取资讯，为生活提供便利；获取知识，提高自己；获取文化和娱乐，满足精神需求；获取情感抚慰，解决心理问题；获取社会参与感，证明自己价值。⑤

三 媒介接触对老人幸福感的影响

季尚尚选取北京地区老年网民作为研究对象，采用定量调查的方法，就老年网民群体的个人背景信息、接触和使用网络媒体的行为和习惯以及

---

① 参见牛晨光《中老年节目创作、主持中的情感激发》，《试听纵横》2009 年第 5 期，第 110—111 页。

② 参见许丰采《目前老年节目认识上的几点错位》，《中国广播电视学刊》2001 年第 2 期，第 64—65 页。

③ 参见彭勃、王小斌《试论老年受众的特征和老年节目的定位》，《声屏世界》2002 年第 3 期，第 33 页。

④ 参见陈勃、樊国宝《老年人传媒接触状况的调查与分析》，《社会科学》2003 年第 12 期，第 68—74 页。

⑤ 参见吕琳《老年群体对广播的使用与满足研究》，《广东技术师范学院学报》2008 年第 10 期，第 70—73 页。

对网络广告的态度展开调查，研究认为应该把握老年心理，关注不同年龄段的老年人的特殊需求。①② 此外，方建移、葛进平从准社会交往理论出发探讨老年人的媒介接触与准社会交往。③ 陈勃、樊国宝通过调查发现性别、年龄、受教育水平、经济状况及健康状况等因素对老年人传媒接触有不同程度的影响。④ 有学者还从中国传统老年观的角度分析，探求中国文化对老年受众群体的影响，并结合典型古代老年媒介形象，分析处于当代复杂传播环境下中国老年受众的媒介诉求，研究新媒体在服务老年群体中的应用。⑤ 有学者还从传媒经济的角度出发，探讨老年受众在传媒中的地位以及传媒产业的发展对于老年人的影响。⑥

　　早期的老年人与电视媒介接触的状况分析研究首先出现在西方发达国家，美国很早就开展了老年人电视传媒接触和使用状况的调查研究。美国研究者认为对传媒的接触或使用是组成老年人闲暇活动的重要部分。⑦ 也有研究者指出，如若离退休老年人媒体接触或使用由于所占的时间太多，会影响到老年人其他方面的闲暇活动以及人际交往、对衰老与社会现实的知觉等诸方面。Barrow 指出，闲暇生活是退休老年人寻求自我完善和自我实现

---

① 参见季尚尚《北京地区老年网民网络媒体接触研究》，《广告大观》（理论版）2009 年第 3 期，第 76—90 页。

② 参见欧阳珊《从老年人电视接触分析看电视媒体在老龄社会的应对策略》，硕士学位论文，南昌大学，2006 年。

③ 参见方建移、葛进平《老年人的媒介接触与准社会交往研究》，《浙江传媒学院学报》2009 年第 3 期，第 91—93 页。

④ 参见陈勃、樊国宝《老年人传媒接触状况的调查与分析》，《社会科学》2003 年第 12 期，第 68—74 页。

⑤ 参见陈月华、兰云《基于中国文化的老年群体媒介诉求分析》，《现代传播》（中国传媒大学学报）2010 年第 9 期，第 16—20 页。

⑥ 参见张硕《"银色传媒经济"的可及性分析——基于人口学的视角》，《特区经济》2013 年第 8 期，第 190—193 页。

⑦ 参见 Robinson, J., Skill, T. & Warisse, J. (2004), "Media Usage and Portrayals of the Elderly", In J. F., Nussbaum and J, Coupland (eds.), *Handbook of Communication and Aging Research* (2nd ed.), Hillsdale, N. J.: Lawrence Erlbaum Associates。

的主要方式，而且可以提高他们的生活质量与身心健康①，对媒介的过度
使用会损害其闲暇活动时间从而降低其幸福感。国内的研究者也进一步对老
年人电视接触的一般状况做了大量的分析和总结，例如从陈崇山的《老年受
众媒介行为分析》中引用的数据可以看出，相比于其他年龄段群体，老年受
众是接触电视媒体时间最长，对电视媒体接触最为忠诚（对节目或栏目有稳
定的偏好）的群体。此外陈勃、樊国宝的《老年人传媒接触状况的调查与分
析》，石静的《试以人际交往视角分析城市老年人对电视传媒的接触行为》
等，都分析了老年受众的电视媒介接触行为的种种特点。还有如何更好地办
好老年报纸，以及在新媒体的冲击下，老年报纸的生存空间的探讨以及新媒
体与老年生活的互动研究。该类研究主要以实证的方法探讨新媒体对老年人
生活的影响，如吴信训、丁卓菁的《新媒体优化老年群体生活方式的前景探
索——以上海城市老龄群体的新媒体使用情况调查为例》②。此外，还有新
媒体与老龄化的互动研究、老年人使用互联网的态度与行为调查研究等。③

第三节　研究问题与研究设计

　　媒介内容、媒介形式、媒介接触对离退休老年人生活的影响是多方面
的。从现有的研究来看，尚没有有效地回答，媒介何以能带给离退休老人

---

　　①　参见 Barrow，G.（1992），*Agning*，*the Individual and Society*，St.，Paul，M. N.：West
Publishing。

　　②　该文作者于 2010 年通过随机抽样方法对上海各主要区发放 410 份问卷，女性 55 岁以上，
男性 60 岁以上，探讨新媒体——互联网、手机和新型电视（IPTV、数字电视、卫星电视、互联网
电视）、平板电脑和电子书对老年生活方式的影响研究，得出充分利用好新媒体可以使老龄群体变
为"乐龄群体"。

　　③　参见王萍、王斌《新媒体使用与积极老龄化：对老年人生活质量改善的分析》，北京，
2008 年第六届亚太地区媒体与科技和社会发展研讨会。

幸福，又是通何种理论框架构建幸福感。

老年受众由于其特有的群体所具有的生理特点，通过传播学质化研究中的深度访谈法探索媒介与主观幸福感的联系路径，并遵循媒介幸福感解释的理论框架。具体来说，研究主要涉及三个方面的问题：（1）如何通过媒介的使用与满足直接使离退休老人产生幸福感？（2）媒介如何通过主观认知构建离退休老人的主观幸福感？（3）媒介如何通过设置一定的议题使离退休老年人生活更有意义？

本书所选取南昌万科四季花城社区的老年人作为研究对象。南昌是江西的省会城市，与武汉、长沙、合肥毗邻，既是中国历史文化名城，又是革命英雄城市和国际花园城市，具有非常深厚的城市文化底蕴，拥有众多的历史古迹。南昌市呼应长江三角洲和珠江三角洲，打造国家规划重点地区和全国核心发展新的增长值。万科四季花城是高新区一个建于2001年的小区，该小区有常住人口15000余人，既有企事业单位管理人员，也有普通城市居民；因该区地处城乡接合部，据业委会统计，该小区居民约有1/4是各地市流动人口。该小区作为研究样本具有一定的代表性。

在研究方法上，本研究主要采用质化研究中的深度访谈方法。质化研究专家 Jaber F., Gubrium (2001) 建议线性主题（Liner - Topic）的深度访谈（In - Depth Interview）样本数在28—40为宜，这样可以保证研究的集中度和有效性（Concentration and Effectiveness）。[①] 本研究通过面谈方式共访谈了30位离退休老年人，获得了大量资料。其中，男性16名，女性14名。在文化层次上：小学至初中4人，初中至高中6人，高中至大专7人，大专至大学本科8人，大学本科以上5人。年龄从55岁至80岁不等。由于研究时间与客观条件所限，本研究尽量考虑性别、年龄及身体健康等

---

① 参见 Jaber F., Gubrium James A., Holstein (2001), *Handbook of Interview Research: Context & Method*, London: Sage Publications, pp. 13 - 26。

因素，但因样本的局限性，故后续研究应将样本数量进一步扩大，重点了解媒介对离退休老年人的幸福感的影响。

第四节　研究发现

一　受访者的基本情况

本研究主要统计了 30 名受访对象在最近一年内平均每天上网、看电视、看报纸、看杂志、听广播时间，详见表 13-1。

表 13-1　　　　　　　　　　　每天媒介使用时间　　　　　　单位：小时

	上　网	看电视	看报纸	看杂志	听广播
个案数	30	30	30	30	30
均　值	2.193	2.323	0.987	0.543	2.030
标准误	1.5390	1.2945	1.1723	1.120	0.0000
标准差	3.1561	2.7459	2.2891	2.234	0.0000
方　差	5.396	4.717	2.240	2.332	0.000
最小值	0.0	0.2	0.0	0	0.0
最大值	5.21	6.00	2.10	1.20	4.0

在每周媒介接触上，看电视是被访者最主要的媒介接触形式，平均每天使用 2.323 小时，其次是上网、听广播、看报纸。老年人随着其生理机能和心理机能的下降，社会活动范围逐渐变得狭窄，传媒接触中带有视听

功能的电视及具有娱乐功能的网络已成为离退休老年人闲暇活动的主要方式。在调查中，发现离退休老人使用网络时间的方差最大，说明不同的离退休老人对网络的偏爱差异较大。

此外，本研究还具体调查了 30 名受访者的媒介使用目的，主要方法是请受访者为媒介使用目的排序。根据实际经验，并结合中国互联网络信息中心（CNNIC）和金兼斌的《媒介使用与生活满意度》分类结果，本书将媒介使用目的分为五种，即社会交往、休闲娱乐、获取信息、学习工作和商务交易。研究发现，在 30 名被访者中，休闲娱乐及获取信息得分位列前两位，是被访者最主要的媒介使用目的，商务交易得分较低。在进一步询问休闲娱乐时，他们提到主要是打发时间，增加聊天话题；在进一步询问获取信息时，他们提出掌握与生活相关的信息，了解健身养生等知识。

二　使用与满足

从心理特征来看，老人从工作岗位退下来后，大多都落寞、孤单、空虚，感觉无所适从。再加上身体状况不那么乐观，接触外界、了解外界的机会就更少了。老年期比任何年龄段的人都更关注自身的健康，而通过媒介了解健康知识具有替代性满足的作用。健康保健知识是深受老年人喜爱的一个栏目，在老年读者心中的位置最重。

"我主要是通过报纸或广播了解更多的国内外大事，了解这些知识既可以和老年朋友聊天时有更多话题，同时可以充实生活。"——62 岁退休李大爷。

娱乐休闲是老年人生活的重要部分，能帮助老年人克服忧郁，改善健康状况，延年益寿。① 选择性乐观与补偿理论（selective optimization with

---

① 参见 DiMauro, S., Scalia, G., DiMauroA., et al. (2001), "The Leisure Time and the Third Age: The Experience Ofa Geriatric Day Hospital", *Arch Gerontol Geriat*, 33 (2): pp. 141 – 501.

compensation）① 认为，成功老龄化的经验，来自于能通过选择性、乐观化的技巧，补偿丧失，调整适应并获得面对不同老龄化阶段的问题与改变的能力。老年人通过媒介接触到更多新鲜事物，了解更多生活信息，从而产生良性循环，也容易获得更多发展的动力，促使他们不断有新的生活目标去达成。而减少参与理论（Disengagement theory）② 认为，在正常的老龄化过程中，老年人会从原先所处的社会系统中减少参与或退缩，当这个过程完成的时候，该个体早年确立的个体与社会之间的平衡会被打破，取代为更远距离的社会关系。若老年人较少接触社会新信息，容易产生消极想法，从而产生心理疏远感。③

"我最喜欢电视猜谜语节目或报纸中相关的'垂钓'版块，因为猜谜语可以激发参与的兴趣，同时我也是一个喜欢钓鱼的人。"——一位68岁离退休老人张大爷。

媒介幸福论认为，幸福感是离退休老人通过媒介对自身需要的满足而产生乐观认知及精神愉悦。追求生活充实与快乐是人的天性，媒介应充分满足老年人的需求，老年电视节目内容应丰富多样，以满足老年人精神生活需求。研究表明，老年人经常从事放松娱乐活动，可以产生较高的幸福体验。④ 老年人在从事这类活动时，往往可以学习到新的知识，或者升华原有认知，增长技能，获得发展，心理能量也可以得到更为积极的转化，这都可能有助于老年人满足体验和发展体验的增长。《晚霞》杂志曾做过一次调查，发现健康保健是老年读者最喜爱的栏目；《当代老年》以"养

---

① 参见 P. B. , Baltes, M. M. , Baltes（1990），"Psychological Perspectives on Successful Aging: The Model of Selective Optimization with Compesbsation"，*Successful Aging: Perspectives from the Behavioral Sciences*, Cambridge: Cambridge: Cambridge University Press, pp. 1 – 34。

② 参见 E. , Cumming, W. , Henry（1961），*Growing Old: The Process of Disengagement*, New York: Basic Books, pp. 20 – 34。

③ 参见李莫弛、李萌垚等《北京市老年人娱乐方式对其主观幸福感的影响》，《中国老年学杂志》2011 年第 4 期，第 675—677 页。

④ 同上。

生、养身、养心"为宗旨，得到老年读者的喜爱①。这些媒介的使用与满足为如何发展离退休老年人媒介定位和发展策略提供了参考。

"我喜欢了解国家大事及相关时事，这样和老年人同伴交流时可以有更多聊天的话题。我觉得老年人现在比较孤独。我孩子在外工作，我觉得电脑对我很有帮助，我除了利用网络和子女沟通外，还可以通过网络提升自己的能力，增进自我认同感和对个体生活的掌控感，这是影响我生活质量的重要因素。老年人利用电脑科技来增加对环境和对自身的掌控程度，增进与外界联系，减低孤独感，融入社会，最终提升生活品质。"——一位 70 岁的退休老人李大爷。

老年人通过媒介使用可以促进社会交往。老年人在大众传媒接触中存在情感依恋现象，说的是老年人对电视人物或角色产生某种依恋，会经常性地接触其所喜爱的电视人物，从而出现类似于真实社会交往的准社会交往行为。离退休老年人通过接触媒介人物，更好地满足交往需要。

北京电视台《快乐生活一点通》节目通过将涉及衣、食、住、行等方面的生活小窍门和生活常识介绍给观众，帮助大家"花最少的钱办最多的事"，解决生活中的点滴问题。老年观众们通过这种方式实现了自我价值的提升，激发了对生活的激情，枯燥的生活变得有趣味，发现老年生活的美好。

三　认知理论

据调查，离退休老人的生活发生了重大的变化，内心的平衡被打破了，重新构建认知对于提升离退休老人的幸福感显得尤为重要。有学者认为，媒介对于离退休老人的认知，取决于以下四个方面的因素。

一是自我认同因素。离退休后，现实中的我与以前的我（想象的我）

---

① 参见刘波维《我国老年报刊如何满足读者需要》，《绵阳师范学院学报》2009 年第 4 期，第 132 页。

会有很大的落差，这是一种身心应激反应的正常过程。"我以前在单位担任的是公安局局长的工作，我是从这个岗位上退下来的，说实话，之前的生活充实也有趣，刚退休的那一年，我还真的不适应，经常睡不着，焦虑，情绪低落。后来我读到了《家庭医生报》上的一篇文章，介绍离退休老年人的心理落差现象及相关规律，我突然接受了。从此心态好多了。"66 岁离退休老人金大爷说。有学者认为，人们对自我的满意度取决于认同，而心理学的认同机制需要凭借外界信息对现实的我与理想的我进行调节。因此，媒介所传递的规律性信息是主体认同的基础。

二是通过认知对比提升幸福感。幸福不在于客观现实，而源于具体的参照物。在调研过程中，许多离退休老人认为，他们的生活不可避免地受到之前生活的幸福的参照性影响，但同时他们也表示，现在的生活状态更多地受媒介所创造出来的媒介现实的影响。拉康强调了个人幸福体验与"他者决定"的关系，主观的幸福感常被媒介内容所呈现的信息所左右。"我发现我的生活较离退休之前有重大的落差，但是通过媒介了解农村老人的生活境况后，感觉他们的生活真的很苦，有时候希望去资助一下他们"。一位 68 岁离退休老奶奶说。根据媒介理论，媒介内容对受众产生重要的影响，创造出媒介制作者未能满足的欲望。也就是说，媒介信息环境是一种拟态环境，离退休老人通过将现实环境与拟态环境进行对比，从而产生满足感。

三是通过认知真实促进幸福感。情感幸福论认为，幸福是个体心理系统关于什么是幸福和怎样实现幸福的看法、态度及对其实现途径的认知与情感体验。檀传宝教授分析了在相同的外部条件下，有些人比另一些人更容易体验到幸福，故而认为幸福是一种能力[1]，这种能力的基质一定与人格特质密切相关。舍勒提出知识与幸福之关系，知识论者看到了知识与社

---

① 参见檀传宝《论教师的幸福》，《教育科学》2002 年第 1 期，第 39—43 页。

会结构、个人幸福之间的关系。①

"我很喜欢看《夕阳红》，每天都有不同的内容，比如社会版关注老年人的社会问题，健康版介绍健康知识等等；《金秋生活》介绍中老年人与时俱进的新生活、新理念、新追求，展现老年人的风采。"一位退休教师说。随着媒介的发展，电视、报纸、杂志及网络等多层次地覆盖到每个角落。媒介给离退休老人的现代生活带来诸多方面的信息，给老年人打开了输入新观念的大门，展示了新的行为方式。因此，大众传媒是对老年人宽容态度的培养者。除了媒介技术本身的拥有之外，媒介所承载的各种信息也会对受众的幸福感产生重要影响。在媒介化的信息社会中，人们对外部世界的认识和感知越来越依赖于各种形式的媒介，而不是通过自己的亲身经历。

四　议程设置理论

长期以来，老年人未被媒介所重视，从议程设置来说，老年受众应作为议程设置的激发点，应强调媒介与老年受众的互动性、参与性。这一交互的传播手法，不仅会营造和谐、平等的心理氛围，同时平等交流的气氛能够多创造机会让老年观众参与到节目中来，走近媒介，了解媒介，享用媒介。

我国的老年电视节目是从 1991 年天津电视台创办的老年电视节目《晚霞余晖》起步的。其中具有标志性意义的当属 1993 年 10 月中央电视台开播的《夕阳红》节目。上海东方电视台开办的《精彩老朋友》节目，目标受众是老年人，其中的"老夫老妻魅力展"版块为老年人一展艺术风采提供了舞台，很受老年朋友欢迎。通过媒介建立的议程，老年人可从中寻找符合自己需要的兴趣取向，举办老年人参与的各种大赛，如书法、烹

---

① 参见崔岐恩、张晓霞、高政《解析〈老大的幸福〉及其教育意蕴》，《电影文学》2010 年第 21 期，第 26 页。

钰大赛等，不仅丰富了老年人精神文化生活，同时也增强了老年人的社会联系。

"一些电视台经常推出一些娱乐竞赛节目，这样的形式具有娱乐性、趣味性和服务性，我比较喜欢，例如我曾看过的一档节目，是让三位选手比赛谁钱花得最少但是日子过得最好，并且在饮食上最讲究营养搭配的老人就是比赛的总冠军。体现了省钱靠智慧，勤俭是美德。"——离退休干部李大爷。

社会活动理论（activity theory）认为继续参与社会活动可以保持健康和生活满意度。社会支持可以为退休老人提供一种缓冲，从而抵抗各种与年龄有关的压力。① 大众媒介应该为退休老人提供各种参与社会活动的平台，给退休老人更多的社会支持。衰老是缓慢而不可避免的过程，表现为身体、心理的变化。社会活动让离退休老人能通过工作、休闲和运动发挥其潜能并满足个人需求，继而产生成就感和价值感，感到愉悦，此即幸福的感受。

中国第一档展示中老年人歌唱才华的综艺节目，广西卫视的《金色舞台》，接受的选手都是 50 岁以上的人。这是一档为中老年人而做、做给中老年人看的电视节目，填补了全国卫视中老年综艺节目的空白，填补了为电视观众中的大多数——中老年人直接服务的书目的空白。《金色舞台》以"情感互动、才艺展示、竞技打擂"为主线，有"激情岁月""文武双全""生命如歌""花样年华"四个环节。每位选手在"激情岁月"中演唱一首自己最喜欢的经典歌曲，在"文武双全"中表演自己的一个拿手好戏；在"生命如歌"中用不同的表演形式来描述一段音乐与自己的人生故事，最后在"花样年华"中演唱一首当今在年轻人中最流行的歌曲。

"我喜欢看《中国老年报》，集中反映老年人的生活，而且还有谜语竞猜，可传老年之声，言老年之事，解老年之忧，做老年之友。"——退休

---

① 参见 M. 艾森克主编《心理学：一条整合的途径》，阎巩固译，张厚粲校，华东师范大学出版社 2000 年版，第 508 页。

钟大爷。

从我国第一个老年电视节目——天津电视台的《晚霞金晖》播出至今，我国的老年电视节目已有近 20 年的发展历史。十几年来，先后开办的老年电视节目有中央电视台的《夕阳红》、北京电视台的《金色时光》、上海电视台的《生活广角》《精彩老朋友》、河南电视台的《老人世界》、广东电视台的《天年乐》、杭州电视台的《金秋岁月》、天津电视台的《枫叶正红》、黑龙江电视台的《人间重晚晴》、江西电视台的《多彩金秋》等。《精彩老朋友》是我国第一档，也是唯一一档老年综艺电视节目，以独特的专业定位、新颖的栏目包装、精彩的节目内容，集娱乐性、参与性、知识性为一体。国家关于加强老龄工作的决定相关文件中强调，"中央和省级广播电视机构要开办老年节目，地、县广播电视机构要结合本地情况进行转播，有条件的地方也可开办老年节目"。2002 年 1 月，中央电视台教育专题部《老年课堂》栏目适时地把老年心理问题纳入自己的视野，把心理学知识用电视手段表现出来，制作了 44 期"老年心理健康漫谈"节目，内容涉及老年心理的方方面面，受到了老年观众的普遍欢迎，获得了广泛的社会赞誉。

媒介成为维护老年人合法权益的舆论阵地，成为在老年人中化解矛盾的消震器、稳定社会的安全阀，成为传承敬老传统的纽带，成为老年人颐养天年、陶冶情操、滋润心灵的园地，是许多离退休老年朋友的贴心朋友。

第五节　讨论与结论

在老年人的生活中，媒介扮演着重要角色，老年人是媒介"重度使用者"。老年群体拥有较多的闲暇时间，其闲暇时间分配偏向于信息传播媒介。世界卫生组织曾提出"积极老龄化"的口号，是指离退休老人要"老有所乐，老有所为"，能不断地参与社会经济及文化精神事务。而媒介是老年人实现此目标的有效途径，老年人对媒介的有效接触，可以不断地提高其生活质量。

首先，以互联网为特征的媒介信息量大，在内容方面，对媒介资讯的广度和深度要有所拓展，维持线上线下的服务，从整体上促进老年人身心健康，提高其幸福感。[①] 其次，老年人在经济有了保障的同时，更渴望丰富的文化娱乐活动，以增进生活的情趣，扩大社交的范围，使精神生活得到充实。一些基于互联网的服务，如在线购物、在线银行、在线旅行服务等，对于身体灵活性下降、行动不便的老年人来说，可以促进他们的功能性自理能力。再次，互联网连接的资源可供阅读新闻、娱乐以及终身学习，这些有助于丰富老年人生活，符合联合国提出的丰富多彩的老龄化的生活方式。最后，互联网可以给老年人提供连接亲人、朋友的通道，减少老年人的社会隔离，增强老年群体内部的互相交流，并且互联网技术的发展还使得老年群体增强社会参与。

---

① 参见王萍《新媒介使用对老年人生活质量的影响》，《理论界》2010 年第 10 期，第 186—188 页。

第十四章 总结

生命的过程像一条河流，奔腾不息，它沿着媒介、文化及现实的河床流淌，或引吭高歌，或低婉吟唱。不管你从何种角度理解，媒介已成为我们生命中的一部分，这是个事实。本书的研究将以此为隐喻，进行多角度诠释。

第一，在研究路径上，类似于水中的鱼儿在洄游。本研究从幸福出发，经由媒介，最终研究回归的终点依然是幸福。这遵循人类基本的心灵历程，"从哪儿来还要回到哪儿去"。心理学认为，人们对待世界的方式，受内心深层印痕的影响，追求幸福应该觉察潜藏在自己内心的模式。我们与世界的关系，在我们很小的时候，就在与周围世界的互动中形成了，回忆你的父母，重新检视媒介文化对你的影响，这些影响残留在心中的印记，会建造你看待世界的方式。本书是基于中国梦实现的宏观视野、中国社会现实及媒介现状的研究，根据传播学学科发展的背景以及中国梦实现的社会现实需求出发，提出媒介幸福感的研究路径及方向：媒介学的研究也应满足人类精神需要，这也是研究起点。

第二，在研究假设上，将媒介幸福感喻为心理能量。流动的水是清澈的，同时也营造了山、水、人交融和谐；流动的水还有很多用途，流动的水是可以看得见的物质能量。那么幸福也应是我们进行心理活动所需要的能量。幸福是一种心理能量，尽管是一个虚拟的假设，在本书研究中却极为重要。首先，能量是可以交换的，我们可从媒介中汲取积极的能量，得到心理满足感，并转化为对生活的热爱。其次，能量是守恒的，我们对生活期待有多大，那么可能的失望就有多大。正性的媒介内容、恰当的媒介形式、合理的媒介接触能满足受众的需求，以增加心理能量，从而促进受众的幸福感。

第三，在本书研究的基本视野上，媒介与幸福是相互影响的关系，而幸福与痛苦也是同时并存。水流创造河床，而河床又反过来制约水流的走向；幸福与痛苦是河床的两岸，没有此岸，还会有彼岸吗？人类创造了媒介，媒介反过来又把动物性的自然人塑造成现代文明人。我们在现实生活中表现出来的行为并不代表真实的内心欲望，而是在一种文化下的角色面具。心理学家荣格认为，我们在现实表现得越完美，掩藏的阴影越大，内心的冲突和痛苦就越多。可幸福与痛苦似乎是感觉的两极，是不能同时存在的，正如白昼与黑夜；但当我们站在星球上看，白昼与黑夜可以同时并存。我们追求幸福，不是消除痛苦，而是学会接纳痛苦，享受幸福。站在更远的星球上是一种隐喻，是媒介文化给了我们更深更广博的知识。本书的研究以现代传播学和心理学相关理论为基础，分析了媒介对受众幸福感的心理机制，并从正反两个层面来探索"媒介—主观幸福感"与"媒介—消极情绪体验"的形成转化模型，从媒介养心的视野提出媒介对幸福感的培育途径及具体措施。

第四，在研究侧重点来看，要想深入研究媒介幸福感，就是要研究媒介干预对幸福感的影响。如果把社会比喻成水流，决定蓄水量多少是河床最低的一段，通过水流的走向及水量的多少，可以提示我们及时加固河床。同理，本书通过分析媒介幸福感的生态系统的构成要素，探讨了受众在社会转型期对幸福感的工具性、利益性及自我保护性寻求，并建立媒介幸福感的干预要素，及时预警可能由媒介所引发的怨恨等负面情绪并进行干预，并在社会和谐大视野下，针对流动儿童、新生代农民工、离退休老人三类社会弱势群体进行量化及质性研究，以助益促进社会整体的和谐。

第五，从研究取向来看，是基于人文关怀的视野下，对当下现实及对弱势群体的观照。鱼在水中，水说："我感觉到鱼的眼泪，因为鱼在我心中。"鱼和水是一个整体，正如"媒介是人的延伸"，人与媒介也是一个整体，但是为了更好适应我们所处的环境，人常只表现出其中情绪的一部分，而压抑了另一部分。生活不那么幸福的人，幸福被压抑，为此，需要找到一些文化情景来感觉和释放幸福。人有七情六欲，幸福和痛苦都是人类情感的要素，本书研究媒介幸福感的内涵与外延，并不是要消除痛苦，增加人们的幸福感，而是要了解媒介幸福感的各个要素，使受众能充分地体验一种完整的、完形的情感。这是本研究的目的所在。

第六，从研究体系来看，因本研究是关乎当前以互联网为特征的社会转型期人们所面临的一个共性问题：媒介何以带给人们幸福？本研究是依据系统论思想，来建构媒介幸福感研究的分析框架，从媒介幸福感研究的"心"视角入手，提出媒介幸福感是心理能量的建构想象，并就内涵与外延进行诠释，系统地整合了心理学、传播学相关的理论，在此基础上构建了相应的模式，并据此进行促进和干预，最后针对两个特殊群体进行分析研究。

第七，从本研究来看总体结论，有以下基本要点：（1）媒介对幸福感的影响具有复杂性特征。媒介的客观性及幸福感的主观性使得媒介幸福感的研究在现实中具有复杂多样性，媒介可促进良性互动，增进正性情感，增强社会联系，促进社会和谐，是推动"中国梦"的正能量因子。（2）媒介幸福感作为一种正能量理论想象，具有同质性较强、异质性较弱的特性，而且这种心理能量的流动是无标向的。受众对能满足需要、增进正性情绪的媒介将能产生更强的幸福感体验，而受众对无法满足需要甚至产生相对剥夺感的媒介将无法产生心理能量。但这并没有出现越同质幸福感越强的规律性现象，因幸福感具有一定的阈值，只是同质性会相对增强幸福感。（3）媒介层面、个体层面及文化层面都会对媒介幸福感产生影响。随后在针对流动儿童及新生代农民工群体的媒介幸福感实证研究中证实了这一点。如媒介使用目的与发展相关将促进幸福感。（4）媒介能促进受众幸福感的作用机理是以受众的需要满足为基础，其中积极认知策略起关键性的作用，研究结果揭示了认知构建及需要满足是受众从媒介中获得幸福感的机制和途径。（5）受众从媒介中提升幸福感包括两种方式：媒介潜在的影响和受众的主动寻求。（6）针对幸福感较低的受众群体，媒介干预机制可从媒介形式、媒介内容、媒介接触等途径进行，以打破其边缘化状态，改善其基本的生存现状。

本书希望传递这样一种信息：在这个人人渴望幸福的时代，媒介幸福感的研究应该走出书斋，走近寻常百姓，将重点放在研究的实际效用上。人类有能力以不同的方式看待同一事物，本研究希望为人们提供一种参考的框架。也希望未来的研究应更多关注幸福感的复杂性，注意媒介幸福感的文化偏向及其脑机制，在研究方法上要更多采用实证研究等。

我们深爱着这个世界。我们同在一条河流里泅渡，共享荣誉，分享阳光，也分担风雨。我们从来就没有分开过，在和谐社会的视野下，媒介将我们彼此联结为一体。我想，幸福，也唯有幸福，才是我们努力的方向。

这正是本书研究的意义所在。

附录　青少年媒介幸福感调查问卷

亲爱的同学：

你好，下面列出一些问题，以了解你的学习、生活状况，还有一些你个人的想法及感受，请你在每一个问题后选择或填写你的真实情况（感受）。请你不必有任何顾忌，本问卷不记名，只要按要求填写你的真实情况就可以了。谢谢你的配合！请不要漏选。

第一部分　基本信息

以下相关问题是针对你的一些基本信息进行的调查，请根据你的情况如实填写做答，选择题可将符合自己的选项写在横线上，填空题则把答案直接写在横线上。如果以下相关问题与你的情况不符合，可以填写其他答案。

【1】年龄：_____岁；性别：_____；年级：_____

【2】你的出生地：_____1. 农村；2. 乡镇；3. 县市

【3】你是否是独生子女？_____1. 是；2. 否

【4】你爸爸的文化程度：_____；你妈妈的文化程度：_____

1. 小学及以下　2. 初中　3. 高中或中专　4. 大学及以上

【5】目前你在班里的学习成绩_____？

1. 优秀（前10名）　2. 良好（11—25名）　3. 一般（26—40名）

4. 较差（41名以下）

【6】你爸爸的职业＿＿＿＿＿＿？你妈妈的职业＿＿＿＿＿？

1. 有正式职业　2. 无稳定职业（如打工）　3. 自谋职业（如创业）

【7】你目前和谁生活在一起：＿＿＿＿＿＿【可多选】

1. 爷爷奶奶或外公外婆　2. 爸爸妈妈　3. 爸爸或者妈妈其中一方

【8】你平常喜欢通过下列哪种方式获取信息？＿＿＿＿＿＿【可多选】

1. 电视　2. 网络　3. 报纸　4. 杂志　5. 广播　6. 其他

【9】你一周内平均每天上网的时间：＿＿＿＿＿＿1. 少于30分钟　2. 30—60分钟　3. 60—90分钟　4. 90—120分钟　5. 2小时以上

【10】你上网的目的：＿＿＿＿＿＿1. 与学习有关　2. 娱乐　3. 了解新闻

4. 方便生活　5. 增加聊天话题　6. 打发时间

【11】你经常上网的地点：＿＿＿＿1. 家中　2. 学校　3. 网吧　4. 其他

【12】你一周内平均每天看电视的时间：＿＿＿＿＿＿1. 少于30分钟

2. 30—60分钟　3. 60—90分钟　4. 90—120分钟　5. 2小时以上

【13】你看电视的目的：＿＿＿＿＿＿1. 与学习有关　2. 娱乐　3. 了解新闻

4. 方便生活　5. 增加聊天话题　6. 打发时间

【14】你最喜欢收看的电视节目是：＿＿＿＿【可多选】

1. 动画片　2. 连续剧　3. 新闻　4. 综艺娱乐类（如：快乐大本营等综艺类节目）　5. 电影　6. 其他

【15】你一周内平均每天听广播的时间：＿＿＿＿＿＿1. 少于30分钟

2. 30—60分钟　3. 60—90分钟　4. 90—120分钟　5. 2小时以上

【16】你听广播的目的：＿＿＿＿＿＿

1. 与学习有关　2. 娱乐　3. 了解新闻　4. 方便生活　5. 增加聊天话题　6. 打发时间

【17】如果你收听广播，你喜欢收听的广播内容：＿＿＿＿＿＿【可多选】

1. 新闻　2. 广播剧　3. 情感类节目（如情感咨询等）　4. 音乐

5. 生活资讯（如：天气预报等）　6. 其他

【18】你一周内平均每天看报纸的时间：_____ 1. 少于 30 分钟

2. 30—60 分钟　3. 60—90 分钟　4. 90—120 分钟　5. 2 小时以上

【19】你看报纸的目的：_____ 1. 与学习有关　2. 娱乐　3. 了解新闻

4. 方便生活　5. 增加聊天话题　6. 打发时间

【20】如果你喜欢阅读报纸，你喜欢阅读报纸的内容：_____ 【可多选】

1. 新闻　2. 广告　3. 文学（如散文、评论等）　4. 幽默笑话　5. 资

讯（如天气信息、促销信息等）　6. 与学习有关的　7. 其他

【21】你一周内平均每天看杂志的时间：_____ 1. 少于 30 分钟

2. 30—60 分钟　3. 60—90 分钟　4. 90—120 分钟　5. 2 小时以上

【22】你看杂志的目的：_____ 1. 与学习有关　2. 娱乐　3. 了解新闻

4. 方便生活　5. 增加聊天话题　6. 打发时间

第二部分　有关主观幸福感方面的问题

这些题目是调查你的心情和感受的，不是测验智力和学习能力，与学习成绩无关，答案也没有好坏之分，请按照你平时所想的如实回答。

【1】生活满意度

请使用下面的 7 度标尺，在题号后的括号内填写您认为合适的数字。

1 - - - -2 - - - -3 - - - -4 - - - -5 - - - -6 - - - -7

明显　　不符合　　有些　　介于　　有些　　　符合　　明显

不符合　　　　　　不符合　中间　符合　　　　　　符合

1. 我的生活大多数方面与我的理想状态吻合。（　）

2. 我的生活状况良好。（　）

3. 我对我的生活满意。（　）

4. 到目前为止，我得到了我在生活想要的重要的事物。（　）

5. 回首往事，能够感受到生活的意义和人生的圆满。（ ）

【2】情感

请使用下面的评价尺度，评估您最近一个星期的情绪情况。在下面各种情感的题号后的括号内填写您认为合适的数字。

例如：如果一周内经常感到愤怒，你就选7；如若比较愤怒，你可以选5或6；如若从不愤怒，就选1；如若比较不愤怒，就选2或3；如若介于比较愤怒和比较不愤怒之间，就选4。

1 - - - -2 - - - -3 - - - -4 - - - -5 - - - -6 - - - -7

从不　　　　　　　介于之间　　　　　　经常

1. 愤怒（　　）2. 高兴（　　）3. 耻辱（　　）4. 爱　（　　）

5. 忧虑（　　）6. 愉快（　　）7. 嫉妒（　　）8. 内疚（　　）

9. 感激（　　）10. 快乐（　　）11. 悲哀（　　）12. 自豪（　　）

到此结束，谢谢大家！

参 考 文 献

一　外文文献

1. Ryff, C. D. , Singer, B. H. & Love , G. D. (2004), "Positive Health: Connecting Well – being with Biology", *Philosophical Transactions of the Royal Society Biological Sciences*, 359 (1449) .

2. Diener, E. , Suh, E. M. , Lucas, R. E. , et al. (1999), "Subjective Well – being: Three Decades of Progress", *Psychological Bulletin*, 125 (2) .

3. Keyes, C. L. M. , (1998), "Social Well – being", *Social Psychology Quarterly*, 61 (2) .

4. Greenberg, Bradley S. (1973), *Gratifications and Motivations of Television Viewing for British Children*, This paper presented at the International Communication Association annual conference in Montreal, Canada.

5. Gary W. , Selnow(1984), "Playing Videogames: The Electronic Friend", *Journal of Communication*, 34 (2) .

6. Se – Wen Sun and James Lull(1986), "The Adolescent Audience for Music Videos and Why They Watch", *Journal of Communication*, 36 (1) .

7. Alan M. , Rubin(1994), *Media Uses and Effects: A Uses – and – Gratifications Perspective*, Bryant, Jennings (Ed.), Zillmann, Dolf (Ed.) (1994), Media Effects: Advances in Theory and Research, LEA's Communication Series, pp. 417 – 436. Hillsdale, N. J. , England: Lawrence Erl-

baum Associates, Inc. .

8. Suphan, A. , Feuls, M. , Fieseler, C. (2012), *Social Media's Potential in Improving the Mental Well – Being of the Unemployed*, This paper presented at the 4th International Conference on Well – Being in the Information Society, In Turku, Finland, Communications in Computer and Information Science, Vol. 313.

9. Hsiu – Chia Ko, Feng – Yang Kuo(2009), "Can Blogging Enhance Subjective Well – Being Through Self – Disclosure? " *Cyberpsychology & Behavior*, 12 (1) .

10. Conference Papers, "Use of Social Networking Sites, Acculturation Stress, and Psychological Well – Being among East Asian College Students in the United States", *International Communication Association*, 2011 Annual Meeting.

11. Mcdanie, Brandon(2012), "New Mothers and Media Use: Associations Between Blogging, Social Networking, and Maternal Well – Being", *Maternal & Child Health Journal*, 16 (7) .

12. Schiffrin, H. , Edelman, A. , Falkenstern, M. , Stewart, C. (2010), "The Associations among Computer – Mediated Communication", *Relationships, and Well – being, Cyberpsychology Behavior and Social Networking*, 13 (3) .

13. Patti, M. , Valkenburg, Jochen Peter(2007), "Online Communication and Adolescent Well – Being: Testing the Stimulation Versus the Displacement Hypothesis", *Journal of Computer – Mediated Communication*, 12(4).

14. Jane, D. , Brown, Piotr S. (2011), "Bobkowsk, Older and Newer Media: Patterns of Use and Effects on Adolescents' Health and Well – being", *Journal of Research on Adolescence* , 21 (1) .

15. Peter, Jochen (2007), " Internet Communication and Its Relation to Well – being: Identifying Some Underlying Mechanisms", *Images*, *Media Psychology*, 9 (1).

16. Meadows, et al. (2011), "Community Broadcasting and Mental Health: The Role of Local Radio and Television in Enhancing Emotional and Social Well – being", *Radio Journal: International Studies in Broadcast & Audio Media*, 9 (2).

17. Smedema, S. M., McKenzie, A. R. (2010), "The Relationship Among Frequency and Type of Internet Use, Perceived Social Support, and Sense of Well – being in Individuals with Visual Impairments", *Disability and Re-habilitation*, 32 (4).

18. Luigino Bruni, Luca Stanca (2006), *Income Aspirations, Television and Happiness: Evidence from the World Values Survey*, Kyklos , 59 (2).

19. Kraut, R., Lundmark, V., Patterson, M., et al. (1998), "Internet Paradox: A Ssocial Technology that Reduces Social Involvement and Psy-chological Well – being? ", *American Psychologist*, 53 (9).

20. Maurice Vergeer, Ben Pelzer(2009), "Consequences of Media and Internet Use for Offline and online Network Capital and Well – being", *A Causal Model Approach*, *Journal of Computer – Mediated Communication*, 159(1).

21. R. Pea, C. Nass, et al. (2012), "Media Use, Face – to – face Communica-tion, Media Multitasking, and Social Well – being Among 8 to 12 – Year – Old Girls", *Developmental Psychology*, 48 (2).

22. Gregg Easterbrook (2003), *The Progress Paradox: How Life Gets Better while People Feel Worse*, New York: Random House.

23. Atkin, C., K. (1972), "Anticipated Communication and Mass Media In-formation – seeking", *Public Opinion Quarterly*, 36 (2).

24. Bogart, L. (1965), "The Mass Media and the Blue Collar Worker", In Bennet, A. and Gomberg, W. (eds), *Blue – Collar World: Studies of the American Worker*, Prentice – Hall, Englewood Cliffs, NJ.

25. Rothman, J. (1995), *Practice with highly vulnerable Client: Case Management and Community – based Service*, New Jersey: Prentice Hall.

26. Ryan, R. M., Deci, E. L. (2000), "Self – determination Theory and the Facilitation of Intrinsic Motivation, Social Development, and Well – being", *American Psychologist*, 55 (1).

27. Baumeister, R. F., Bratslav, S. K., Muraven, M., Tice, D. M. (1998), "Ego Depletion: Is the Active Self a Limited Resource", *Journal of Personality and Social Psychology*, 74 (5).

28. Lu, L., Gilmour, R., Kao, S. F., Weng, T., (2001), "Two Ways to Achieve Happiness: When the East Meets the West", *Personality and Individual Differences*, 30.

29. Tett, R. P. & Burnett, D. D. (2003), "A Personality Trait – based Interactionist Model of Job Performance", *Journal of Applied Psychology*, 88(3).

30. Deci, E. L., & Ryan, R. M. (2000), "The 'What' and 'Why' of Goal Pursuits: Human Needs and the Self – determination of Behavior", *Psychological Inquiry*, 11 (4).

31. Ashforth, B. E. & Humphrey, R. H. (1995), *Emotion in the Workplace: A Reappraisal*, Human Relations: 48 (2).

32. Fiske, J. (1989), *Understanding Popular Culture*, Boston, M. A. : Unwin Hyman.

33. Schachter, Stanley, Singer, Jerome (1962), Cognitive, Social and Physiological Determinants of Emotional State, Psychological Review: 69(5).

34. Beniger & Gusek (1995), *The Cognitive Revolution in Pubic Opinion and*

Communication Research, In Glasser, T. L. & Salmon, C. T. （Eds.）, *Public Opinion and the Communication of Consent*, The Guilford Press.

35. Kraut, R., Patterson, M., Lundamrk, Kiesler, S., Mukopadhyay, T. & Scherlis, W. (1998), "Internet Paradox: A Social Technology that Reduces Social Involvement and Psychological Well – being?" *American Psychologist*.

36. Argyris C., Schon, D. A. (1978), *Organizational Learning: A Theory of Action Perspective*, Addison – Wesley, Reading: Massachusetts.

37. Haring, M. J., Stock, W. A., Okun, M. A. (1984), *Research Synthesis of Gender and Socialclass as Correlates of Subjective Well – being*, Human Relations: 37 (8).

38. Tosun, L., P. & Lajunen, T. (2010), "Does Internet Use Reflect Your Personality? Relationship between Eysenck's Personality Dimensions and Internet Use", *Computers in Human Behavior?*, 26 (2).

39. Costa, P. T., McCrac, R. R., (1980), "Influence of Extraversion on Subjective Well – being : Happy and Unhappy People", *Journal of Personality and Social psychology*: 38 (4).

40. Eid, M. & Diener, E. (2001), "Norms for Experienced Emotions in Different Cultures", *Journal of Personality and Social Psychology*: 81 (5).

41. Oishi, S., Diener, E., Lucas, R. E., et al. (1999), "Cross – cultural Variations in Predictors of Life Satisfaction: Perspectives from Needs and Values", *Personality and Social Psychology Bullitin*: 25 (8).

42. Carver, C. S., Baird, E. (1998), "The American Dream Revisited: Is It What You Want or Why You Want It that Matters? ", *Psychological Science* 9(4).

43. Thoits, P. A. (2004), "Emotion Norms, Emotion Work, and Social Or-

der", In Manstead A. S. R. et al. (eds.), *Feelings and Emotions*, London: Cambridge University Press.

44. Kellner, D. (1995), *Preface, pp xiii – xvii in Rethinking Media Literacy: A Critical Pedagogy of Representation*, edited by P., Mclaren, R., Hammer, D., Sholle & S., Reilly, New York: Peter Lang.

45. Smith H. J., Ortiz D. J. (2002), "Is It just Me? The Different Consequences of Personal and Group Relative Deprivation", Iain Walker & Heather J., Smith, *Relative Deprivation: Specification, Development and Integration*, Cambridge, UK: Cambridge University Press.

46. Jeannerod, M. (1999), "To Act or not to Act: Perspective on the Representation of Actions", *Quarterly Journal of Experimental Psychology*: 52A.

47. Mitchell, J. P., Banaji, M. R. & Macrae, C. N. (2005), "The Link Between Social Cognition and Self – referential Thought in the Medial Prefrontal cortex", *Journal of Cognitive Neuroscience*.

48. Ashford, S. J. & Cummings, L. L. (1983), "Feedback as Anindividual Resource: Personal Strategies of Creating Information", *Organizational Behavior and Humanperformance*: 32 (3).

49. Latour, B. (1993), *We Have Never been Modern*: Harvard Univ Pr. Cutrona, B. & Russell, S. (1990), "Different Strokes from Different Folks: Community 48. Ties and Social Support", *American Journal of Sociology*.

50. Sirgy, M. et al. (1998), "Does Television Viewership Play a Role in the Perception of Quality of Life", *Journal of Advertising*: 27 (1).

51. Zubieta, J. K. & Stohler, C. S., (2009), "Neurobiological Mechanisms of Placebo Responses", *Annals of the New York Academy of Sciences*: 1156.

52. Maria Kalpidou, Dan Costin and Jessica Morris(2011), "The Relationship

Between Facebook and the Well – being of Undergraduate College Students", *Cyberpsychology, Behavior and Social Networking*: 14 (4).

53. Jinliang Wang, H. W. (2011), "The Predictive Effects of Online Communication on Well – being among Chinese Adolescents", *Psychology*: 2 (4).

54. Katz, J. E. & Rice, R. E. (2002), "Syntopia: Access, Civic Involvement and Social Interaction on the Net", In C., Haythornthwaite and B., Wellman (eds.), *The Internet in Everyday Life*, Malden, MA: Blackwell.

55. Williams, K. D. (2009), "Ostracism: A Temporal Need – threatmodel", *Advances in Experimental Social Psychology*: 41.

56. Sam Rayner(2005), "Hume's Moral Philosophy", *Macalester Journal of Philosophy*: 14 (1).

57. Johnson, R. (2008), "Kant's Moral Philosophy", In EN Zalta, S. Abramsky (ed.), *The Stanford Encyclopedia of Philosophy*, 2010.

58. Turow, J. (1999), "The Interet and the Family: The View from te Family, the View from the Press", The Annenberg Public Policy Center of the University of Pennsylvania.

59. Brown, R. (2005), "Acculturation and Contact in Japanese Students Studying in the United Kingdom", *The Journal of Social Psychology*: 145 (4).

60. Arends, T. J., Fons, J. R. & Vijve, V. D. (2008), "Family Relationships among Imigrants and Majority Members in the Netherlands: The Role of Acculturation", *Applied Psychology: An International Review*: 57 (3).

61. Wilbvr Schramm (1964), *Mass Media and National Development*, The Stanford University Press & UNESCO.

62. W., Shram, J., Lyle &W. B., Parker(1961), "What a Child Uses Television For", *Television in the Lives of Our Children*, California: Stan-

ford University Press.

63. Park, R. E., Burgess, E. W. & McKenzie, R. D. (1925), *The City*: *Suggestions for the Investigation of Human Behavior in the Urban Environment*, Chicago: University of Chicago Press.

二　中文译著

1. ［美］克里斯托弗·彼得森:《积极心理学——构建快乐幸福的人生》, 徐红译, 群言出版社 2010 年版。

2. ［美］海特:《象与骑象人》, 李静瑶译, 中国人民大学出版社 2008 年版。

3. ［美］沃纳·赛弗林、小詹姆斯·坦卡德:《传播理论、起源、方法与 应用》, 郭镇之等译, 华夏出版社 2000 年版。

4. ［美］Richard Jackson Harris:《媒介心理学》, 相德宝译, 中国轻工业 出版社 2007 年版。

5. ［奥地利］弗洛伊德:《梦的解析》, 青闰译, 中国三峡出版社 2010 年版。

6. ［英］格雷:《人类幸福论》, 张草纫译, 商务印书馆 1963 年版。

7. ［美］威尔伯·施拉姆:《大众传播媒介与社会发展》, 金燕宁等译, 华 夏出版社 1990 年版。

8. ［美］阿特休尔:《权力的媒介》, 黄娱、裘志康译, 华夏出版社 1989 年版。

9. ［美］李普曼:《公众舆论》, 阎克文、江红译, 上海人民出版社 2006 年版。

10. ［美］罗伯特·麦基:《故事——材质、结构、风格和银幕剧作的原 理》, 周铁东译, 中国电影出版社 2001 年版。

11. ［美］德弗勒、鲍尔－洛基奇：《大众传播学诸论》，杜力平译，新华出版社1990年版。

12. ［美］彼得·G. 汉森：《压力的乐趣》，张婕译，民主与建设出版社2007年版。

13. ［美］伊锡尔·德·索拉·普尔主编：《电话的社会影响》，邓天颖译，中国人民大学出版社2008年版。

14. ［英］尼克·史蒂文森：《认识媒介文化》，王文斌译，商务印书馆2001年版。

15. ［美］泰勒·本－沙哈尔：《幸福的方法》，汪冰等译，中信出版社2013年版。

16. ［美］理查德·格里格、菲利普·津巴多：《心理学与生活》，王垒等译，人民邮电出版社2003年。

17. ［美］尼葛洛庞帝：《数字化生存》，胡泳、范海燕译，海南出版社1997年版。

18. ［德］诺尔－诺依曼：《沉默的螺旋：舆论——我们的社会皮肤》，董璐译，北京大学出版社2013年版。

19. ［加拿大］马歇尔·麦克卢汉：《理解媒介》，何道宽译，译林出版社2011年版。

20. ［美］Gerald S. ，Lesser：《儿童与电视——"芝麻街"的经验》，关尚仁译，远流出版公司1994年版。

21. ［英］丹尼斯·麦奎尔、［瑞典］斯文·温德尔：《大众传播模式论》，祝建华译，上海译文出版社2008年版。

22. ［英］罗杰·西尔费斯通：《电视与日常生活》，陶庆梅译，江苏人民出版社2004年版。

23. ［法］克里斯蒂安·梅茨：《电影的意义》，刘森尧译，江苏教育出版社2005年版。

24. ［美］约翰·费斯克：《理解大众文化》，王晓珏、宋伟杰译，中央编译出版社 2001 年版。

25. ［英］丹尼斯·麦奎尔：《受众分析》，刘燕南、李颖译，中国人民大学出版社 2006 年版。

26. ［美］皮亚杰：《儿童心理学》，吴福元译，商务印书馆 1980 年版。

27. ［英］施拉姆：《大众传播生态学》，张国良《20 世纪传播学经典文本》，复旦大学出版社 2003 年版。

28. ［英］罗伯特·杰维斯：《国际政治中的知觉及错误知觉》，秦亚青译，世界知识出版社 2003 年版。

29. ［美］特里·K.、甘布尔迈克尔·甘布尔：《有效传播》，熊婷婷译，清华大学出版社 2005 年版。

30. 艾森克主编：《心理学——一条整合的途径》，阎巩固译，张厚粲校，华东师范大学出版社 2000 年版。

31. ［英］尼克·史蒂文森：《媒介的转型：全球化、道德和伦理》，顾宜凡等译，北京大学出版社 2006 年版。

32. ［美］尼尔·波兹曼：《娱乐至死·童年的消逝》，章艳、吴燕莛译，广西师范大学出版社 2009 年版。

33. 乔治·萨杜尔：《世界电影史》，中国电影出版社 1995 年版。

34. ［苏］瓦·阿·苏霍姆林斯基：《给教师的建议》，杜殿坤编译，教育科学出版社 1984 年版。

35. ［意大利］蒙台梭利：《蒙台梭利幼儿教育科学方法》，任代文译，人民教育出版社 2001 年版。

36. ［英］安东尼·吉登斯：《社会学》，李康译，北京大学出版社 2009 年版。

37. ［英］罗杰·迪金森等编：《受众研究读本》，单波等译，华夏出版社 2006 年版。

38. ［美］马斯洛（Maslow，A.，H.）等：《人的潜能和价值：人本主义心理学译文集》，林方主编，华夏出版社 1987 年版。

39. ［美］梅尔文·德弗勒：《传播研究里程碑》，王嵩音译，台北远流出版公司 1993 年版。

40. ［美］戴维·波普诺：《社会学》李强等译，中国人民大学出版社 2007 年版。

41. ［法］让·雅克·卢梭：《爱弥儿》，彭正梅译，上海人民出版社 2011 年版。

42. ［苏］瓦·阿·苏霍姆林斯基：《学生的精神世界》，吴春荫、林程译，教育科学出版社 1981 年版。

43. ［英］利萨·泰勒、安德鲁·威利斯：《媒介研究：文本、机构与受众》，吴靖、黄佩译，北京大学出版社 2005 年版。

44. ［美］小斯蒂文·约翰：《传播理论》，陈德明、叶晓辉译，中国社会科学出版社 1999 年版。

45. ［法］克里斯蒂安·麦茨：《想象的能指（精神分析与电影)》，王志敏译，中国广播电视出版社 2006 年版。

46. ［法］克里斯蒂安·麦茨：《凝视的快感》，吴琼译，中国人民大学出版社 2005 年版。

47. ［奥］弗洛伊德：《梦的释义》，张燕云译，辽宁人民出版社 1987 年版。

三　中文著作

1. 钟霓译：《五感的时代》，台北博报堂生活综合研究所 2007 年编。

2. 林之达：《传播心理学新探》，北京大学出版社 2004 年版。

3. 彭聃龄：《普通心理学》，北京师范大学出版社 2004 年版。

4. 孙英：《幸福论》，人民出版社 2004 年版。

5.　王世朝：《幸福论：关于人·人生·人性的哲学笔记》，安徽人民出版社 2005 年版。

6.　邵培仁等：《媒介生态学：媒介作为绿色生态的研究》，中国传媒大学出版社 2008 年版。

7.　王治河：《福柯》，湖南教育出版社 1999 年版。

8.　冯俊科：《西方幸福论——从梭伦到费尔巴哈》，中华书局 2011 年版。

9.　《辞海》，上海辞书出版社 1980 年版。

10.　中国传媒大学广告主研究所编：《新媒体激变——广告"2.0 时代"的新媒体真相》，中信出版社 2008 年版。

11.　朱建军：《我是谁——心理咨询与意向对话技术》，中国城市出版社 2001 年版。

12.　邵培仁：《传播学》，高等教育出版社 2000 年版。

13.　卜卫：《大众媒介对儿童的影响》，新华出版社 2002 年版。

14.　刘少文：《1872—2008：中国的媒介嬗变与日常生活》，中国社会科学出版社 2010 年版。

15.　刘翔平：《神经质人格——人类心灵痛苦的密码》，北京师范大学出版社 2010 年版。

16.　林崇德：《发展心理学》，人民教育出版社 2005 年版。

17.　陈勃：《老年人与传媒——互动关系现状分析及前景预测》，江西人民出版社 2008 年版。

18.　刘翔平：《给自己注入积极基因》，中国经济出版社 2005 年版。

19.　黄希庭：《心理学导论》，人民教育出版社 1991 年版。

20.　蔡帼芬、张开、刘笑盈：《媒介素养》，中国传媒大学出版社 2005 年版。

21.　潘知常、林玮：《大众传媒与大众文化》，上海人民出版社 2002 年版。

22.　深之海：《人生电影课》，陕西人民出版社 2011 年版。

23. 李皖：《我听到了幸福》，生活·读书·新知三联书店 2003 年版。

24. 陈舒平：《儿童电视学》，北京广播学院出版社 2003 年版。

25. 蒋晓丽主编：《传媒宣导抚慰功能研究》，四川大学出版社 2008 年版。

26. 罗钢、刘象愚主编：《文化研究读本》，中国社会科学出版社 2000 年版。

27. 郁达夫：《艺文私见》，上海复旦大学出版社 2004 年版。

28. 汪晖、陈艳谷主编：《文化与公共性》，生活·读书·新知三联书店 2005 年版。

29. 张国良：《20 世纪传播学经典文本》，复旦大学出版社 2003 年版。

30. 李大同：《冰点故事》，广西师范大学出版社 2005 年版。

31. 胡继华：《人与传媒》，北京师范大学出版社 2012 年 4 月版。

32. 刘京林：《新闻心理学原理》，中国广播电视出版社 2004 年版。

33. 周晓虹：《现代社会心理学名著菁华》，社会科学文献出版社 2007 年版。

34. 王沛：《现代人的心理迷信——偏执心理现象分析》，湖南教育出版社 2000 年版。

35. 张宏源、蔡念中等：《媒体识读，从认识媒体产业，媒体教育到解读媒体之本》，亚太图书 2005 年版。

36. 陈寿朋：《高尔基美学思想研究》，新华出版社 2002 年版。

37. 方建移等：《社会教育与儿童社会性发展》，浙江教育出版社 2005 年版。

38. 李培林主编：《农民工：中国进城农民工的经济社会分析》，社会科学文献出版社 2003 年版。

39. 申荷永：《充满张力的生活空间——勒温的动力心理学》，湖北教育出版社 1999 年版。

40. 徐光兴：《中外电影名作心理案例集》，上海教育出版社 2003 年版。

41. 罗以澄、吕尚彬:《中国社会转型下的传媒环境与传媒发展》,武汉大学出版社 2010 年版。

四 国内期刊和学位论文

1. 苗元江、赵姗:《从社会幸福感到积极心理健康模型——Keyes 介评》,《心理研究》2009 年第 2 期。

2. 邢占军:《主观幸福感研究:对幸福的实证探索》,《理论学刊》2002 年第 5 期。

3. 卜卫:《关于儿童媒介需要的研究——以电视、书籍、电子游戏机为例》,《新闻与传播研究》1996 年第 3 期。

4. 金兼斌、谭晓、熊澄宇:《媒介使用与生活质量之间的关系》,《新闻与传播评论》2005 年第 00 期。

5. 姚君喜:《大众传媒与社会公众的幸福感》,《当代传播》2006 年第 4 期。

6. 韦路:《媒介能使我们感到更幸福吗——媒介与主观幸福感研究述评》,《当代传播》2010 年第 4 期。

7. 郑恩、龚瑶:《新媒体使用对主观幸福感的影响——基于深度访谈的质化研究》,《西南交通大学学报》(社会科学版) 2012 年 1 期。

8. 廖卫民、钱毓英:《民生新闻传播与社会幸福感评估——基于浙江省媒体语料库的实证分析》,《当代传播》2012 年第 3 期。

9. 张平湖:《互联网对大学生心理健康的影响》,《中国学校卫生》2004 年第 1 期。

10. 孙五三:《交往行为与观念现代化》,《新闻与传播研究》1994 年第 2 期。

11. 辛路:《当代国人幸福感塑造与大众媒介》,《理论界》2011 年第 6 期。

12. 庚月娥、杨元龙:《使用与满足理论在网上聊天的体现》,《当代传播》

2007 年第 3 期。

13. 倪丽娟、于淑丽：《档案学研究热点分析——基于 2004—2008 年〈档案学研究〉〈档案学通讯〉论文关键词的词频分析》，《档案学通讯》2010 年第 1 期。

14. 邵培仁：《媒介生态学研究的新视野：媒介作为绿色生态的研究》，《徐州师范大学学报》（哲学社会科学版）2008 年第 1 期。

15. 邵培仁：《建设平衡和谐、良性循环的中国媒介生态系统》，《今传媒》2010 年第 7 期。

16. 吕耀怀、刘爱龙：《失范、越轨与失序》，《长沙电力学院学报》（社会科学版）1999 年第 2 期。

17. 安晓强、陆运清、崔占玲、田黛、刘静蓉：《新闻关注度和新闻偏好与大学生主观幸福感》，《中国健康心理学杂志》2013 年第 21 卷第 6 期。

18. 雷蔚真：《信息传播技术采纳在北京外来农民工城市融合过程中的作用探析》，《新闻与传播研究》2010 年第 2 期。

19. 谢新洲：《"媒介依赖"理论在互联网环境下的实证研究》，《石家庄经济学院学报》2004 年第 2 期。

20. 邵培仁：《重建和谐统一的"媒介身份"》，《青年记者》2006 年第 13 期。

21. 陈力丹：《论传媒与构建和谐社会》，《电视研究》2005 年第 6 期。

22. 戴元光、赵为学：《大众传媒如何构建和谐社会》，《国际新闻界》2005 年第 6 期。

23. 赵路平、王新杰：《和谐社会中的媒体角色的建构》，《传媒观察》2005 年第 4 期。

24. 郑保卫、朱颖：《新闻媒介在和谐社会构建中的角色定位》，《西南民族大学学报》（人文社科版）2005 年第 8 期。

25. 刘保全：《新闻媒体在构建和谐社会中的作用》，《青年记者》2005 年第 9 期。

26. 罗以澄、詹绪武：《新闻传媒发展与和谐社会构建》，《当代传播》2006 年第 1 期。

27. 朱虹：《中国梦，民族梦，每个人的梦》，《世界文化》2013 年第 8 期。

28. 汪辉、郑磊：《获得幸福感诀窍：敬、静、净——访北京大学教授张颐武》，《郑州日报》2011 年 4 月 5 日。

29. 刘京林：《媒介心理学和传播心理学的比较研究》，《现代传播》（中国传媒大学学报）2011 年第 5 期。

30. 张陆、佐斌：《自我实现的幸福——心理幸福感研究述评》，《心理科学进展》2007 年第 15 卷第 1 期。

31. 王洪明：《整合的调节——缓冲模型：一种新的主观幸福感理论》，《中国心理卫生杂志》2003 年第 17 卷第 12 期。

32. 王庆：《基于微博特性的情感营销分析》，《现代传播》2011 年第 7 期。

33. 崔莉：《浅议电视情感传播的双重功能》，《现代传播》2012 年第 9 期。

34. 范愉：《社会转型与公众精神需求——谈情感类电视节目的功能与规范》，《现代传播》2004 年第 6 期。

35. 张冬林：《北京电视台"幸福绽放"新闻行动启示录》，《新闻与写作》2011 年第 7 期。

36. 周晓虹：《江苏广电"幸福"定位的社会意义》，《视听界》2011 年第 3 期。

37. 刘渊，仲呈祥：《"幸福剧"的现实意义解读——以〈老大的幸福〉〈幸福来敲门〉为例》，《现代视听》2011 年第 8 期。

38. 马楠楠：《快感的满足与释放——类型片审美心理机制透析》，《电影评价》2006 年第 23 期。

39. 吕洋：《情感谈话节目的心理疏导》，《中国广播电视学刊》2007 年第
    10 期。

40. 庄曦：《流动儿童媒介接触的特征及其影响因素》，《南通大学学报》
    （社会科学版）2012 年第 5 期。

41. 李焰、赵君：《幸福感研究概述》，《沈阳师范大学学报》（社会科学
    版）2004 年第 2 期。

42. 王怀春：《从"替代性满足"看个体对大众传媒的精神性依赖》，《三
    峡论坛》2010 年第 4 期。

43. 曾一果、潘阳，《大众传媒与"新农村"的文化重建——对江苏省灌
    南县李集乡张庄村的社会调查》，《新闻大学》2009 年第 2 期。

44. 刘锐：《电视对西部农村社会流动的影响——基于恩施州石栏村的民
    族志调查》，《新闻与传播研究》2010 年第 1 期。

45. 张铮、周明洁：《媒介使用与中国农村居民的现代性——对湖南浏阳
    农村的实证研究》，《国际新闻界》2007 年第 5 期。

46. 陆晔：《媒介使用、社会凝聚力和国家认同——理论关系的经验检
    验》，《新闻大学》2010 年第 2 期。

47. 周葆华：《新媒体使用与主观阶层认同：理论阐释与实证检验》，《新
    闻大学》2010 年第 2 期。

48. 孙纬：《中国"新民权运动"中的媒介"社会动员"——以重庆"钉
    子户"事件的媒介报道为例》，《新闻大学》2008 年第 4 期。

49. 杨银娟：《替代性满足：我国青少年对日本动漫出版物的解读研
    究——以〈海贼王〉为例》，《出版发行研究》2012 年第 8 期。

50. 李儒林等：《影响主观幸福感的相关因素理论》，《中国心理卫生杂志》
    2003 年第 17 卷第 11 期。

51. 林崇德、辛自强：《发展心理学的现实转向》，《心理发展与教育》
    2010 年第 1 期。

52. 段建华：《主观幸福感概述》，《心理学动态》1996 年第 1 期。

53. 邹琼：《主观幸福感与文化的关系研究综述》，《心理科学》2005 年第 28 卷第 3 期。

54. 邹琼、佐斌：《人格、文化与主观幸福感的关系及整合模型述评》，《心理科学进展》2004 年第 12 卷第 6 期。

55. 邱林、郑雪、严标宾：《文化常模和目标调节模型：两种幸福感文化观》，《心理科学进展》2002 年第 10 卷第 3 期。

56. 曹文露、李红艳：《〈当幸福来敲门〉所传播的价值观》，《电影评价》2009 年第 12 期。

57. 刘艳：《受众媒介使用动机》，《当代传播》2005 年第 1 期。

58. 欧阳菁：《E 时代的"迷"文化》，《湖南大众传媒职业技术学院学报》2007 年第 7 期。

59. 尚香钰：《网络时代的"粉丝"狂欢——对后现代大众文化 fans 群体的症候式分析》，《广东广播电视大学学报》2007 年第 4 期。

60. 李静等：《金钱对幸福感的影响及其心理机制》，《心理科学进展》2007 年第 15 卷第 6 期。

61. 杨宇然：《心理学视角下高等教育中的"幸福课"实践》，《理论学刊》2012 年增刊。

62. 罗以澄：《中国传媒人媒介认知研究》，《武汉大学学报》（人文科学版）2009 年第 6 期。

63. 邵培仁：《媒介生态学研究的基本原则》，《新闻与写作》2008 年第 1 期。

64. 孟娟：《探索影响电视在儿童亲社会行为发展过程中作用的相关因素以及干预对策》，《社会心理科学》2007 年第 5—6 期。

65. 阎安：《报纸版面的视觉优化》，《当代传播》2003 年第 1 期。

66. 邵培仁：《论媒介生态的五大观念》，《新闻大学》2001 年第 3 期。

67. 徐堃：《试论人的需要和幸福的共性特征》，《理论学习月刊》1989 年第 9 期。

68. 孙嵘：《论电影观众精神慰藉层的观影心理表征》，《大众文艺》（理论）2008 年第 7 期。

69. 田兆耀：《"电影如梦"解析》，《东南大学学报》（哲学社会科学版）2006 年第 4 期。

70. 蔡靓：《电影的"情绪效应"——论电影的情绪元素对人的心理的影响》，《台州学院学报》2010 年第 1 期。

71. 周霞：《梦的旅途——电影镜像与观众心理关系之辨析》，《解放军艺术学院学报》2006 年第 2 期。

72. 宋艳峰、薛秀平：《欣赏心理电影促进心理健康》，《电影文学》2008 年第 22 期。

73. 杨焯：《电影〈喜福会〉中主观幸福感体验的跨文化研究》，《电影文学》2009 年第 1 期。

74. 于文秀：《贺岁影视剧现象的文化解读》，《天津社会科学》2005 年第 6 期。

75. 郝雨：《个人求助及情感倾诉节目的媒介功能意义》，《现代传播》2007 年第 5 期。

76. 赵子为：《发掘新闻的道德正能量》，《记者摇篮》2013 年第 3 期。

77. 郝雨、郝淳子：《在娱乐中传递文化正能量——解析湖南卫视节目〈天天向上〉成功的原因》，《当代电视》2013 年第 6 期。

78. 向常春、龙立荣：《组织中信息寻求的动机及其影响因素》，《心理科学进展》2012 年第 20 卷第 2 期。

79. 陶建杰：《农民工人际传播行为及影响因素研究》，《新闻与传播研究》2010 年第 5 期。

80. 李艳红、刘晓旋：《诠释幸福：留守儿童的电视观看——以广东揭阳桂东乡留守儿童为例》,《新闻与传播研究》2011 年第 1 期。

81. 赵建国:《双重说服情理交融——从说服学角度谈电视情感交流节目中的对话艺术》,《现代传播》1998 年第 4 期。

82. 周晓懿:《真,传递无限正能量——以〈开讲啦〉节目为例》,《青年记者》2013 年第 23 期。

83. 张嘉曦:《新闻"正能量",传播能量有多大?——2012 年"最美"人物"正能量"社会影响探析》,《中国报业》2013 年第 1 期。

84. 陈浩、薛婷、乐国安:《工具理性、社会认同与群体愤怒——集体行动的社会心理学研究》,《心理科学进展》2012 年第 20 卷第 1 期。

85. 陈崇山:《谁为农民说话》,《现代传播》2003 年第 3 期。

86. 袁靖华:《大众传媒的符号救济与新生代农民工的城市融入——基于符号资本的视角》,《新闻与传播研究》2011 年第 1 期。

87. 纪梦楠:《大学生社会支持研究现状》,《精神医学杂志》2008 年第 21 卷第 6 期。

88. 史占彪、张建新、陈晶:《共情概念的演变》,《中国临床心理学杂志》2007 年第 6 期。

89. 刘聪慧、王永梅、俞国良、王拥军:《共情的相关理论评述及动态模型探新》,《心理科学进展》2009 年第 17 卷第 5 期。

90. 李存:《微博文学的定义、发展、类型及特征》,《贵州社会科学》2010 年第 10 期。

91. 张磊:《"少则得,多则惑"——谈广告视觉传播效率提升与完形原理》,《剑南文学:经典教苑》2011 年第 4 期。

92. 蒋婕:《江苏卫视的"幸福"经营》,《新闻世界》2012 年第 7 期。

93. 张文彩、袁立壮、陆运青等:《安慰剂效应研究实验设计的历史和发展》,《心理科学进展》2011 年第 8 期。

94. 单波、王冰:《媒介即控制及其理论想象》,《新闻与传播研究》2010

年第 2 期。

95. 梁栋青：《大学生网络社会支持与主观幸福感的相关研究》，《中国健康心理学杂志》2011 年第 19 卷第 8 期。

96. 舒曼：《从社会学视角看灾后创伤应激障碍的干预策略》，《江西社会科学》2009 年第 7 期。

97. 王培志：《网络媒体如何托起百姓的"中国梦"》，《中国记者》2013 年第 5 期。

98. 林崇德：《"心理和谐"是心理学研究中国化的催化剂》，《心理发展与教育》2007 年第 1 期。

99. 邵培仁：《论传播生态规律与媒介生存策略》，《新闻界》2001 年第 5 期。

100. 邵培仁：《论媒介生态系统的构成、规划与管理》，《浙江师范大学学报》（哲学社会科学版）2008 年第 2 期。

101. 袁爱清：《弱势群体怨恨及媒介疏导策略研究》，《江西社会科学》2013 年第 8 期。

102. 刘辉：《情感类电视节目的社会学解析》，《现代传播》2011 年第 9 期。

103. 刘京林、牛新权、石慧敏：《心理效应的内涵及其在传播活动中的应用》，《浙江传媒学院学报》2009 年第 2 期。

104. 朱至刚：《论新闻救济》，《当代传播》2009 年第 4 期。

105. 袁靖华：《大众传媒的符号救济与新生代农民工的城市融入——基于符号资本的视角》，《新闻与传播研究》2011 年第 1 期。

106. 刘渊、仲呈祥：《〈老大的幸福〉：对幸福的诠释》，《当代电视》2010 年第 5 期。

107. 邵培仁：《信息公平论：追求建立世界信息传播新秩序》，《浙江传媒学院学报》2008 年第 2 期。

108. 谭旭东：《语境、文化实践与问题缘起——电子媒介对童年及儿童文学的影响之研究》，《现代传播》2008 年第 5 期。

109. 王旭丽：《社会转型期儿童幸福感的影响因素及其实现》，《中州学刊》2013 年第 7 期。

110. 戴斌荣：《流动儿童的心理特点与教育对策》，《教育评论》2011 年第 3 期。

111. 宁敬武：《电影是一种关怀——〈成长〉导演阐述》，《电影艺术》1999 年第 4 期。

112. 赵建国：《面对焦虑的时代——心理卫生传播与中国式电视情感交流节目的主持艺术》，《现代传播》（北京广播学院学报）1999 年第 5 期。

113. 刘晶、王伟：《从儿童认知理论看儿童电视节目的定位缺失》，《山西农业大学学报》（社会科学版）2012 年第 11 卷第 6 期。

114. 王慧敏、许燕钗：《央视少儿频道的受众定位简析——以〈新闻袋袋裤〉〈音乐快递〉栏目为例》，《湖北广播电视大学学报》2011 年第 5 期。

115. 王芳等：《"文化孤岛"中回族儿童的文化传承研究——基于五顷塬回族自治乡龙咀子村的田野调查》，《当代传播》2012 年第 4 期。

116. 李红艳、曹文露：《浅析社会变迁中大众媒介的社会责任——以〈中国农民工〉中农民工电视形象塑造为例》，《电视研究》2011 年第 5 期。

117. 王若霆、赵扬：《树立儿童为本理念提高节目品质——以中央电视台〈智慧树〉为例》，《中国广播电视学刊》2011 年第 6 期。

118. 郑杭生：《关于和谐社会建设的几个问题》，《江苏社会科学》2005 年第 5 期，

119. 王春光：《农村流动人口的"半城市化"问题研究》，《社会学研究》2006 第 5 期。

120. 叶继红、王元元：《城市融入进程中的农民工传媒话语缺失与重构》，《重庆社会科学》2009 年第 10 期，

121. 许叶萍、石秀印：《新生代农民工的价值追求及与老一代农民工的比较》，《思想政治工作研究》2010 年第 3 期。

122. 李向娟、郑庆昌：《新生代农民工的媒介供给缺失及其原因探析》，《福建农林大学学报》（哲学社会科学版）2012 年第 3 期。

123. 许向东：《一个特殊群体的媒介投影——传媒再现中的"农民工"形象研究》，《国际新闻界》2009 年第 10 期。

124. 董小玉、胡杨：《新生代农民工的大众媒介形象建构》，《新闻界》2011 年第 2 期。

125. 陶建杰：《新生代农民工信息渠道使用意愿的影响因素研究》，《南京农业大学学报》（社会科学版）2013 年第 2 期。

126. 杜忠锋、史晓宇：《对农民工媒介素养现状的调查研究——以昆明大学城建筑工地为个案》，《东南传播》2011 年第 3 期。

127. 魏泓飞：《农民工的媒介话语现状分析及其改善》，《东南传播》2008 年第 7 期。

128. 王士军、彭忠良：《论移动新媒体破解新生代农民工信息饥渴的机遇与挑战》，《河北北方学院学报》（社会科学版）2013 年第 3 期。

129. 郑欢、江颖红：《新生代农民工的信息行为与传播责任》，《广告大观理论版》2012 年第 2 期。

130. 周全、张国红、许藜：《构建和谐社会中的城乡信息鸿沟问题》，《农业图书情报学刊》2008 年第 4 期。

131. 郑素侠：《农民工媒介素养现状调查与分析——基于河南省郑州市的调查》，《现代传播》2010 年第 10 期。

132. 李向娟、郑庆昌：《新生代农民工的媒介接触状况及评价——以福建沿海地区为例》，《福建论坛》（人文社会科学版）2012 年第 3 期。

133. 贾毅：《新生代农民工媒介接触的状况与反思》，《新闻界》2012 年第 8 期。

134. 陈芳：《新生代农民工媒介素养对其城市融入的影响探讨》，《中国报业》2012 年第 24 期。

135. 包凌雁：《新媒体受众：不能少了农民工——从宁波市农民工媒介使用调查谈起》，《新闻传播》2010 年第 7 期。

136. 黄伟迪：《新媒体与新生代农民工的流动生活——比亚迪工业园的民族志调查》，《新闻与传播评论》2011 年第 12 期。

137. 刘建平等：《基于焦点小组访谈法创新的大学生网络自助游市场研究》，《湖南财政经济学院学报》2013 年第 4 期。

138. 任玉达：《新生代农民工对于社交网络的使用调查——对河北省迁安市的个案分析》，《东南传播》2012 年第 5 期。

139. 王炎龙、朱韫慧、王优：《新生代农民工媒介接触与文化阅读调查分析》，《出版发行研究》2012 年第 4 期。

140. 杨洋：《大学生校园 SNS 使用与主观幸福感的关系》，《今传媒》2012 年第 9 期。

141. 董迅石：《南京市区农民工媒介接触现状研究》，《新闻世界》2011 年第 9 期。

142. 许传新：《新生代农民工的身份认同及影响因素分析》，《学术探索》2007 年第 3 期。

143. 郑素侠：《媒介使用与新生代农民工的城市融入》，《当代传播》2012 年第 5 期。

144. 黄俊华、许同文：《新生代农民工大众媒介接触研究》，《新闻传播》2011 年第 12 期。

145. 杨英新：《农民工媒介接触行为与大众传媒的关怀》，《时代文学》（上）2010 年第 5 期。

146. 孙立平：《"关系"、社会关系与社会结构》，《社会学研究》1996 年第 5 期。

147. 江林新、廖圣清、张星：《上海市少年儿童媒介使用状况数据报告》，《新闻记者》2009 年第 6 期。

148. 刘澜：《西部农村儿童媒介接触状况调查》，《传媒观察》2008 年第 12 期。

149. 郭鉴：《e 时代的儿童网络媒介接触行为探查》，《新闻界》2006 年第 6 期。

150. 沃建中：《电视对儿童成长的影响》，《电视研究》2004 年第 1 期。

151. 侯莉敏：《童年的"消逝"与大众媒介对儿童生活的影响》，《广西师范大学学报》（哲社版）2007 年第 1 期。

152. 邹定武：《电视对儿童成长的影响》，《中国广播电视学刊》1992 年第 5 期。

153. 卜卫：《电视与儿童社会化》，《青年研究》1994 年第 10 期。

154. 杨悦：《电视对儿童认知发展的影响》，《中国健康教育》2004 年第 1 期。

155. 卜卫：《儿童电视：谁是主体？——兼论我国儿童电视的成人化问题》，《新闻与传播研究》1998 年第 2 期。

156. 文世力、左眩：《儿童电视节目中儿童视角生成的探讨》，《电视研究》2008 年第 6 期。

157. 宋毅：《儿童对电视的使用与满足分析——以中央电视台少儿频道〈大风车〉为例》，《电视研究》2008 年第 6 期。

158. 黄若涛：《新媒介时代下阅读对儿童的意义》，《中国出版》2005 年第 6 期。

159. 陈磊：《儿童与电视的互动关系》，《当代传播》2003 年第 1 期。

160. 罗闪、刘怡：《少儿节目：电视化与儿童化》，《现代传播》1998 年第 3 期。

161. 陈钢：《媒介变迁对儿童同伴关系的影响》，《中国儿童文化》2010 年第 10 期。

162. 唐建军：《电视剧的心理疗慰功能》，《电视研究》2003 年第 7 期。

163. 胡翼青：《论网际空间的使用满足理论》，《江苏社会科学》2003 年第 6 期。

164. 卜卫：《关于我国城市儿童媒介接触与道德发展的研究报告》，《新闻与传播学研究》1994 年第 1 期。

165. 李宁：《新生代农民工媒介使用情况调查》，《新闻爱好者》2011 年第 10 期。

166. 孙建群、段锦云、田晓明：《组织中员工的自愿性工作行为》，《心理科学进展》2012 年第 4 期。

167. 许向东：《一个特殊群体的媒介投影——传媒再现中的"农民工"形象研究》，《国际新闻界》2009 年第 10 期。

168. 肖峰：《技术、人文与幸福感》，《中国人民大学学报》2007 年第 1 期。

169. 赵媛：《"幸福城市"系列报道的启示》，《新闻战线》2012 年第 5 期。

170. 廖卫民：《传播与国运》，博士学位论文，浙江大学，2010 年。

171. 徐维东：《内隐幸福感研究》，博士学位论文，华东师范大学，2006 年。

172. 李琦：《多元媒介环境下的我国儿童电视节目研究》，博士学位论文，华东师范大学，2012 年。

173. 张爱宁：《观影疗心——电影在心理咨询与治疗中的应用》，博士学位论文，华东师范大学，2008 年。

174. 王迪：《儿童健康信息认知的知沟研究——以电视广告为例》，博士学位论文，复旦大学，2006 年。

175. 陈静：《媒介偏见的社会文化根源与控制》，博士学位论文，浙江大学，2009 年。

176. 庄曦：《社会融合视角下流动儿童媒介使用行为研究》，博士学位论文，武汉大学，2010 年。

177. 邱林：《人格特质影响情感幸福感的机制》，博士学位论文，华南师范大学，2006 年。

178. 夏德元：《电子媒介人的崛起》，博士学位论文，复旦大学，2011 年。

179. 娄艳雪：《〈开学第一课〉"幸福"意义的建构》，硕士学位论文，华中科技大学，2012 年。

180. 陈稳：《城市新移民社会化媒体使用与主观幸福感研究》，硕士学位论文，浙江大学，2012 年。

181. 何晓渝：《大学生微博使用与主观幸福感关系研究》，硕士学位论文，西南大学，2012 年。

182. 路俊卫：《透视转型时期中国大众传媒与弱势群体的关系》，硕士学位论文，武汉大学，2005 年。

183. 时艳钗：《大众传媒视野下的农民工身份认同研究》，硕士学位论文，大学，2007 年。

184. 李云飞：《情感出路——浅析当代电影的情感治愈功能》，硕士学位论文，安徽大学，2012 年。

185. 王奕：《从儿童电视看我国儿童使用媒介权利的实现与满足》，硕士学位论文，南京师范大学，2007 年。

186. 孙丽萍：《儿童电影：一种智慧的关怀》，硕士学位论文，南京师范大学，2002 年。

187. 庞翼平：《新生代农民工主观幸福感研究》，硕士学位论文，天津师范大学，2012 年。

188. 梁娜：《新生代农民工精神文化生活研究》，硕士学位论文，山西大学，2012 年。

189. 刘晶：《儿童认知与儿童电视节目研究》，硕士学位论文，新疆大学 2008 年。

190. 董李锋：《农民工市民化进程中的社会接纳研究》，硕士学位论文，
     南京师范大学，2007 年。

191. 张金凤：《山东农村老年人的幸福感》，硕士学位论文，中央民族大
     学，2010 年。

192. 林巧明：《物质主义价值观影响幸福感的社会比较机制研究》，硕士
     学位论文，杭州师范大学，2011 年。

193. 张陆：《中小学教师教育幸福的结构及测量》，硕士学位论文，华中
     师范大学，2007 年。

194. 陈浩彬：《幸福感理论模型探索》，硕士学位论文，南昌大学，
     2008 年。

195. 刘耿：《幸福三调：媒体、官员、学者对幸福话语的建构、分歧及整
     合》，硕士学位论文，复旦大学，2012 年。

后　记

我相信，在浙江大学求学的三年，将会成为我人生中最为美好的回忆，并且已深深地融进了我的血液里。如今，要转身离开，心中有很多的感慨。

首先，我要把最重的感谢献给我的恩师邵培仁教授。三年前，初入邵门的我第一次参加邵老师组织的学术活动，弟子们以邵老师为中心，围坐在一起，在家庭般温暖的氛围里，大家一边享受美味可口的午餐，一边畅所欲言发表各自的见解。眼前摆放着各种小菜，每人都有自己的钟爱；如同学问，有人术有专攻，有人博采众长。邵老师既有家长的亲切，又有师长的威信；在与我们聊人生时轻松幽默，在点评学术问题时一语中的。那时的我，尽管有很多可以切入话题、参与讨论的机会，但较少说话。好处之一是可以聆听其他人的高见，但是心中的困惑却越来越大。于是，我决定提出我的困惑。我们每个人都在努力追寻心灵的归宿，都在寻找各自的幸福，那么是否可从传播学角度研究幸福？本书于我而言，是对自己心灵的回答。感谢师母，师母温婉慈祥又干练洒脱，她知道我独自带着孩子来浙江大学求学，给予了我生活上的诸多照顾，并给我心灵的关怀，点点滴滴我都会记住。

感谢传媒与国际文化学院吴飞院长，他独具人格魅力，平易近人。我将读书笔记发给吴老师时，他工作极为繁忙，却很快回复了邮件，并给予了热情的点评。感谢李杰老师，他教学认真，治学严谨，带给我学术生涯中重要的营养；感谢李岩老师，她极具才华而又待人亲切，带我们几个弟子踏青，亲自为我们摄影，定格的不仅是时光的记忆，还有老师的爱与关怀。范志忠老师的电影研究具有强烈的生活气息，同时又具有严谨的科学研究精神，令我羡慕和尊敬。感谢李红涛老师，谈吐优雅、学识渊博的他令我钦佩。感谢师姐李东晓在我撰写论文过程中给予我的帮助与鼓励。还要感谢师兄周岩和洪长晖，以及同学和丹、曹洵、邵鹏等，他们在我求学期间给予我诸多的帮助。浙江大学传媒与国际文化学院是我一生中走过的最温暖的地方之一，这里的师生对我的支持与情谊将成为我一生中最美好的记忆。在此求学，是我的幸运。

还要感谢我的父母，养儿方知父母恩。父母操劳一生用黑发染就我们七个子女的前程，我曾在心底许下宏愿，一定要让父母过上幸福的生活，安享晚年。三年前，年近八旬的父母为了让我安心学习来到杭州，帮我料理家务，接送小孩，一想到他们几十年的操劳，我的泪水就止不住地流下来，只能在心底一遍遍地祈祷，希望父母健康长寿，幸福安康。感谢我的家人，他们在我最困难的时候给予了我最有力的帮助。我想对你们说，因为有你们的爱，我真的很幸福。

感谢我的儿子舒元哲，他聪明可爱，对我体贴有加。在杭州的三年，他正好念完幼儿园。这几年跟随我杭州、南昌两地往返奔波，吃了不少苦。爱人不在身边的日子里，儿子缺乏父亲的疼爱，他却像个小男子汉似的照顾我，每当想起这一切，我都心疼地掉泪。感谢我的爱人舒曼，他在高校从事大学生心理健康教育工作，同时负责两个省属心理健康教育基地的工作，工作之余在一些报纸、杂志主持心理专栏，为普通市民解决心理困扰。他的努力、执着及对家庭的爱，让我感受到无穷的力量。

在生命的长河里，有一首歌要唱，那是感恩之歌。在我的人生旅途中，要感谢的人太多，在此就不再一一罗列。希望能将这份爱永存心底，并化为成长的动力，等有一天回头审视这一切时，心中能有一种感动，为所有爱我的人及我爱的人而感动。

三年的时光转瞬即逝，时间都去哪儿啦？这本书或许是最好的见证，因为我努力寻觅的正是一种幸福。尽管本书不够成熟，但毕竟已经开始了。每个人的生活各不相同，但渴望健康和幸福的生活却是我们共同的心愿，衷心祝愿所有人都能在阳光下健康地享受幸福！

谨以此文献给所有我爱的及爱我的人！

袁爱清

2014 年 3 月 25 日